山東大學國際漢學研究中心　主辦

主　編　王承略　　副主編　聶濟冬

二〇一八年第一期

（總第二期）

山東人民出版社·濟南

國家一級出版社　全國百佳圖書出版單位

《漢籍與漢學》編委會

目　録

域外漢學研究

文史研究

古籍整理

珍本書志

學術信息

CONTENTS

International sinology

Cultural and historical study

Collation of ancient Chinese books

Bibliograghy of rare editions

Academic information

宫内廳書陵部所藏《道藏》的由來*

横手裕

[摘　要] 宫内廳書陵部是日本皇家藏書機構，所藏《道藏》卷數尤爲突出。本文旨在通過分析所藏《道藏》正文佐伯藩毛利高標藏書印，釐清《道藏》與毛利高標的關係，闡述《道藏》如何傳入、保存、修補與佐伯文庫的狀況，並以此勾勒出《道藏》從佐伯文庫到江户幕府紅葉山文庫，再到宫内廳書陵部的流傳綫索。

[關鍵詞] 藏書印；佐伯文庫；紅葉山文庫；《道藏》

引　言

下圖爲宫内廳書陵部現藏《道藏經》的開卷部分（圖 1）。

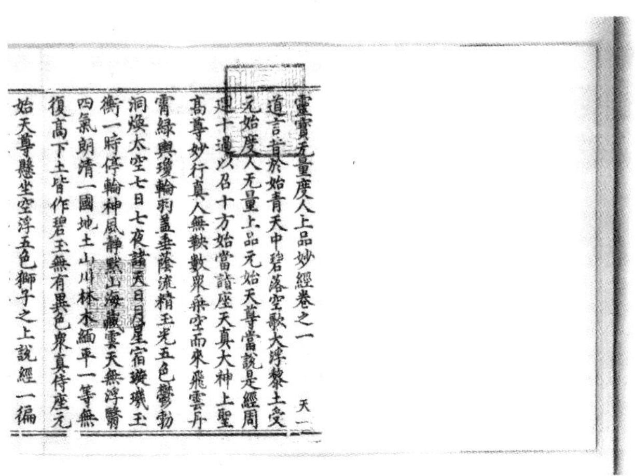

靈寶无量度人上品妙經卷之一　天一
道言昔於始青天中碧落空歌大浮黎土受
元始度人无量上品元始天尊當說是經周
迴十過以召十方始當諸座天真大神上聖
高尊妙行真人無鞅數衆乘空而來飛雲丹
霄緑輿瓊輪羽蓋垂蔭流精玉光五色鬱勃
洞煥太空七日七夜諸天日月星宿璇璣玉
衡一時停輪神風静默山海藏雲天無浮翳
四氣朗清一國地土山川林木緬平一等無
復高下土皆作碧玉無有異色衆真侍座元
始天尊懸坐空浮五色獅子之上說經一徧

圖 1

【作者簡介】横手裕（1964—　），男，日本東京都人。東京大學大學院人文社會系研究科教授。研究方向：道教内丹思想研究，道教思想與佛教思想的影響關係、作爲儒佛道三教交涉史的中國思想史。

*　本稿由下述口頭發表的部分内容修改整理而來：

《日本宫内廳書陵部所藏的〈道藏〉》，中國社會科學院，2012 年 5 月 21 日。

《日本宫内廳書陵部所藏明版〈道藏〉的由來和現狀》，德國海德堡大學卡爾雅斯貝爾斯中心，2012 年 11 月 27 日。

日文原載：横手裕編《宫内廳書陵部所藏〈道藏〉を中心とする明版〈道藏〉の研究》，日本文部科學省科學研究費補助金研究成果報告書，2014 年 10 月。

在此頁前本該有扉頁和刊期，但此書無法見到，書的內容直接從《靈寶無量度人上品妙經》卷一的正文開始。此處可以看到兩款章印，將其稍作放大後如下圖所示（圖 2）：

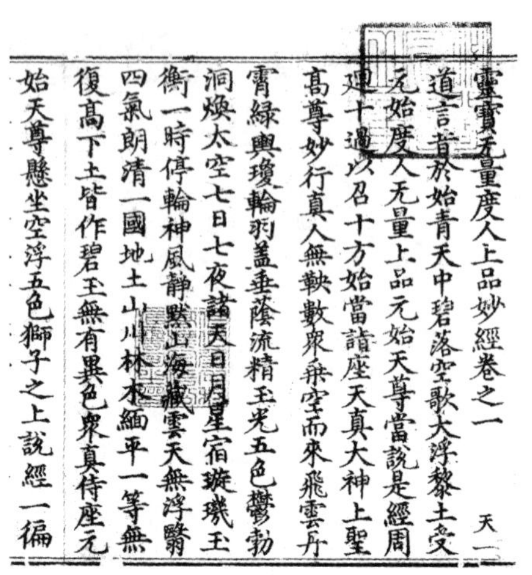
靈寶无量度人上品妙經卷之一　天一
道言昔於始青天中碧落空歌大浮黎土受
元始度人无量上品元始天尊當說是經周
迴十過以召十方始當詣座天真大神上聖
高尊妙行真人無鞅數衆乘空而來飛雲丹
霄緑輿瓊輪羽蓋垂蔭流精玉光五色鬱勃
洞煥太空七日七夜諸天日月星宿璇璣玉
衡一時停輪神風靜默山海藏雲天無浮翳
四氣朗清一國地土山川林木緬平一等無
復高下土皆作碧玉無有異色衆真侍座元
始天尊懸坐空浮五色獅子之上說經一徧

圖 2

宮內廳所藏《道藏》中能够看到的章印總共就這兩種。此處兩枚章印加蓋的地方離得很近，也有在完全不同的地方加蓋其中一枚的例子。

此處右上方的大印是明治時期以後加蓋的新印，對此稍後再敘述。先來看一下左下方的小印。將其進一步放大後如下圖所示（圖 3）：

諸天日月星
靜默山海藏雲
山川林木緬

圖 3

此印是豐後國佐伯藩第八代藩主毛利高標的藏書印，即“佐伯侯毛利高標字培松藏書畫之印”。更爲清晰的圖像見下圖（圖 4）：

圖 4 （引自梅木幸吉《增補訂正佐伯文庫的研究》卷首插圖）

本文首先來考察毛利高標與《道藏》的關係。

一、《道藏》的傳入與佐伯文庫

1. 豐後國佐伯藩

豐後國即爲現在日本九州地區的大分縣。二萬石級别的佐伯藩位於其南部，即現在的佐伯市附近。

2. 毛利氏佐伯藩的成立和發展

佐伯藩的第一代藩主是毛利高政（在位時期爲慶長 6 年至寬永 5 年，即 1601—1628 年），原名森高政，尾張人，曾侍奉豐臣秀吉。秀吉在攻打日本中國地區時進行了本能寺之變後的“中國大返還”議和，將高政作爲人質送到了毛利輝元處。輝元器重高政的人品，因“森與毛利同音”，便將毛利姓賜給了他。後來，秀吉把豐後的日田、玖珠、佐伯的六萬石領地賜給了高政，再到後來，德川家康將其減封爲佐伯的兩萬石。至此，幕藩體制下的豐後佐伯藩就成立了。

第二代藩主是毛利高成（在位時間 1628—1632），享年三十歲。第三代爲毛利高尚（在位時間 1633—1664），享年三十四歲。兩人壽命均比較短。

此後的第四代藩主爲毛利高重（在位時間 1664—1682），享年二十一歲，更加短命，且無子嗣。於是佐伯藩將豐後國森藩藩主久留島通清的三兒子迎爲藩主，即第五代藩主毛利高久（在位時間 1682—1699）。而高久亦是體弱多病，於是又將久留島通清的五兒子收爲養子，即後來的第六代藩主毛利高慶（在位時間 1699—1742）。

此後，毛利高慶的直系子孫繼任各代藩主，一直到明治初年。

第七代毛利高丘（在位時間 1742—1760）

第八代毛利高標（在位時間 1760—1801）

第九代毛利高誠（在位時間 1801—1812）

第十代毛利高翰（在位時間 1812—1831）

第十一代毛利高泰（在位時間 1832—1862）

第十二代毛利高謙（在位時間 1862—1871）明治維新（藩籍奉還）

3. 第八代藩主毛利高標

(1)“學者大名”

佐伯藩第八代藩主毛利高標因愛好學問而被世人所知，當時與池田定常（因幡國若櫻藩）、市橋長昭（近江國仁正寺藩）並稱爲三大“學者大名”。他在擔當藩政期間獎勵學術，一生共收集了八萬余卷書籍。安永六年（1777）創立了藩校“四教堂”。“四教”出自《論語・述而》中的“子以四教，文行忠信”。天明元年（1781）創立“佐伯文庫”，並設立了專門管理文庫的“書物奉行”職位。

不過，有研究指出：高標的學者氣質與其説是繼承於毛利家族，不如説更多繼承的是久留島家族。

（2）書籍的收集

正因爲毛利高標愛好學問，所以他非常熱衷於購買書籍。爲此，他特别派遣文庫管理員或“書物奉行”到大阪或長崎購買圖書，一旦見到宋元版傳入本等稀有書籍，便不惜花重金買來收藏。有記載稱：“見清艦入港，屢遣藩士關谷儀至長崎，使購入良書善本，每歲數百部，其價亦達數千金，故二萬石藩之財政至傾。”

（3）藏書詳情

高標的不斷購買使佐伯文庫的藏書數目逐漸龐大，包括了經、史、子、集四部的所有分類。梅木幸吉氏將其做了下述研究整理。

首先，内閣文庫現存三份《佐伯文庫書目》的手抄本，被推測是毛利高標過世後佐伯藩應幕府要求上交的圖書目録。其中《毛利家藏書目録》記録最爲詳細，據此統計的藏書數目如下：

（基於《毛利家藏書目》的藏書統計表）

a. 經類

［分類］	［書的種類］	［卷數］	［册數］	［備考］
易經	64	711	432	易經就正 2 卷欠
書經	28	438	169	
詩	33	656	290	毛詩正義 29 卷欠
春秋	51	1178	427	
禮記	56	1363	506	章義 1 卷欠
孝經	5	63	16	
論語	17	202	80	含孔子家語
孟子	9	60	36	
經總解	57	1438	876	
小學	124	1376	749	
計	444	7485	3584	

b. 史類

［分類］	［書的種類］	［卷數］	［册數］	［備考］
正史	47	6006	1491	前漢書欠 2 卷
通史	10	1042	392	
編年史	42	4760	1667	
約史	16	433	124	寶元天人祥異書 1 卷欠

續表

[分類]	[書的種類]	[卷數]	[册數]	[備考]
史抄	13	296	94	
史評	5	63	16	
霸史	4	264	66	
雜史	51	2654	919	有欠卷本
計	187	15716	4818	

c. 子類（1）

[分類]	[書的種類]	[卷數]	[册數]	[備考]
儒家	100	1321.	1055	
道家	80	1307	4776	道藏教 4402 帖
釋家	134	983	476	
計	314	4611	6309	

d. 子類（2）

[分類]	[書的種類]	[卷數]	[册數]	[備考]
諸子（計）	66	1126	419	
墨家	2	12	8	
名家	3	5	3	
法家	4	56	19	
縱横家	7	75	23	
雜家	50	978	366	
農家	17	213	88	
小説家	172	2760	1182	
兵家	53	862	466	有欠 1 行之處
天文家	19	341	253	
五行家	39	418	220	
醫家	174	2133	1212	
藝術家	37	422	243	
類家	107	9516	2874	
叢書家	22	4446	1297	
計	706	22238	8252	

e. 集類（1）

［分類］	［書的種類］	［卷數］	［册數］	［備考］
詔制	4	32	32	
章疏	87	1807	837	中有尺牘
辭賦	15	320	134	
總集	274	10669	4063	
餘集	50	706	339	
計	430	13534	5441	

f. 集類（2）

［分類］	［書的種類］	［卷數］	［册數］	［備考］
別集	593	12547	4846	
詩文評	38	981	308	
計	631	13528	5154	

佐伯文庫藏書總卷册數		
［書的種類］	［卷數］	［册數］
2712	77112	33558

《佐伯文庫書目》是截至毛利高標時期的藏書目録。除此以外，後來第十代藩主毛利高翰向幕府獻書時的獻書目録《佐伯獻書目》是另一個系統的目録，價值亦不可忽視。《佐伯文庫書目》和《佐伯獻書目》兩種目録各自都有數種抄本，彼此間僅有些許的差異，不過綜合考察計算的話佐伯文庫的實際藏書量如下。

（梅木幸吉對佐伯文庫藏書的統計）

經　類			
［書部］	［部］	［卷］	［册］
易	65	710	426
書	30	438	169
詩	37	664	292
春秋	55	1178	427
禮	58	1375	508
孝經	8	65	18
論語	18	202	80

續表

經　類			
［書部］	［部］	［卷］	［册］
孟子	9	60	36
經總解	61	1390	775
小學	132	1390	775
合計	473	7531	3610

史　類［A］			
［書部］	［部］	［卷］	［册］
正史	50	6356	1494
通史	10	1042	392
編年史	47	4860	1927
約史	16	433	124
史抄	4	261	65
史評	13	296	94
霸史	4	264	66
雜史	55	2687	945
A合計	199	15699	5107

史　類［B］			
［書部］	［部］	［卷］	［册］
紀傳	79	1070	422
典故	28	2577	1145
禮樂	23	791	354
政實	45	667	362
圖志	232	6345	3115
譜録	14	261	124
B合計	620	27910	10629
史類總計	819	43609	15736

子　類［A］			
［書部］	［部］	［卷］	［册］
儒家	105	2324	1059
道家	87	1312	4783

續表

子　類［A］			
［書部］	［部］	［卷］	［册］
釋家	142	985	520
A合計	334	4621	6362

子　類［B］			
［書部］	［部］	［卷］	［册］
諸子	77	1140	432
農家	22	222	95
小説家	177	2757	1181
兵家	58	924	476
天文家	24	356	268
五行家	41	419	323
醫家	185	2152	1276
藝術家	44	439	354
類家	115	9752	3047
叢書家	25	4470	1309
B合計	768	22631	8561
總計	1102	27252	14923

集　類			
［書部］	［部］	［卷］	［册］
詔制	4	32	32
章疏	90	1809	865
辭賦	16	320	135
總集	295	10413	4063
餘集	48	746	321
别集（1）	204	5385	1820
别集（2）	613	12744	4883
詩文評	42	981	308
合計	1312	32430	12437

佐伯文庫的部、卷、册總數	部總數	卷總數	册總數
經書	473	7531	3610
史書	819	43609	15736
子類	1102	27252	14923
集類	1312	32430	12437
拾遺	29	269	222
總計	3536	95392	41821

可以看出，子部“道家”的卷數尤爲突出，其最大原因就是道藏經的存在。

作爲對比，來看一下江户時代著名文庫的藏書數量：

紅葉山文庫：漢籍四千七百三十八部六萬六千八百二十一册、國書五百九十二部四千五百九册，合計五千三百三十部、七萬一千三百三十册（天保七年即1836年毛利獻書後）

紀伊藩文庫（明治以後增補爲“南葵文庫”）：約二萬册

八雲軒文庫（信濃飯田藩）：數千卷

阿波國文庫（四國阿波藩主蜂須賀家）：三萬九百五册

樂歲堂文庫（長崎平户藩主松浦静山）：五萬餘卷

樂亭文庫（奥州白河城主松平定信）：二萬卷

尊經閣文庫（加賀藩前田家）：現存數十萬册

通過比較可以看出，佐伯文庫的規模之大在全國屈指可數。如後所述，佐伯藩向江户幕府獻上書籍兩萬餘册，收入江户城内的紅葉山文庫。紅葉山文庫的藏書在毛利佐伯藩獻書後達到七萬餘册，這樣看來其原本的藏書量爲五萬册左右。此爲幕府圖書館的藏書數量，對比來看的話，佐伯文庫41821册的藏書量對於一個地方小藩而言已經是驚人的數量了。

4.《道藏》的傳入

（1）長崎、佐伯、平户

衆所周知，江户幕府的鎖國政策決定了長崎爲江户時代海上貿易的唯一窗口。不過，在鎖國真正開始以前，平户港也是一個對外窗口，很多物品由此傳入。因此除了佐伯、長崎，平户地區與《道藏》的傳入亦有一定的關聯。

（2）唐船、持渡書、大意書

江户時代，海外貿易原則上僅限於長崎港，直接的貿易對象僅限荷蘭和中國（清朝）。中國駛來的船被稱爲“唐船”，根據出發地的不同，又被分爲“寧波船”“南京船”“福州船”等。

如今，長崎縣平户市的松浦史料博物館藏有《唐船之圖》，詳細展示了江户時代往來於日本的多種唐船的外形。

寧波船（1）：

寧波船（2）：

南京船：

福州製造的駛自南京的船：

廣東船：

這些外國船舶帶來的書籍被稱爲“持渡書”。此外，對每條外國船帶來的包括“持渡書”在内的商品都會製作目録及檢查官的意見書，統稱爲“大意書”。

（3）大意書“寅拾番船持渡書改目録寫”

“大意書”的要點説明如下：“書物改役（注：檢察官員的名稱）在拿到唐船持渡書後要依次對書籍内容進行檢查，抄寫序文、目録等，爲製作書籍内容的提要而做準備……逐頁查看書籍内容，查找有無禁止傳播的語句，並注意查看有無缺紙缺頁、朱點、石黄色加筆、他人標注等。如果有指定的禁書、内容可疑的語句則必須報告‘奉行’（注：官員名稱）。如有必要，每本書都製作一份記録大體内容的‘大意書’。比如‘帝京景物略大意書’，因爲存在禁止傳播的語句，所以記録十分詳細……大意書既是檢查報告同時也是商品目録，對缺紙、舊書標注的報告都起到商品檢查的作用……”（大庭修《江户時代唐船持渡書的研究》51—52頁）由于检查的主要目的是查找与基督教有关的内容，因此書籍内容的检查相当严格，结果就产生了十分详细的持渡書目录。

這些大意書中有的記録了“道藏”一名。長崎縣平户市的松浦史料博物館收藏的《寅拾番船持渡書改目録寫》即是一例。

首先，封面寫有以下字樣（圖5）：

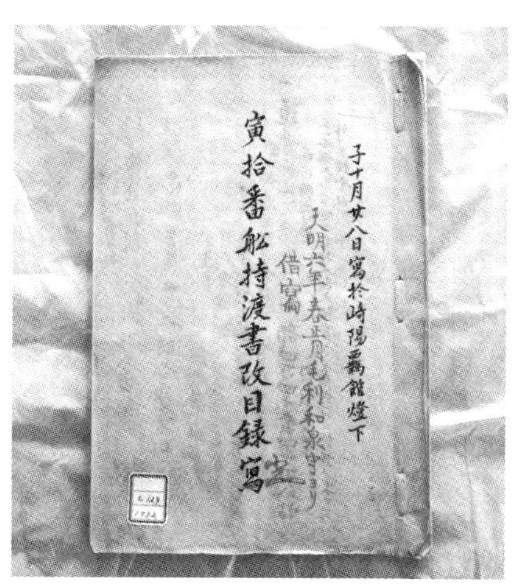

子十月廿八日寫於崎陽羈館燈下

天明六年春三月毛利和泉守より借寫

寅拾番船持渡書改目録寫

圖5

其次，封皮背面及正文第一頁如下所示（圖 6）：

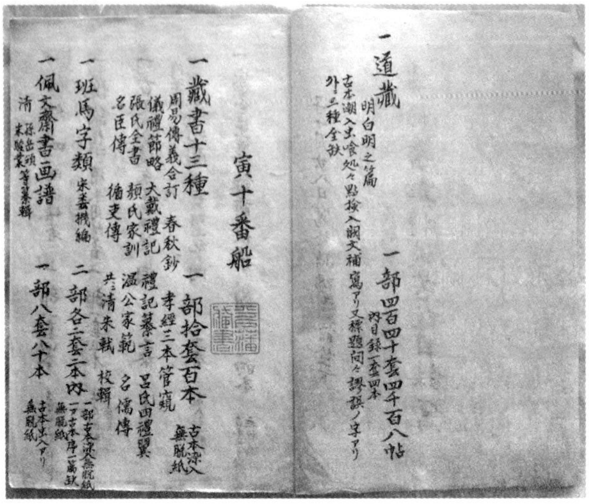

圖 6

將封面字樣整理一下的話如下所示：

【封面】

子十月廿八日寫於崎陽羇館燈下

天明六年春正月毛利和泉守

借寫　　　　　　　小白

寅拾番船持渡書改目録寫

在此對這些句子的意思進行一下確認和解釋：

· 天明六年＝1786 年（丙午）

· 毛利和泉守＝毛利高標

· “子十月廿八日寫於崎陽羇館燈下”

這一部分應該是目録抄寫人（毛利高標或相關人員）的筆記。

子＝天明六年之前最近的“子”年應該是庚子年的安永九年（1780）。

也就是説，這本目録原本是 1780 年在長崎（即“崎陽”）的住所抄寫的目録，作者是毛利高標本人，或者是受命於他的佐伯藩家臣。在後來的 1786 年，“小白”從毛利高標處借來目録並進行了再次的抄寫，就成了眼前這本册子。

· 小白＝平户侯松浦清（靜山）的字。

· 寅拾番船＝1780 年以前最近的“寅”年爲明和七年庚寅年（1770）。因此可以推測該船是明和庚寅年來到長崎的第十艘“唐船”（清船）。

從以上信息可以瞭解，事情的經過應該是這樣的：

1770 年（寅年），載有《道藏》的第十艘唐船來到日本。

1780 年（子年），毛利高標或相關人員在長崎對“寅拾番船”的意見書《寅拾番船持渡書改目録》進行抄寫。此時的手抄本即爲《寅拾番船持渡書改目録寫》。

1786 年，“小白”即“平户候”松浦清從毛利高標處借來上述目録，進行抄寫並製作成册。

此後，這本册子由松浦氏的平户藩保存，留傳至今（松浦史料博物館所藏）。

若單純考慮年號排列的話，應該是上述這樣的順序。

不過，大庭修在綜合考慮毛利高標的年齡及其它資料記載後，認爲寅年應該是天明二年（1782 年），《道藏》是這一年的第十艘船以外的船舶載來的。大庭修在研究中雖對毛利高標的年齡計算有點混亂，但與其它資料的對照很詳細，所以應該説這一年的可能性還是很高的。

接下來再對封皮背面的字樣進行一下整理和考察。

【封皮背面】

一道藏　　　　一部四百四十套四千百八帖

明白明之篇　　　　内目録一套四本

古本潮入虫喰処々點檢入闕文補寫アリ又標題間々謬誤ノ字アリ

外三種全缺

首先值得注意的是，這部《道藏》似乎並不完整。

根據以上信息推測，該部《道藏》應該有 440 套（函）4108 帖（册）。不過，原始《道藏》（正統《道藏》）應該有 5305 卷 480 函（參照陳國符《〈道藏〉源流考》174 頁以後）。中國國家圖書館（原北京圖書館）的藏本基本保存了正統《道藏》的原貌，册數爲 4552 册（參考《北京圖書館古籍善本書目》）。也就是説，傳到日本的《道藏》是原始《道藏》的九成，約有一成的内容缺失了。

此外，這部《道藏》也存在受潮、蟲蛀及缺文補寫的情況。可見其保存狀態不甚良好，並已進行過一定程度的修補。

（4）來到長崎以前

前面也曾提到，從長崎入港的唐船多爲寧波船、南京船、福州船等出港地明確的船隻。天明二年或明和七年駛來的寅拾番船雖然出港地不明確，不過當時運載書籍的唐船只有南京船和寧波船，所以可以斷定是這兩種船的一種。

此外，正統《道藏》是北京内府出版的官方版，原則上是因某種機緣進行印刷、下賜給特定道觀的書籍。有關下賜的記録經常可以在相關道觀的歷史書（《道觀志》之類）

中看到，或者在道觀所屬行政地區的地方志中看到。若詳查這些史料就有可能搞清楚這部《道藏》在進入長崎港之前的傳播路徑，即北京—某道觀—南京港或寧波港。就目前來説搞清楚這一點似乎並不容易，權作今後的研究課題。

5. 書籍的保護

到達長崎的《道藏》被毛利高標收購後加入了佐伯文庫的藏書。毛利高標不僅熱心於圖書的收集，對書籍的保護也十分重視。在“參勤交代”制度下高標長期生活在江户的宅邸，他曾在江户寫信這樣囑咐領地佐伯藩的家臣：

（書信一）

細細留意，以防藏書蟲蛀。此外□藏及法帖類，多置樟腦。近期令置書箱，法帖等多置樟腦。法帖類隔日取出查驗。最當留意保護。

三月二十五日

致佐伯書物奉行

（書信二）

一别□國已有時日。我等無恙期間，亦當謹慎。附書簡一封遣送。當密封送達。下置於佐伯之書籍，萬一火災，當全部救出，平日務必有所準備。幸我藩尚無此事，然迄今之做法，甚爲不安。告知救書之心得準備。以此轉告金左衛門，使留意。以上。

五月十六日

與土屋六右衛門

可以看出，高標雖身在江户，卻時刻擔心自藩的書籍。正是高標的這種態度才使《道藏》没有受到粗魯的對待，且得到了細心的保管。可以推測，《道藏》的保存狀態在佐伯文庫期間無明顯惡化。

6. 第十代毛利高翰向幕府的獻書

（1）向江户幕府獻上書籍

文政十年（1827），佐伯藩第十代藩主毛利高翰從佐伯文庫的八萬餘卷藏書中選出一千七百四十三部、二萬零七百五十八册獻給了江户幕府。於是江户幕府的御文庫（紅葉山文庫）藏書大增。

根據諸多資料可以得知，整個過程如下：

從文政九年（1826）起，開始關於獻書的協議。

到文政十年（1827）十月止，搬運書籍。

從文政十一年（1828）六月起，幕府開始整理運來的書籍。

同年七月十九日，修訂《紅葉山文庫新訂書目》。

另一方面，幕府對佐伯藩的獻書進行了賞賜，賞賜物品如下：

一、十件時服

内

御熨斗目	二練□賞
白羽二重	二
黑羽二重	一
花色羽二重	一
御納户茶綸子	一
黄椀屋須	一
黑紗綾	一
黑綾	一

印有何茂葵御紋		
一御鞍鐙	一背分	二箱入
梨子地	牡丹唐草	政有作

兩萬餘册圖書並没有换來與其相應的華麗物品，不禁讓人揣測其背後可能發生過的複雜情形。

(2) 關於獻書的緣由

那麼，毛利高翰爲何會突然決定獻上其祖父毛利高標傾盡心血收集的藏書呢？可惜這件事的原由並不明朗。

一種説法認爲，毛利高標病逝（1801）後，幕府擔心他的藏書逸散，於是要求上交藏書目録，後來又要求按照目録獻上書籍。這是幕府爲防止貴重的藏書逸散而采取的強制措施。梅木幸吉氏根據佐伯保留的文政十年的記録進行了以上推測。

不過，佐伯藩的古書《佐伯古老物語》記録了另一種説法：第二代藩主毛利高成去世後，出現了爭奪繼位的紛爭。森吉安（初代藩主毛利高政同父異母的弟弟）在此次爭鬥中爲了取得有利的地位，將佐伯藩二萬石領地中的兩千石獻給了幕府。此後，幕府又將此領地作爲“天領”交給佐伯藩。到了毛利高標時期，佐伯藩考慮恢復其領地的完整，於是作爲交换條件便將藏書獻給了幕府。

無論如何，關於獻書理由的謎團有待今後繼續探討。

二、江户幕府 紅葉山文庫

1. 紅葉山文庫

江户幕府爲了方便德川將軍讀書而在江户城内設立了圖書館，即“御文庫”。由於地處江户城内的紅葉山，明治時期後習慣稱爲“紅葉山文庫”。這可以説是日本最早的官立圖書館。該圖書館主要是爲將軍服務的，不過除將軍外其他人也可以借閲圖書。

紅葉山文庫的歷史可以分爲以下四個階段：

（1）德川家康收集大量貴重圖書，於慶長七年（1602）在江户城内的富士見亭創設了文庫。

（2）第三代將軍德川家光在寬永年間（1624—1644）制定了“書物奉行”制度並設置“同心”這一職務，在紅葉山的山麓建立了文庫。長崎貿易開始後，確立了“唐本”的進口方法。

（3）第八代將軍德川吉宗（在位 1716—1745）收集日本的古逸書，引進中國的地方志及法制書等，補寫缺失的部分，校訂各種不同的版本，廢棄了所有的僞書、重複本、無用本。至此，文庫的藏書迅速充實且質量有了很大提高。

（4）文化文政時代（1804—1829），近藤重藏（守重）擔當“書物奉行”，貴重書籍的保存方法得到極大改善。

經過上述過程，紅葉山文庫成爲江户時代幕府名下最重要的圖書館之一。

2.《道藏》的收藏與書庫的擴建

紅葉山文庫在建立起第一棟書庫後不斷擴建，最終建成四棟書庫。其過程如下：

（1）寬永十六年（1639），在紅葉山山麓的寶藏區建立了第一棟書庫。

（2）正德元年（1711），由於附近修建靈廟，書庫的建築物本身被縮小，於是又新增了一棟書庫。

（3）正德三年（1713），將軍德川家宣的藏書（櫻田本）加入文庫，於是又新增一棟，共爲三棟。

（4）文政十一年（1828）六月，豐後佐伯藩主毛利高翰將祖父毛利高標藏書中的漢籍一萬四千二百册、《道藏經》四千零五帖上交幕府，編入文庫。此時由於圖書大增，便又增建書庫一棟。天保元年（1830）十二月竣工，共計四棟。

也就是説，佐伯藩獻上《道藏》等藏書這件事情成爲紅葉山文庫擴建的原因之一。

以下是紅葉山文庫四棟書庫的位置示意圖：

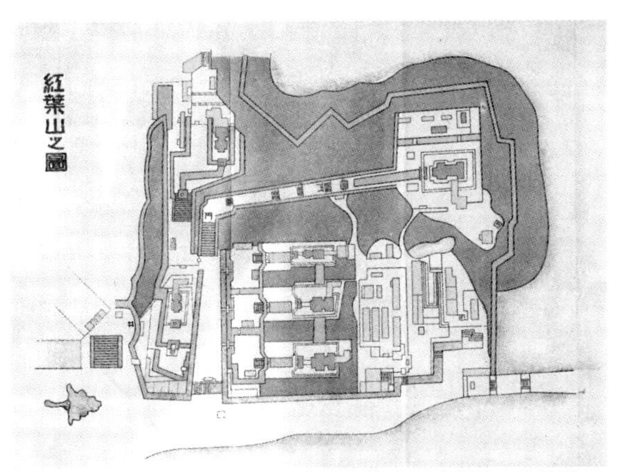

紅葉山之圖 1

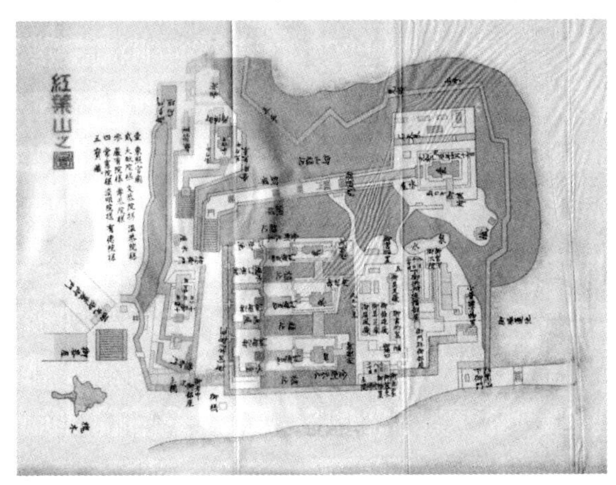

紅葉山之圖 2（將記録各建築名稱的薄紙覆蓋於原建築圖上）

3. 書籍的管理、修補體制

紅葉山文庫的業務中，“保管”工作占很大比重。由於藏書被認爲是屬於德川將軍的，所以文庫有重大的保管責任。

例如，從保管容器來看，藏書都被收入書箱（函）中。這不僅能防止丟失及混亂，還有利於書的保存，比如能够防止樟腦擴散，具有防潮、防褪色、防塵的效果。

此外，修復工作也是很費力的。修補古書時，訂綫斷裂的書籍須重新裝訂；損傷不大的書籍須從背面貼小紙片來修補蟲洞等；損傷很大的書籍則須從背面貼上整張的襯紙，即所謂的“總裱褙”。紅葉山文庫的很多藏書都是用這種方法進行修補的。

毛利高翰獻給幕府的書籍，也經歷了一定程度的修補，其過程如下：

文政十一年（1828）毛利將書籍獻上，天保二年（1831）書籍修補工作就開始了。

天保四年（1833）三月，修補完成四千餘册。

弘化四年（1847）開始修補《道藏經》，嘉永六年（1853）最終修補完成。

我在其他論文中提過，目前宮内廳書陵部所藏的《道藏》全部實行了“總裱褙”的修補方法，可能就是在這個時期進行的。

4.《御書籍來歷志》與《道藏經》

御文庫（紅葉山文庫）的藏書目録有三種，按時代順序排列分别是：

《新訂御書籍目録》；

《重訂御書籍目録》；

《元治御書籍目録》。

除了藏書目録，還有貴重書的摘要匯編。以下三本書即是如此：

《新訂御書籍來歷志》（現不存）；

《重訂御書籍來歷志》（1836，現存數種抄本）；

《元治御書籍來歷志》（1866，現存數種抄本）。

這些書被統稱爲《御書籍來歷志》。《道藏》在紅葉山文庫的藏書中是非常引人注目的，毛利獻書後製作的《重訂御書籍來歷志》對其進行了介紹。在此暫舉東京大學綜合圖書館所藏的兩種版本爲例。其文面大體相同。

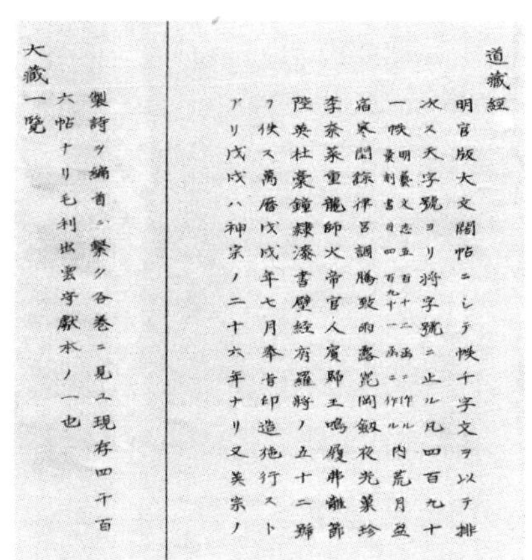
道藏經
明官版大文閣帖ニシテ帙千字文ヲ以テ排
次ス天字號ヨリ將字號ニ止ル凡四百九十
一帙（明藝文志五百十二函ニ作ル 刻書目四百九十一函ニ作ル）内荒月盈
宿寒閏餘律呂調騰致雨露崑岡劍夜光菓珍
李柰菜重龍師火帝官人賓歸王鳴鳳弗離節
陸英杜藁鍾隸漆書壁經府羅將ノ五十二號
ヲ佚ス萬暦戊戌年七月奉旨印造施行スト
アリ戊戌ハ神宗ノ二十六年ナリ又英宗ノ
製詩ヲ編首ニ繫ク各巻ニ見ユ現存四千百
六帖ナリ毛利出雲守獻本ノ一也
大藏一覽

《重訂御書籍來歷志》（東京大學綜合圖書館藏本①）

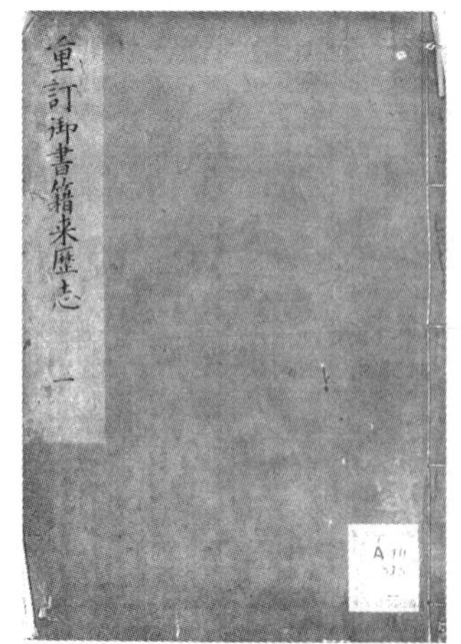

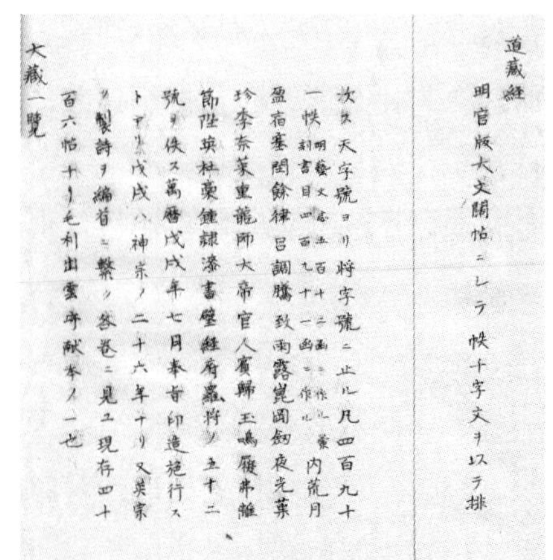
道藏經
明官版大文閣帖ニシテ帙千字文ヲ以テ排
次ス天字號ヨリ將字號ニ止ル凡四百九十
一帙（明藝文志五百十二函ニ作ル 刻書目四百九十一函ニ作ル）内荒月
盈宿寒閏餘律呂調騰致雨露崑岡劍夜光菓
珍李柰菜重龍師火帝官人賓歸王鳴鳳弗離
節陸英杜藁鍾隸漆書壁經府羅將ノ五十二
號ヲ佚ス萬暦戊戌年七月奉旨印造施行ス
トアリ戊戌ハ神宗ノ二十六年ナリ又英宗
ノ製詩ヲ編首ニ繫ク各巻ニ見ユ現存四十
百六帖ナリ毛利出雲守獻本ノ一也
大藏一覽

《重訂御書籍來歷志》（東京大學綜合圖書館收藏本②）

在此將文字整理一下以作參考：

道藏經

明官版大文闊帖，帖以千字排次。自天字號至將字號止。凡四百九十一帙（作明藝文志五百十二函。作匯刻書目四百九十一函）內荒月盈宿寒閏餘律呂調騰致雨露昆岡劍夜光果子珍李奈菜重龍師火帝官人賓歸王鳴履弗離節陸英杜稿鐘隸漆書壁經府羅將之五十二號，佚。萬曆戊戌年七月奉旨印造施行。戊戌，神宗二十六年也。又編英宗之制詩，繫於首，見於各卷。現存四千百六帖也。毛利出雲守獻本之一也。

三、宮内廳書陵部

1. 從紅葉山文庫到宮内廳書陵部

明治維新以後，紅葉山文庫的藏書經歷了以下變遷：

明治二年（1869），管轄權從幕府移交到大學（管理昌平黌等處的部門）。

此時，部分書籍加蓋了“紅葉山本”的紅色印章。

明治三年（1870），從大學移至大史局。

明治四年（1871），移至太政官正院式部寮。

明治五年（1872），移至太政官正院歷史科。

此時，紅葉山文庫的書籍全部加蓋“秘閣圖書之章”的紅色印章（有大小兩種）。

明治十七年（1884），太政官正院的管轄權移交至宮内省。

太政官文庫改稱爲内閣文庫。

宮内省内部設置圖書寮。

此時，紅葉山文庫的書籍被分成兩部分。一部分由内閣文庫收藏。另一部分由宮内省圖書寮收藏。

明治十九年（1886），宮内省設置諸陵寮（管理天皇陵墓的部門）。

昭和二十一年（1946），廢止諸陵寮，由圖書寮接管其工作。

昭和二十二年（1947），廢止宮内省，設立宮内府。

昭和二十四年（1949），宮内府改稱爲宮内廳。

圖書寮改稱爲書陵部。

至此，“宮内廳書陵部”成立，延續至今。

此外，“秘閣圖書之章”印有以下兩種，《道藏》加蓋的是左邊的大印章。

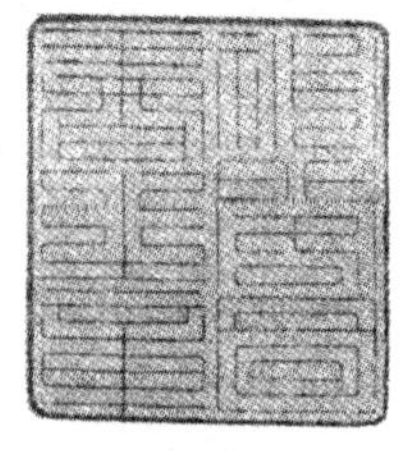

“秘閣図書之章”朱印二種

（參考福井保《紅葉山文庫》132 頁的圖版）

2.《道藏經》所在地的變遷

《圖書寮漢籍善本書目》（宮内省圖書寮，1930 年）的卷三中有關於“道藏經”的介紹，具體如下：

> “道藏經”四千一百五十五卷四千一百十五帖
>
> 文政中，毛利守高翰所獻，幕府後歸内閣，明治二十四年三月移於本寮。帖中間有“佐伯侯毛利高標字培松藏書畫之印”印記。

如上所述，紅葉山文庫的藏書在明治 17 年被内閣文庫和宮内省圖書寮分別收藏，此時《道藏》被收入内閣文庫，後來明治 24 年轉移至宮内省圖書寮。

整個過程如下：

毛利高翰
→幕府（御文庫＝紅葉山文庫）
→内閣文庫　　明治 17 年
→宮内省圖書寮　明治 24 年
（→宮内廳書陵部）

結　語

以上考察了當今宮内廳書陵部所藏《道藏》的由來。簡單總結來説有以下内容：

首先，天明二年（1782）或明和七年（1770）來到長崎的一艘南京船或寧波船將《道藏》帶到日本。

熱衷於搜集書籍的學者大名——第八代佐伯藩主毛利高標購買了這部《道藏》，將其收藏於佐伯藩的佐伯文庫。此後的文政二年（1827），第十代佐伯藩主毛利高翰將其獻於江户幕府。

江户幕府將其存放於江户城内的御文庫（紅葉山文庫）中，進行了細緻的修復及保存。

明治維新時廢除了幕府，《道藏》從御文庫被轉移至大學保存。此後，輾轉大史局、太政官正院式部寮、太政官正院歷史課，明治 17 年（1884）移交内閣文庫管理。

此後，明治 24 年（1891）移至宫内省圖書寮。宫内省圖書寮在昭和 24 年（1949）被重組，更名爲宫内廳書陵部，成爲當今管理《道藏》的機構。

The Spread of *Dao Zang* Stored in the Mausoleum Department of the Imperial Household Agency

YOKOTE Yutaka

Abstract: The Mausoleum Department of the Imperial Household Agency is the Japanese royal library, and large numbers of *Dao Zang* volumes are stored there. Using the information concealed in the book seal of *Dao Zang*, this article aims to clarify the relationship between *Dao Zang* and Mori, to explain how *Dao Zang* are introduced, preserved, and repaired in the Saeki Library. Thus the article traces the clues on how *Dao Zang* travels from Saeki Library to Momijiyama Library, and finally to Mausoleum department, Imperial Household Agency.

Keywords: Book Seal; Saeki Library; Hongyeshan Library; *Dao Zang*

聖人與將才：《道德經》與《孫子兵法》中的軍事思想

馬思勱

[摘　要] 從《道德經》起源與内容方面入手，探索了可能存在於《道德經》與《孫子兵法》之間的一系列聯繫。首先，本文嘗試將其解讀爲原創性的口頭形式的文本，經過不斷演化，形成書面文本。這一過程中《道德經》與《孫子》進行了積極活躍的對話與交流。接着，本文進行詳細的文本分析來研究口頭與書面兩種形式文本所包含的共同的思想内容，特别是其中的軍事思想。本文的根本性結論中並不主張將《道德經》當作早期中國兵家經典來閲讀，而是主張將早期的道家與兵家思想結合起來進行閲讀，從而從根本上理解兩派所要表達的核心思想中藴含的更深層含義。

[關鍵字]《道德經》；《孫子兵法》；早期道家；早期中國兵家

一、《道德經》之定位

《道德經》是先秦時期的一部高深莫測的著作，它不斷吸引着衆多讀者，引人入勝的同時又使人困惑。長期以來，其作者被認爲是一位名爲“老子”的神秘人物，但對這一人物有所記載的各類傳記作品一直存在着諸多矛盾之處。一般認爲，他是與孔子同時期、並年長於孔子的人物。幾乎所有針對這部作品的傳統觀點，都深受現代學界的質疑；儘管如此，幾代學者爲這一著作付出的共同努力，仍未使得此著的作者、創作時間和内容得到令人滿意的解釋。

借助考古學的説明，其中部分問題（而不是全部）可得以解決。馬王堆漢墓出土的兩種基本完整的《道德經》，使得我們可以就其何時形成所見寫本確定一個大致的時間（約西元前二世紀初），並采取一些校勘與修補。[①]郭店楚墓亦出土了三種竹簡本，經過組

【作者簡介】馬思勱(1966—)，美國俄勒岡人，北京師範大學哲學系教授。研究方向：中國哲學、道教、薩滿教。譯者：郭鼎瑋，柏林自由大學漢學系博士生。

① 關於這兩種版本，英語學界有兩種不同的翻譯和研究，可見劉殿爵著(Lau，D. C，1982)和韓禄伯著(Henricks，Robert G，1989)。

合之後，它們的内容大致是馬王堆版本的百分之六十。[①] 關於封墓時間仍有爭論，但該墓下葬年代最早可追溯至西元前四世紀晚期。這些手稿的作用與意義尚不明確，它們或許體現了一組隨機呈現的、處於萌芽階段的思想，這些思想在接下來的二百年裏以調和統攝的方式與其他思想拼貼組織在一起，最終形成了《道德經》[②]；它們也可能是一套更爲複雜完整之思想的三個節選抄本，這套思想在某個時期已經作爲一種據傳爲老子所作的口頭文本流傳於世，但直到一個多世紀之後，這些思想才廣泛爲中國早期的文化精英群體所熟悉。[③]

關於郭店《老子》起源的這些核心問題，本研究無意再進行探索[④]，但逐漸清楚的是，在固定爲書面的形式之前，這一《老子》就以口耳相傳的形式在有限的範圍内流傳。[⑤] 依據最初的《道德經》是通過口頭流傳這一觀念，本研究認爲，最好將其起源置於一個“修身”的環境中討論[⑥]，而不是放在政治哲學之領域。政治哲學目前已成爲其起源和内容的主流詮釋方向。[⑦] 不過，還有許多不同卻也合理的方法來理解《道德經》，因爲我們現有的文本是如此的簡潔精練和難以理解。這部著作除了主要探討修身之道或政治哲學之外，還可從理想化之統治理念、形而上之哲學，以及宇宙論、否定之冥契主義(apophatic mysticism)等角度對其内容進行闡釋和分析，甚至可以最簡單地將其定義爲一部關於如何活得更好的作品。[⑧]

從它們各自對其内容的解讀來看，這些精到的詮釋角度都没有問題；但仍有一個完全獨立且合理有效的脈絡貫穿於整個《道德經》之中；這條綫索很早就有讀者意識到，卻一直未能得到充分的重視，那就是這一著作中體現的軍事思想魅力。[⑨] 實際上，該著的

---

① 這些版本英語學界亦有兩種不同的翻譯和研究，可見韓禄伯著(Henricks, Robert G, 2000)和顧史考著(Cook, Scott, 2012)。

② 值得注意的是，雖然長期以來許多學者一直以《道德經》或《老子》作爲名稱指代這些不同的版本，但學界的共識是，《道德經》從漢代起才作爲《道經》和《德經》兩部分組成的一部著作廣爲流傳。在此之前，唯一其他已知的版本，即郭店的版本，並没有體現出這種劃分，故其名稱被認爲是《老子》。本研究則主要集中使用《道德經》這一名稱。

③ 關於這一著作的起源學界有着不同的觀念看法，其中關鍵之處可見馬思勸的討論(2017)。

④ 目前關於這些論題的經典討論可見艾蘭和魏克彬編著的論文集(Allan, Sarah and Crispin Williams, 2000)。對郭店楚簡文本最爲全面的英語研究可見顧史考的著作(Cook, 2012)。

⑤ 針對《道德經》這一特點的相關重要研究，可見白一平(Baxter, William H, 1998)和史嘉柏(Schaberg, David, 2015)的論著。

⑥ 如施舟人(Schipper, Kristofer, 1993)和馬思勸(2015)即持此觀點。

⑦ 大多數現代西方研究將《道德經》文本解讀爲政治哲學，此類著作不勝枚舉，其中郝大維和安樂哲的論著(Hall, David and Roger Ames, 2003)即爲重要之例。

⑧ 針對理解《道德經》的諸種方式，金弘揚(Kim, Hyongkyung, 2012: 5)寫道：“與其他中國經典文本一樣，該著也體現了對當時政治的關注……如果《老子》對個體與國家都有所影響，這部著作中的政治思想就很容易轉向修身理論。在《老子》中，如果對‘道’的討論有所增加，那麽‘道’的形而上學層面就可以輸入到教育的層面。接着，這些形而上的觀點會進一步擴展爲冥契主義——通過強調人類之精神性和‘道’之間的冥契一體，這種冥契主義就可能産生。這樣一來，道家(道教)長生不老的養生實踐就逐漸呈現……如果把燕齊等國早期方士的思想與這些實踐相結合，《老子》就會成爲一種關於煉丹之方技的文本。”

⑨ 張穎(Zhang, Ellen Ying, 2015: 181)寫道：“在過去的一百年間，由於《道德經》文本有着語言簡潔而詞義豐富的特徵，加之當今讀者濃厚的詮釋興趣，從哲學或宗教角度出發的西方學術研究已有許多，這些研究體現了該著廣泛的解釋範疇。然而，針對《道德經》體現的兵家軍事倫理視角，目前還没有任何實質性的著作專門對此有所討論。我們目前所見的都是一些針對特定章節的、各自孤立的評論注釋。”

思想與中國早期兵法傳統的很多核心理念有着大量的重合之處，而兵法之中最爲著名、最具有影響力的作品《孫子兵法》，尤其體現了這一點。在戰國時期道家學派重要的著作總集《莊子》中，被收録的早期道家作品與軍事思想之間尚不具有任何深刻的聯繫；但接下來的另一部重要道家著作集（即漢初編撰的《淮南子》），儘管其框架體系明顯屬於道家而非兵家，這一著作卻使用了整整一個較長的篇章來論述這一思想，即卷十五《兵略訓》。[①] 因此，《道德經》亦可被看作是一部更早記載了道家與兵家思想相融之情形的作品，這並非完全不可能。針對這一點，張穎寫道（2015：181）：

> 縱觀中國歷史上的詮釋傳統，其中一個重要的觀念是將《道德經》視爲軍事著作，至少是“言兵之書”。例如，《隋書·經籍志》就有《老子兵書》一卷。唐代王真（約西元9世紀）在其《道德經論兵要義述》中指出，《道德經》的每一章都有其軍事方針與重點（“未嘗有一章不屬意於兵也”）。宋代鄭樵（1104—1162）在其《通志略》中將《道德經》明確著録於兵家著作之列。明末清初的儒家學者王夫之（1619—1692），也認爲《道德經》的作者爲“言兵者之祖”，可爲“言兵者師之”。

二、作爲回應的三種基本思潮

本研究試圖重新審視《道德經》中的軍事思想脈絡，這首先需要對該著最初以口頭方式傳播的時代背景進行簡短的探索；多數學者認爲，這段時間大約在西元前四世紀初期至中葉。[②] 這一時期伴隨着戰國時代的開始，經歷了許多社會和政治的動亂，但其中也包括了戰事和軍隊令人驚異的不斷升級，誠如陸威儀（Mark Lewis）生動描述的那樣（1990：60—61）：

> 雖然没有確切的數目，但在西元前七世紀時，一支軍隊不會超過一萬人；即使在西元前六世紀中後期，配備了戰車並大大擴充了人數的軍隊，也只有約五萬名士兵。然而，戰國文獻記載的軍隊人數卻多達六十萬人。儘管這些數字並非絶對可靠，但在當時的戰場上，軍隊的規模擴大約十倍似乎也是合理的。這種大規模的增長，意味着任何希望存活下來的國家或宗族，都必須從更大的人口基數徵募到士兵。要做到這一點，就只能繼續在社會上將兵役擴大到較低階層的人口，並在地理上將徵募範圍擴大到領地的心腹地區。

---

① 這一卷内容的英文翻譯，可見馬絳（Major，John S.）等人編譯的《淮南子》。

② 關於這些文本最早於何時口頭流傳的研究，可見施舟人（Schipper，1993）、白一平（Baxter，1998）、米凱爾·拉法格（LaFargue，Michael，1992，1994）、馬思勱（2015）等人的論著。

大致而言，針對軍事戰況的不斷發展，出現了三種主要的、對此有所回應的思潮，它們總體上可被認爲是哲學的，並且爲它們各自獨特的理念所驅動——它們都試圖在一個被認爲是一片混亂的失道之世中，尋求確保和平與秩序的可能途徑。第一種思潮爲後來形成的儒家思想奠定了基礎，它關注以家庭爲本位的秩序觀念，而這種秩序在大一統帝國至高之"王"的禮制與道德統治之下得以建立；《論語》即稱："如有王者，必世而後仁。"這一思潮與另一形成墨家思想的思潮密切相關又相互獨立[①]，兩種思潮形成了各自獨立的群體性認同，並主導了主流的哲學思想，這種狀況持續到西元前三世紀上半葉。之後，出現了一種更爲分散的哲學研究取向，其有時被稱爲"雜家"，這一學派的面目隨着西元前四世紀後期稷下學宫的建立得以逐漸明晰。該學派爲後來"諸子百家"的兼收並蓄提供了萌發的土壤，"諸子百家"的蓬勃興盛也一直持續到秦朝初期。[②]

另外兩種回應軍事環境的思潮相對不那麼衆所周知，並且都一定程度上受到更多的限制，但二者受限的原因卻也不盡相同。其中之一種爲後來被稱爲兵家的思想奠定了基礎，其試圖通過強大有力且深思熟慮的軍事戰略部署爲世界帶來秩序。其中最爲重要的代表人物，即爲"將"這一形象，他精通於軍事行動，有着堅定不移、與其用兵智謀相一致的哲學理念。《孫子兵法》第二章即稱："故知兵之將，民之司命。國家安危之主也。"

最後一種思潮爲後來成爲道家的思想奠定了基礎，也奠定了其理想化卻又隱晦不明的"聖人"這一形象。"聖人"被賦予責任，他要通過自身的存在，以同情交感的影響方式，將秩序自内而外地帶給世界；他精通於精奥玄妙的修身之術，通過修身即可體得宇宙之道，故《道德經》第三章稱："是以聖人之治，虛其心，實其腹，弱其志，強其骨。"

這三種思潮的出現，都是對戰國文明版圖中文化失序的具體回應——這種失序是追逐權力的諸侯們一手造成的。在最初的形成過程中，這些思潮也不一定非得被視爲三種各自獨立的、自覺自知的、自身閉合的學派或傳統。但是，作爲對失序的回應，它們在當時確實是非常獨特的，每種思潮都可以通過各自獨立的口授體系得以識别與區分。在經過傳播與發展、彙集與編輯的漫長過程之後，這些思想開始凝結在各自的基礎文本中，這些文本的内容又繼而啓發了後來的思想家們，他們要麼接受，要麼反對，形成了繁榮的"百家爭鳴"局面，直到秦朝的建立爲此劃上了休止符。三種思潮將三位權威人物作爲它們各自的創始人（無論是傳説中的還是歷史實際存在的），以及各自經典文本（《論語》《孫子兵法》和《道德經》）的"作者"，如此它們即可得以彼此區分和識别。

這些思潮各自啓發並最終形成了實際的傳統（儒家、兵家和道家），如果我們按照西方模式，只是將其簡單地命名爲某種哲學流派，就太低估其影響了。傳統上認爲，它們

① 若對這些中國古代最早的思潮進行更爲深入的研究，可發現墨家的參與有着更爲核心的地位與作用，但由於篇幅所限，本文只能在此提及一二。

② 關於這些事件的簡史可見金弘揚著（Kim，2012）。

的三位創始人老子、孫子和孔子生活在彼此接近的時代：老子和孫子相傳是年長孔子一代之人，此三人的生卒年亦相傳是在春秋結束（西元前476年）之前。儘管現代學者通常只承認孔子是歷史上真實存在的，但有充分的理由認爲，在西元前四世紀中葉左右，它們口耳相傳的教育體系就已形成於各自的雛形之中，且各自口頭形式的文本亦隨之產生。[①] 梅維恒（Victor Mair，2008：7）寫道："'孫子'這一人物是代表了所有'軍事聖人'的'集體人格'（collective personality），他們的言論就被彙集在《孫子兵法》一書中。"同理，針對《論語》也有"道德聖人"，針對《道德經》也有"修身聖人"，每個"聖人"之稱都可被認爲是一種特定的"集體人格"，後世的思想家們就以之命名他們各自的文本。

此外，這些口耳相傳的教育體系在早期流傳的過程中可能會有密切接觸，然而文本中並沒有這方面明顯的證據，《道德經》幾乎没有提及兵家之"將"或儒家之"王"，《孫子兵法》也幾乎没有提及儒家之"王"與道家之"聖人"，《論語》更未提及道家之"聖人"或兵家之"將"。[②] 三部作品之間的聯繫可以説就如我們目前從字裏行間所讀到的那樣，在各自的口授系統内講述自身故事的同時，它們之間也保持着一定距離。單獨分開來看，其實没有必要確定老子、孫子或孔子的教育體系孰先孰後；它們差不多形成於同時，而且在某種程度上，其形成也有着對話性的特徵。然而，作爲一個群體來看，這三種思潮實是所有後來中國早期思想流派的源頭（墨家在其中也發揮了重要但不那麼實質性的作用）。

這一圖景對我們重新設想史華慈（Benjamin Schwarz）之"古代中國的思想世界"有着深遠的幫助。今後任何對這三種思潮的比較研究，都必須深入地考慮到處於每一種思潮之核心地位的中心概念——"道"，並且需要仔細考察每一種思潮是如何在其具體的秩序觀念中，賦予這一概念各自不同的理解。[③]《論語》第二句即言："其爲人也孝弟，而好犯上者，鮮矣；不好犯上，而好作亂者，未之有也。君子務本，本立而道生。"《孫子兵法》第一句亦言："兵者，國之大事，死生之地，存亡之道，不可不察也。"而《道德經》最爲著名的開篇首句即稱："道可道，非常道。"

三、論梅維恒（Victor Mair）的"《老》《孫》關係"：歷史的向度

雖然對老子、孫子與孔子三者關係的探索面臨着一系列難題，但本研究僅以《道德經》與《孫子兵法》爲研究範疇，並集中在幾個它們共有的觀點上。幾乎每一個以《孫

① 儘管也有很多當代學者認爲，《老子》的誕生時期相對要晚很多。

② 在作者早先的論述(2015,139—146)中，已經對"聖人""王"和"將"三種角色進行了非常詳細的討論，此處是建立在這一成果之上的。

③ 作者曾嘗試對《論語》與《道德經》中的"道"之概念進行這樣的比較(2015,67—92)，不過這一研究並没有包含《孫子兵法》。

子兵法》爲物件的英文研究或翻譯都會提及，該著的一些觀點與《道德經》中的一些觀點中有着相似之處[①]；但反過來，在《道德經》中討論兵家思想的論著並没有那麼多[②]。這其中，有兩個研究以其學術深度和嚴謹性尤爲突出，在提出本文的研究之前，可以先關注一下這兩個研究中最爲重要的發現。第一個研究來自梅維恒，第二個則來自何炳棣，由於梅氏之研究更傾向於以歷史爲基礎，而何氏之研究更加以文本爲基礎，在此先討論前者。

白牧之（E. Bruce Brooks）與白妙子（A. Taeko Brooks）在其著作中（尤其是1994與1998年的著作）采取了“層累理論”（accretional methodology），梅維恒與本文作者皆深受這一方法論影響，它爲我們提供了對《老》《孫》二著進行比較的入手途徑（儘管由於顯而易見的原因，考古發掘出來的單個手稿尚未達到應用“層累理論”進行分析的地步，但對於目前所見的大部分戰國文獻資料而言，這一方法應該更具有普遍指導意義）。

學界通常的做法是，試圖找出這些已知著作最初“發行”的時間（通常還加上各自“集體人格”之歸屬），但白氏拒絶了這一做法，他們運用“層累理論”來理解《孫子兵法》《論語》與《道德經》等文本的形成過程，他們認爲，這些文本是逐漸積累的，並且經歷了一個從最初的口授教育體系到目前我們所見版本的轉變過程。他們的發現對於這三種文本而言尤爲適用（對於《墨子》亦如此）：首先，相對整個戰國時期的著作資料，這三個文本出現與流通的時間都較早；其次，相對後來其他早期中國思想，它們在思想史中具有基礎性的主導地位。在對《孫子兵法》的研究中，梅維恒試圖密切關注早期中國的“國家間語境”，即西元前四世紀中期該著開始文本化的語境背景；他還將注意力引向他所觀察到的《道德經》在這一過程中所起的作用。他寫道（2008：36）：

> 儘管《孫子兵法》可能與儒家之間的關係較爲疏遠，但在西元前四世紀中後期，它卻呈現了與《老子》一致的面貌。這兩篇文本的作者都被投射到不一定存在於歷史的人物身上，在當時的想像中，這些人物生活在大約兩個世紀前的春秋末期。《孫子》由一系列關於軍事的語録名言組成，這些語録都出自一個朦朧不清的、傳奇式的人物，這就與同爲神秘語録之集合的《老子》一樣，其創作者亦是一個面目模糊、半神話式的人物。

---

① 華珊嘉（Wawrytko，Sandra A，2007：561）的論著即是這方面的一個有趣的案例，因爲她的研究相對大多數研究而言，更爲深入地探討了《道德經》與《孫子兵法》共同觀點之間的關係，但她的研究並不是歷史層面的研究，而是試圖揭示《孫子兵法》對當今世界的意義。她寫道：“儘管歐美的譯者通常把孫子當作戰爭的推動者，但我更傾向於認爲他實際上是在促進和平。具體而言，《孫子兵法》可以這樣解讀：該著提供了一系列可行的建議，作爲戰爭之替代方案，它的這些方案與老子道家哲學的深刻智慧相呼應。因此，孫子更像是一位帶來生機的藝術家，而不是一位帶來死亡的商人。”

② 這方面一個主要的例外是王真對《道德經》的述評，此可見蘇煬悟（Sawyer，Ralph D. 1999）對此的翻譯和研究，但需要注意的是，王真並不是一個道家學者，而是一個生活在九世紀的軍事將領。論及此處，蘇煬悟寫道（1999：211）：“雖然尚不清楚道家與兵家思想之間是否存有某種確切關係，但在中國戰國時期形成的過程中，此二者緊密交織，並且顯然存在相互影響。”

梅氏從郭店《老子》中看到了一個重要時點，展現了“從口頭流傳之語録到形成書寫之文本”的轉變過程，他認爲《孫子兵法》也或多或少同時經歷了這種轉變（不過注意，在這個“西元前四世紀中期”的時間段，《論語》和《墨子》也同時經歷了類似的形成過程)。[①] 除了《詩》《書》和《易》三經被認爲是古代傳世經典之外，《老子》《孫子兵法》和《論語》這三部作品（或許還有第四部《墨子》)，是目前僅有的幾部口授到寫本之形成過程可被可靠地追溯至西元前四世紀中期的“哲學”文本（當然，它們之後仍然經歷了一個傳播和發展的過程，會經歷增删削減、編輯抄纂，這種情形一直持續到漢代[②])。

針對《老》《孫》之間的聯繫，梅氏最終的看法（2008：37）集中在“無爲”（即順應自然不妄爲之意）的角度上，這貫穿在二者各自的教誨之中[③]：

> 《老子》和《孫子兵法》的主要區别在於，前者側重於如何運用“無爲”的方法來統治一個國家，而後者則側重將相似的態度應用於作戰的執行。真正精通其中道理的將才，能够“不戰而屈人之兵”。所以，《老子》實則是一本爲“無爲”之統治者編寫的治國指南，而《孫子兵法》是一本爲“無爲”之將領編寫的軍事手册。

在西元前四世紀時，最初以口頭形式流傳的《老子》與《孫子兵法》之間可能産生了對話，在這一點上本文與梅維恒的立場是相同的。但雙方也存在分歧之處，即對《道德經》的整體理解有所不同：梅氏認爲，《道德經》是爲開明君主撰寫的治國指南，他將通過對“無爲”的運用自上而下地統治世界；而本文作者則認爲，該著是爲欲成“聖人”之人所撰寫的，他們通過對“無爲”思想的運用，以自内而外的方式給世界帶來秩序。

---

① 梅氏稱:“隨着 1993 年中國湖北省郭店竹簡的考古發現,可以確定西元前四世紀中後期確實是《老子》從口頭流傳之警句語録轉變爲書寫文本的時期。這些轟動一時的寫本可追溯到西元前 300 年,並於 1988 年出版,它們揭示了《老子》形成的過程。正如長期以來諸位持嚴格批評態度之學者以各種理由所懷疑的那樣,郭店《老子》寫本的出土有力地證實了其是在相當長的時期内出自多位作者之手、經歷多次編輯的産物,而不是如傳統觀點所認爲的,是春秋晚期的某一個人的著作。對於《孫子兵法》而言,其情形正是一樣的。”不過我們亦可以補充,《論語》和《墨子》的形成情形也可能是相同的。實際上,最早的版本《孫子兵法》寫本出土於銀雀山漢墓,形成年代可被追溯至西元前 140—118 年之間;針對該處出土的兵法作品,可見安樂哲的論著(Ames,Roger,1993:261–276)。根據記録,最早的兩篇《論語》寫本可追溯至西元前 50 年左右,分别是依據其出土地點命名的定州竹簡《論語》和平壤竹簡《論語》,對於這部分的討論可見葉波(van Els,Paul)的著作(即將出版)。

② 許多該類文本的最終成型與定稿實際上都出自漢代學者劉歆之手。此種説法參見陸威儀著(Lewis,1990,esp. 325–360)。

③ 然而應該指出,梅氏認爲“無爲”在《孫子兵法》中處於中心地位的做法,多少有些與衆不同——特别是實際上在《孫子兵法》中無法確切地找到這個短語。但是在他翻譯的《孫子兵法》(*The Art of War*,2007:74n. 86)一書中,他卻認爲這個概念“在整篇文本裏都是顯而易見的”。這種説法是可以申辯的,本文作者實際上認同有一種真實可知的“無爲”精神貫穿於整篇《孫子兵法》,例如第三篇稱:“不戰而屈人之兵,善之善者也。”“無爲”在《道德經》中的角色與地位是衆所周知的,其第二章即稱:“是以聖人居無爲之事,行不言之教。”此處有趣的是,《論語》再次使得《孫子》之將才、《老子》之聖人與孔子之帝王構成了一個等邊三角,我們可從《論語》15.5 處讀到舜當政時的情形:“無爲而治者,其舜也與!夫何爲哉?恭己正南面而已矣。”

雖然此處有所分歧，但雙方都認同，爲世界帶來秩序之人，即《孫子兵法》之將，《道德經》之聖，《論語》之王，他們所采取的基本策略是異常相似的。

四、論何炳棣的《老》《孫》關係:“奇”與“正”

本研究接受梅維恒的主要見解，並認爲這爲《孫子兵法》與《道德經》之間爲數可觀的重合之處提供了歷史維度的解釋，至少對貫穿於整個《道德經》中的軍事思想脈絡來説是如此。接下來，本文轉向何炳棣對兩部著作文本層面的比較，通過對比二者共有的思想内容，他深入分析了這種重合之處，並有意將之作爲入手《道德經》的基本方法。

他進行比較的方法可以用兩個大致的特點來概括。第一個特點是，他和梅維恒一樣，認爲《道德經》是“君人面南之術”，這種説法肯定了統治者於該著中的至高地位；同時他也注意到《道德經》中充滿了關於修身之道的理念，這體現了本文作者解讀《道德經》時所强調的觀點。何氏寫道（2002：27)：“《老子》一書的重心在‘君人南面之術’當無再可疑。養生，甚至雛形的神仙之術，也在書中數度出現。”

需要指出的是，雖然何氏認爲《道德經》是主要爲政治哲學之作而非修身養生之作，但他關於《孫子兵法》與《道德經》在軍事思想層面存在共同關係的發現，與其認爲《道德經》是政治哲學的立場並没有任何關係。實際上，正如本文在結尾處所强調的，相較軍事與統治，軍事思想與修身之術之間實則存在着更深層次的共鳴（雖然這是反直覺的)，至少從道家與兵家的角度來看是這樣的。

何氏比較《老》《孫》方法的第二個特點是，他認爲《道德經》形成於《孫子兵法》之後，他在論證結尾之處即鮮明指出“《孫》爲《老》祖”，並在文中將這種關係形象地表現爲“親緣關係”。然而，這一何氏用來構建方法論的框架結構與梅維恒以及本文作者的觀點有着明顯不同：梅氏與本文作者都認爲《道德經》和《孫子兵法》彼此之間有着同時發生的、雙向互動的影響；而何氏卻只看到了從《孫子兵法》到《道德經》的單一向度的影響。儘管如此，就理解《道德經》中展示體現軍事思想的章節而言，何氏的洞見仍然是極具價值的；其從政治哲學角度對《道德經》所作的解讀雖未被本文所接受，但這並不意味着要拒絕他在其他方面的發現與成果。只是我們在運用其成果時，也須謹記何氏的立場；本文對其核心理念的提及，意在充分地闡明其方法論，讀者可以選擇接受或拒絕它。

何炳棣認爲，《孫子兵法》與《道德經》之軍事思想的主要區别在於，前者以實際軍事行動與實際作戰經驗中汲取的理論性戰略爲基礎，而後者則主要表現爲從戰略中延伸、提煉而出的本質精髓，其由哲學化、詩性化的抽象概念構成。他寫道（2002：4—5)：

> 顯而易見，《孫子》片語大多數皆有關軍事，比較詳細周密，而《老子》對《孫子》片語有所損益，有關軍事的比較概略，而片語涉及的思想範疇卻較《孫子》爲

> 廣。……《老子》談兵部分確有不少處可認爲是《孫子兵法》的延伸和概括，但《老子》之所以富原創性，正是因爲它能把《孫子》的軍事辯證法提升到政治和形而上哲學的辯證層次。

何氏並不是單純地從理論角度來比較《孫子兵法》與《道德經》，而是直接從術語詞彙和早期中國戰爭的實際情形入手，這也是其研究的傑出特質之一，他對“奇”（突然襲擊）與“正”（正面進攻）二術語的討論可爲一例。[①] 分開來看，此二詞各自在漢代之前的著作中並不少見，也不一定首先就具有戰事的含義。然而，何炳棣注意到（2002：8），當二詞一同出現時，它們就指向了兩種普通常見的軍事進攻模式，這種對“奇正”的共同運用正是《孫子兵法》以及《道德經》的特徵，只是在具體用法上略有不同。之後至少直到戰國末期，這兩個詞才在《荀子》中再次一同出現，不過其文本語境與軍事完全無關。[②]

在《孫子兵法》的第五章《勢篇》中，五次運用了“奇正”這一片語（“奇”亦在該篇中單獨出現一次，其含義稍後會論及）：

> 三軍之衆，可使必受敵而無敗者，奇正是也……凡戰者，以正合，以奇勝。故善出奇者，無窮如天地……戰勢不過奇正，奇正之變，不可勝窮也。奇正相生……

“奇正”亦先後兩次出現在《道德經》的五十七和五十八章中，不過何氏只關注了其在五十七章處的用法。雖然這兩處的上下文可能只是部分或抽象地與軍事行動有關，但從嚴格意義來説，它們與《孫子兵法》運用“奇正”的軍事語境之間有着明確的聯繫。只是當脱離戰場背景時，“奇正”在《道德經》中的翻譯亦須略微修正。第一處出現在五十七章開頭部分：“以正治國，以奇用兵。”另一處則在五十八章處：“禍兮福之所倚，福兮禍之所伏，孰知其極？其無正，正復爲奇。”

在五十七章中，“正”並不是指正面進攻或軍事行動，而是指更爲通常意義上的、社會與政治（而非軍事）語境中“正”的事物。此處“正”亦可以其本義來理解，即“正當、正直（的標準）”這一層含義。在所有後來關於中國文治社會與軍事社會之關係（儒家傳統中，這種關係被分爲“文”與“武”）的種種思考中，“正”的意義就有着尤爲深遠的影響。

---

① 梅氏對這些術語解釋道(2008:xv):“‘正’是與‘奇’一起使用,以表現兩種不同的作戰類型……在純粹的軍事作戰運用中,‘奇’可以被認爲是‘特別行動’或‘非常規行動’之義,而‘正’則是主要的軍力部署與主體戰略。”安樂哲之翻譯(Ames,1993)只是將“奇/正”譯作“surprise”和“straightforward”,本文原文中,作者采取自己的翻譯,在安樂哲的基礎上將其譯爲“突然襲擊”(surprise attack)與“正面攻擊”(straightforward attack)之意。

② 具體而言,《荀子・正名》篇中使用了這兩個術語,形容以奇詭言辭擾亂正當名分之人:“奇辭以亂正名。”

這可從九世紀時人王真的述評（見蘇煬悟著，1999：210）中得到印證。王真將“正”讀作“政”，將“奇”讀爲“權”，此處的“權”字就指向通常意義上與“文”相對的“武”的層面：“治國者以政，政者正也。……用兵者以奇，奇者權也。”蘇煬悟寫道（1999：211）：“從歷史角度來看，這幾行字從本質上定義了‘文’韜與‘武’略的差異。前者是正統的，即采取正面、直接的措施進行治理；後者則是‘詭道’（《孫子》第一章語），即采取陰謀詭計進行操縱與利用。”但是，五十七章中的“奇”字依然保有其特定的軍事含義，並不指一般意義上相對“文”而言的“武”，這從與“用兵”二字的聯繫上即可看出。

如果不預先瞭解《孫子兵法》中的“奇正”是嚴格應用於軍事領域的術語，很難將該詞在《道德經》五十八章中的語境聯繫到戰爭背景上。《道德經》的讀者們一般是以傳統的、禍福變化無常的角度來理解此處的，即使是王真，也只是寫道：“……處禍之時，萬慮思福，居福之地，一不防禍，故曰孰知其極。”（蘇煬悟著，1999：214）他的述評並没有建立起與軍事之間的關聯，亦或是他有意不予闡明。但軍事上的失敗，無論是對於軍隊、國家還是所有國民而言，難道不是災禍之極嗎？對《道德經》此處文本而言，“禍”需要結合“奇正”這一片語出現的文本背景進行理解，因爲“奇正”仍然保留着原有的軍事色彩。

對於這種二者之間共有的、於自身又很獨特的“奇正”之運用，何炳棣寫道（2002：8）：

> 即此一端已可見《孫》《老》關係之密切。更有意義的是：《孫子》奇正之論雖如神龍變化無窮，其應用要不出兵事範疇；而《老子》（五十七章）“以正治國，以奇用兵”，已由“用兵”擴展而包括“治國”了。

在這個例子中，何氏“《孫》爲《老》祖”的論點其實是相當有説服力的，儘管由於某種原因，他並没有將《道德經》第五十八章的文本加入他的討論中，從本文的估計來看，這一處實際上可以加強他的論證。討論至此，如同大多數“先有雞還是先有蛋”的困境一樣，存在一系列問題：這是否意味着我們現在必須要將《道德經》或者至少其軍事思想看作是從《孫子兵法》中産生的？或者説是《孫子兵法》繼承了《道德經》中對“奇正”這一術語的用法，並將其運用在戰術的具體實踐之中？又或者，這兩個文本（當時仍是口頭形式）本身就聯繫緊密，二者同時發展，而且它們之間可能存在一些相當實質性的對話？

五、論何炳棣的《老》《孫》關係：宇宙論

無論《道德經》是戰國早期還是晚期的文本，一直以來，它都被認爲是中國早期關

於宇宙生成與世界起源之觀念發展成型的第一個書面證據。[①] 其宇宙生成論的基本結構包括兩個主要的內容：其一是“道”在原初狀態中誕生了萬物存在的過程；其二是萬物存在以迴圈周行之方式進行的展開呈現。這些内容在《道德經》二十五章對原初之道的討論中得以闡明：“有物混成，先天地生；寂兮寥兮，獨立不改，周行而不殆。”

此外，第二十一章進一步地將誕生的時點描述爲一個混沌不分的宇宙生成之場域，在這個場域中有着所有生命得以誕生的、生生不息的本質與精髓：“道之爲物，唯恍唯惚。忽兮恍兮，其中有象；恍兮忽兮，其中有物；窈兮冥兮，其中有精。”

在持續不斷的宇宙創生過程中，事物隨着連續的周期迴圈得以定義，直到天地萬物各歸其位。然而，對生命造成威脅的人類活動影響了自然周期迴圈，他們釋放了一種與創生過程相違背的混亂（主要是戰爭之浩劫），這威脅了世間衆生可持續的和諧。《道德經》認爲，只有聖人才有恢復秩序與和諧的能力。聖人之所以可以做到這一點，是因爲他體得了“道”，並且獲得了“道”賦予生命的特質，如第二章所言：“聖人生［萬物］而不有。”

我們又如何理解這一點？聖人通過修身之技，與“道”合而爲一，如此一來，就意味着其可與運行不息的宇宙生成之迴圈合而爲一：“歙歙爲天下渾其心。”

關於宇宙與世界之起源的思索，雖然《孫子兵法》並没有闡明任何與此相同層次的内容，但它確實將宇宙生成循環往復的概念從宇宙起源轉化到了戰場之上，並且是以“奇正”的結合運用實現的。前文在分析和擴展何炳棣對《孫子兵法》第五章“奇正”之論的述評時，有意省略了對最後一處“奇正”之後的内容的討論（何氏亦如此），因爲此處已涉及了一個更深層次的、關於宇宙生成論的討論。其寫道：“奇正相生，如迴圈之無端，孰能窮之哉?”

正如何氏所意識到的，這種持續不息、循環往復的宇宙生成之特定框架，實則強化了《孫子兵法》對戰場變化形勢的深入洞察，此從其第五、第六章可以看出。第五章稱：“紛紛紜紜，鬥亂而不可亂也；渾渾沌沌，形圓而不可敗也。”[②] 第六章進一步稱：“微乎微乎，至於無形；神乎神乎，至於無聲。”

何氏注意到，有兩組詞句體現了共同的思想，即《老子》二十五章（“周行而不殆”）和《孫子兵法》第五章（“迴圈之無端”），它們“詞異而義同”（11），且“意義毫無差别”（12）。何氏接着就《老子》二十五章第一句“有物混成”寫道（2002：12—13）：

> “混成”一般皆解釋爲“混然而成”，也就是説“道”是在“混混沌沌”的狀態

---

① 代表性的研究包括陸威儀（2006）、金鵬程（Goldin，Paul Rakita，2008）、王中江（2015）和馬思勱（2005）等人的論著。

② 注意，《道德經》二十章亦使用了“沌”一詞來形容聖人之心：“我愚人之心也哉！沌沌兮。”

下出現的宇宙總規律……《孫子·勢篇》早已有"紛紛紜紜""渾渾沌沌"；《虛實篇》早已有"微乎微乎，至於無形；神乎神乎，至於無聲"等絶妙的副詞語句。傳世《老子》本以煉字煉句獨步千古，詞及義汲取《孫子》中神來之筆而加以改造，豈是偶然？筆者甚至相信"周行而不殆"句中的"不殆"和今本《老子》他篇中的"不殆"，也都可能是受《孫子》"百戰不殆"名句的影響。

何氏對《道德經》和《孫子兵法》之軍事思想的考察還有一些其他的特點，但説服力遠不如本文所關注的這些内容，即二者對"奇正"結合的運用方式，以及這一概念在《道德經》之宇宙觀層面、《孫子兵法》之戰略形態層面的應用。[①] 雖然何氏的論述使本文相信《道德經》確實吸取了《孫子兵法》中"奇正"結合的觀念，但同時本文也認爲《孫子兵法》汲取了《道德經》中生生不息、循環往復的宇宙生成理論，並將其運用於戰場之上。[②] 换言之，本文認同梅維恒的評價，即《道德經》中的道家思想和《孫子兵法》中的兵家思想是在相互頻繁交流、彼此積極對話的情境中發展起來的，在軍事思想層面尤爲如此。

六、對《道德經》軍事思想的最後一點思考

如果要問這個研究中所分析的材料是否研究了《道德經》中的戰爭觀念，在此只能回答：絶對沒有這方面的工作。這一論題已經超出了本文的範圍——本文只是嘗試闡明《道德經》諸章中存在的軍事思想。[③] 此外，《道德經》與《孫子兵法》在軍事思想上尚有許多更深層次的融匯之處，這篇簡短的研究只是觸及了其表層，作者希望花一些時間，開拓這一論題未來可能的研究方向。

相較《論語》中的倫理政治思想，《孫子兵法》中的軍事思想實則與《道德經》中的修身思想之間存在着更爲緊密的聯繫，這可能被認爲是有悖直覺、違反常理的。但實際上《論語》很少提及戰爭問題，而一旦涉及，其内容就會帶有明顯的厭惡態度。[④] 另一方面，中國軍事思想與中國修身傳統之間存在着種種理論聯繫與歷史契合，這種聯繫與契合源遠流長，流傳至今。張良，劉邦最爲重要的謀臣武將之一，身爲兵家門徒（其軍事思想即以古代中國的"武經七書"之一《太公兵法》（即《六韜》）爲基礎[⑤]）的同時又是

① 他的考證還包括共有的辯證思維、"五"的意義之列舉、詭詐之術、愚兵愚民、官銜的用法等等。

② 有趣的是，除了何氏"《道德經》受《孫子兵法》影響"之觀點，以及本文和梅氏"二者相互影響"的觀點之外，還有第三種觀點，即認爲《道德經》影響了《孫子兵法》。儘管這種看法很少見，但華珊嘉(Wawrytko, Sandra A, 2007, 568)卻支持這種看法："從某種意義上説，孫子的'哲學'構成了一種'應用型道家'的形態，他的觀察回應了道家哲學家老子在《道德經》中提出的許多觀點。"

③ 關於這方面的研究，本文作者建議對這個論題感興趣的讀者可以參考張穎的一篇嚴謹務實之作(Zhang, Ellen Ying, 2015)。

④ 關於早期儒家戰爭觀的研究，可參考圖偉思和陳強立的論著(Twiss, Sumner and Jonathan K. L. Chan, 2015)。

⑤ 關於這部作品的更多内容可見蘇煬悟的論著(Sawyer, 1997)。

道家弟子，他就被認爲是成仙而去。還有更多中國傳統文化中著名的歷史人物皆可爲例，他們尊崇着兵家軍事思想的同時也信奉着道家（教）信仰，二者之間没有任何矛盾之處。道家思想與兵家思想從來就親如兄弟，相互共生。

參考文獻

[1] Allan, Sarah and Crispin Williams, editors, *The Guodian Laozi: Preceedings of the International Conference*, Dartmouth College, May 1998, Early China Special Monograph Series, Society for the Study of Early China, 2000. (艾蘭、魏克彬編:《郭店楚簡國際學術研討會論文集》。中文版爲邢文編譯:《郭店〈老子〉,東西方學者的對話》;學苑出版社,2002 年。)

[2] Ames, Roger, *Sun-tzu The Art of Warfare*, New York, NY: Ballantine, 1993. (安樂哲:《孫子兵法》)

[3] Baxter, William H, "Situating the Language of the Lao-tzu: The probable Date of the *Tao-te-ching*," in *Lao-tzu and the Tao-te-ching*, edited by Livia Kohn and Michael LaFargue, Albany, NY: State University of New York Press, 1998, pp. 231-253. (白一平:《依據老子語言分析〈道德經〉可能的創作時間》)

[4] Brooks, E. Bruce, "The Present State and Future Prospects of Pre-Han Text Studies," *Sino-Platonic Papers* 46, July 1994. (白牧之:《先秦文本研究的現狀與前景》)

[5] Brooks, E. Bruce and A. Taeko Brooks, *The Original Analects: Sayings of Confucius and His Successors*, New York, NY: Columbia University Press, 1998. (白牧之、白妙子譯:《論語辨》)

[6] Cook, Scott, *The Bamboo Texts of Guodian: A Study and Complete Translation*, New York, NY: Cornell University Press, 2012. (顧史考:《郭店楚簡綜合研究與英譯》)

[7] Goldin, Paul Rakita, "The Myth that China has no Creation Myth," *Monumenta Serica* 56(2008), pp. 1-22. (金鵬程:《"古代中國没有創世神話"就是一種神話》)

[8] Hall, David and Roger Ames, *Tao Te Ching: A Philosophical Translation*, New York: Ballantine Books, 2003. (郝大維、安樂哲:《道德經》)

[9] He Bingdi, *Three Studies on the Sunzi and the Laozi*, Taibei: Zhongyang Yanjiuyuan Jindaishi Yanjiusuo, 2002. (何炳棣:《有關〈孫子〉〈老子〉的三篇考證》;(臺北)"中央研究院"近代史研究所,2002 年。)

[10] Henricks, Robert G, *Lao-Tzu Te-Tao Ching: A New Translation Based on the Recently Discovered Ma-wang-tui Texts*, New York, NY: Ballantine Books, 1989. (韓禄伯:《〈老子/道德經〉:新近出土之馬王堆文本的新翻譯》)

[11] Henricks, Robert G, *Lao Tzu's Tao Te Ching: A Translation of the Startling Documents Found at Guodian*, New York, NY: Columbia University Press, 2000.（韓禄伯:《道德經:郭店出土之驚世文本的翻譯》）

[12] Kim, Hyongkyung, *The Old Master: A Syncretic Reading of the Laozi from the Mawangdui Text Onward*, Albany, NY: State University of New York Press, 2012.（金弘揚:《老子:以馬王堆帛書文本爲起點對〈老子〉的調合性解讀》）

[13] LaFargue, Michael, *The Tao of the Tao-te-ching*, New York: State University of New York Press, 1992.（米凱爾・拉法格:《〈道德經〉之道:譯析》）

[14] LaFargue, Michael, *Tao and method: A Reasoned Approach to the Tao-Te-Ching*, New York: State University of New York Press, 1994.（米凱爾・拉法格:《道與方法:對〈道德經〉的推理探討》）

[15] Lau, D. C., *Tao Te Ching: A Bilingual Edition*, Hong Kong: The Chinese University press, 1982.（劉殿爵:《道德經》英漢對照）

[16] Lewis, Mark Edward, *Sanctioned Violence in Early China*, Albany: State University of New York Press, 1990.（陸威儀:《早期中國的合法暴力》）

[17] Lewis, Mark Edward, *The Flood Myths of Early China*, Albany: State University of New York Press, 2006.（陸威儀:《早期中國的洪水神話》）

[18] Lewis, Mark Edward, *Writing and Authority in Early China*, Albany, NY: State University of New York Press, 1999.（陸威儀:《早期中國的寫作與權威》）

[19] Mair, Victor, "*Soldierly Methods*: Vade Mecum for an Iconoclastic Translation of *Sun Zi bingfa*," *Sino-Platonic Papers* 178, February 2008.（梅維恒:《兵法指南:孫子兵法之創新英譯》）

[20] Mair, Victor, *The Art of War: Sun Zi's Military Methods*, New York, NY: Columbia University Press, 2007.（梅維恒:《孫子兵法》英譯本）

[21] Major, John S., Sarah A. Queen, Andrew Seth Meyer, Harold D. Roth, translators and editors, *The Huainanzi: Liu An, King of Huainan*, New York, NY: Columbia University Press, 2010.（馬絳、桂思卓、麥安迪、羅浩等編譯:《淮南子》）

[22] Michael, Thomas, *The Pristine Dao: Metaphysics in Early Daoist Discourse*, Albany, NY: State University of New York Press, 2005.（馬思勱:《元道:早期道家話語的形而上學》）

[23] Michael, Thomas, *In the Shadows of the Dao: Laozi, the Sage, and the Daodejing*, Albany, NY: State University of New York Press, 2015.（馬思勱:《道之蔭蔽:老子、聖人與〈道德經〉》）

[24] Michael, Thomas, "*Approaching Laozi*: Comparing a Syncretic Reading to a Syn-

thetic One," *Frontiers of Philosophy* in China 12/1 (2017), pp. 10-25.(馬思勱:《走進〈老子〉:調和性解讀與綜合性解讀之比較》)

[25] Sawyer, Ralph D, *The Six Secret Teachings on the Way of Strategy*, Boulder, CO: Shambala Press, 1997.(蘇煬悟:《六韜》英譯本)

[26] Sawyer, Ralph D., *The Tao of War: The Martial Tao Te Ching*, Cambridge, MA: Westview Press, 1999.(蘇煬悟:《作戰之道:兵書〈道德經〉》)

[27] Schaberg, David, "On the Range and Performance of *Laozi*-Style Tetrasyllables," in *Literary Forms of Argument in Early China*, edited by Joachim Gentz and Dirk Meyer, Leiden: Brill, 2015, pp. 87-111.(史嘉柏:《論〈老子〉四音節詞的分類與表現》)

[28] Schipper, Kristofer, *The Taoist Body*, translated by Karen C. Duval, Berkeley, CA: University of California Press, 1993.(施舟人:《道體論》)

[29] Twiss, Sumner and Jonathan K. L. Chan, "The classical Confucian position on the legitimate use of military force," in *Chinese Just War Ethics: Origin, development, and dissent*, edited by Ping-cheung Lo and Sumner B. Twiss, New York, NY: Routledge, 2015, pp. 93-116.(圖偉思、陳強立:《戰爭行爲的正當性:先秦儒家的立場》)

[30] Van Els, Paul, "Confucius' Sayings Entombed: On Two Han Dynasty Bamboo Analects Manuscripts," in *The Analects Revisited: New Perspectives on the Dating of a Classic*, edited by Michael Hunter, Martin Kern, and Oliver Weingarten, Leiden, the Netherlands: Brill, forthcoming.(葉波:《掩埋的孔子語録:論兩種漢代竹簡〈論語〉》)

[31] Wang Zhongjian, *Daoism Excavated: Cosmos and Humanity in Early Manuscripts*, translated by Livia Kohn, St. Petersburg, FL: Three Pines Press, 2015.(王中江:《出土文獻與道家研究的新視野》)

[32] Wawrytko, Sandra A., "Winning Ways: The Viability (Dao) and Virtuosity (De) of *Sunzi's Methods of Warfare* (*Bingfa*)," *Journal of Chinese Philosophy* 34/4 (2007), pp. 561-579.(華珊嘉:《致勝之道:〈孫子兵法〉中的"道"與"德"》)

[33] Zhang, Ellen, "'Weapons are nothing but ominous instruments': the *Daodejing's view on war and peace*," in *Chinese Just War Ethics: Origin, development, and dissent*, edited by Ping-cheung Lo and Sumner B, Twiss, New York, NY: Routledge, 2015, pp. 181-208.(張穎:《"兵者不祥之器":〈道德經〉的戰爭觀與和平觀》)

Sages and Generals: Exploring the litary Thought of the *Daodejing* and the *Sunzi*

Thomas Michael

Abstract: This study explores a set of possible relations between the *Daodejing* and the *Sunzi Bingfa* with respect to their origins and contents. The primary focus is on the *Daodejing*, and it first attempts to situate it as an originally oral text that underwent processes of transformation into a written text in active dialogic relation with the *Sunzi*. It then undertakes a series of detailed textual analyses concerning the shared thought content of both, with specific attention to the military thought that has sometimes been recognized as shared between the two. The ultimate claim of the manuscript is not that the *Daodejing* should be read as a member of the early Chinese tradition of Militarism, but rather that early Daoism and early Militarism must be read in relation to each other to fundamentally understand the deeper implications of what their core messages intend to articulate.

Keywords: *Daodejing*; *Sunzi Bingfa*; Early Daoism; Early Chinese Militarism

儒教在南洋的歷史、傳播與存在意義：天命、神道設教、“祖”“社”與開拓主權的系統觀

王琛發

[摘　要] 參照《詩經》記載古公亶父由邠遷岐的過程，漢文化内部一直流傳着依靠“落地生根”去“開枝散葉”的傳統；先民安身立命實不見得一定要依戀故地，還鼓勵着開疆拓土，結合新土地資源去成就傳承的生機，由此印證“我在”；此即《大學》所謂“有德此有人，有人此有土，有土此有財”，其實現在《禮記》總結的“右社稷而左宗廟”，象徵新土地的歷史與資源皆備於我，由我成全。民間依此繼承實踐，即是各層次社會廣泛“祖”與“社”祭祀活動。南洋先民也因此常是有意識有組織的開拓群體，是遵循明清族譜《遷流詩》又或者天地會傳承自儒學經典的觀念，經略腳下土地，並且視已故領導精神不滅，化身當境集體祖神，指導各區土地神；於是，公共廟宇與祭祀活動也是不離當地民衆集體建構“祖”和“社”的歷史印象，由此印證文化（價值觀）和土地資源都是結合在“我”之行動方才實現意義。此刻亦實現“我”與土地一體的主權認知。

[關鍵詞] 天命；主權；洪門；“祖”與“社”

一、前儒論述回顧

儒教之所以能不落於空談，而且能在老百姓日常生活中表達和貫徹，就在於前人有所依據，從秦漢儒典建構理論；其所服膺的“知天命”，不僅停留在儒學義理論證，而是通過崇祀具體神祇，呈現爲神道設教的實踐，以此支撑、解釋和建構眼前實在的社會精神。這套觀念，首先建立在認知天神地祇不外天道的神明變化，由此認識到天神地祇在

【作者簡介】王琛發（1963—　），男，廣東雷州人，馬來西亞籍。馬來西亞道理書院院長，山東大學儒家文明協同創新中心訪問學者，越南國家人文社會科學大學中國研究中心高級研究員，教授。研究方向：南海華人歷史文化、聚落文化生成之歷史與社會形態、思想史。

特定時空所呈現的存在方式（形式），包括其代表的價值系統，都可能是表達天命臨在那個時空情境的具體展現。而人們又是基於天地萬物同源、同秉、同構、同律，相信天神地祇代表天命臨在，以及相信自身或集體都能在日常生活感通代表着天命臨在的天神地祇，包括感通他們心目中化身天神或地祇的祖先。因而，人們才會由相信天人感應、趨吉避凶的可能，認爲有必要制定祭祀禮儀，通過具體祭祀活動發揮誠心的感應力量。先民依據這套思考方式，自信祈禱鬼神必有靈應而達至“誠意動天”，生發出信仰《大學》“至誠如神”的傳統，其實有利大衆脱開宿命論牽絆，不至於把未來視爲早已注定，也避免認定未來不可知的忐忑。循着《大學》教導“質諸鬼神而無疑，知天也”，亦是在反復追求思想境界“明明德”，落實到知與行的“止於至善”。

對讀《禮記・祭義》和《中庸・十六章》，可以找到這套思路的源泉，其鬼神論的見地，祖述孔丘。《禮記・祭義》記載孔子的鬼神觀，實已解説神道設教之所以然。當《禮記・祭義》提及宰我説“吾聞鬼神之名，而不知其所謂”，文本接下去記載孔子回應，是説“氣也者，神之盛也；魄者也，鬼之盛也；合鬼與神，教之至也。衆生必死，死必歸土，此之謂鬼。骨肉斃於下，陰爲野土；其氣發揚於上，爲昭明，焄蒿，悽愴，此百物之精也，神之著也”。可見，孔子認爲，人死爲鬼的生物變化，是骨肉在地底腐化，在陰暗中轉變爲荒野泥土，但先人的氣息卻仍然會散發到地面上，可以讓大衆感應，或爲某種可見光景、或爲可聞氣味、或爲可感的傷痛；《禮記・祭義》於是記載孔子作結論，認爲萬物精氣能蓄發精神，所以對死者爲鬼的追思，以及通過先人散發在世間的氣息，感應其神，也形成人間教化的基礎。而孔子接下去是説：“因物之精，制爲之極，明命鬼神，以爲黔首則。百衆以畏，萬民以服。”這一句可以翻譯爲“憑着萬物的精氣部分，制定言行標準，顯明爲鬼神論説，以做爲百姓的法則，大衆因而心生敬畏，萬民因而服從教化”。而在《中庸・十六章》記載孔子説話，則引用了《詩經》，直接把鬼神作用聯繫祭祀效應去説：“子曰：鬼神之爲德，其盛矣乎！視之而弗見，聽之而弗聞，體物而不可遺。使天下之人，齊明盛服，以承祭祀。洋洋乎如在其上，如在其左右。詩曰：‘神之格思，不可度思，矧可射思。’夫微之顯，誠之不可揜，如此夫。”由此説明，人們以感官接觸鬼神，鬼神的行迹固然可能無形無狀，但是它産生的作用盛大而能無所不在於萬物；人們祭祀鬼神若能達到齋戒淨心的程度，會感應到鬼神的臨在，重點就在一個“誠”字。

《中庸・二十八章》主張“誠者，天之道也，誠之者人之道也”。由孔子到孟子，《孟子》是通過天命和人心聯繫，完成其人心本善的人性論，説明人心可以至誠，至誠又可能通天道。他在説明人心是“之所予我者”的同時，也説明人心能發揮的仁、義、禮、智，都是天賦而人心本有的，其萌芽稱爲“四端”。《論語・堯曰》的記載，孔子“所重，民、食、喪、祭”。上述説法，按照曾參在《論語・學而》的總結，就是要把“喪”做到“慎終”的份上、也要把“祭”也做到發揮“追遠”的功能，其目標就在“民德歸厚矣”。如果結合上述《論語・堯曰》和《論語・學而》的説法，過渡到《孟子・告子上》所説的“仁、義、禮、智，非由外鑠我也，我固有之也”，就可能進一步推述儒者鬼神觀論鬼神存在，還要因天命存在，以及人心能應天命、感鬼神，方才有所意義。由是，萬物與鬼神不外天道的顯現，人心感應萬物，包括人心感應鬼神，必然也會由着人心本含天命賦予的仁、義、禮、智，感應到鬼神的仁、義、禮、智，由此即是感應鬼神顯現的天道，同時也在感通自身的天命。所以當孟子説“仁義忠信，樂善不疲，此天爵也”，天命可與人心實現溝通，而人心感應鬼神，即是由鬼神之道感應天道，由感應鬼神的仁義忠信，觸動心中的仁義忠信，發揮爲知與行，而不離天命。由此觀念，方能構成教化的出發與終極皆是真實不虚。若説是爲了規範大衆而假設鬼神世界，因此而設計祭祀，其心立意不誠，反而違反了“仁、義、禮、智”。

所以，這也是古文《尚書・商書・太甲》認爲“鬼神無常享，享於克誠”的立論根源。雖然清人閻若璩等人考據過古文《尚書》是晉朝人僞作，可是不談其書寫時間，而論其作爲古代文獻的文化思想屬性，其背後觀念顯然和先秦思想一以貫之，不見得是晉朝才産生的，而且歷史上又是一路作爲儒門經典，與他典互通道理，影響着歷代民間鬼神觀念。

由此回顧上述觀念古史案例，在《詩經・大雅・綿》提到古公亶父帶着民衆遷居，其實是儒家闡發神道設教的立論之源。當古公亶父帶領大衆西遷，本身是“率西水滸，至於岐下，爰及薑女，聿來胥宇”，在這歷史過程，周國子孫迎娶當地土生的姜女，不再保存過去純粹的周人血緣，周國人的生活文化也由原來挖窯洞住地室的“陶復陶穴”，隨着古公亶父“胥宇”，即相宅搬家，變成在地面上“俾立室家”，這可謂從國都到國土都要遠離原地，疆界劇烈變化，居住生活方式也大幅演變；可是，《詩經・大雅・文王》反而是根據一切演變宣布説“周雖舊邦，其命維新”，認爲周國不論國統、政統都是不變的，其實踐的基礎就古公亶父在新土地上“縮版以載，作廟翼翼”，即把長板捆綁起來爲祖先建築莊嚴宗廟；也在“迺立冢土，戎醜攸行”，即建立周人爲出兵或起大事而祭祀國境土地的場所。這就是《禮記・祭義》總結的“建國之神位：右社稷，而左宗廟”。

《禮記・祭義》説“右社稷，而左宗廟”，是從祭祀場所形容，認爲崇拜天上祖神與土地神聖的場所，足以體現國家精神，這是讓大衆感應祖、社衆神的場所，從而也讓大衆内化心目中國家之所以然，以及國家的當然。在《周禮・考工記》記載建立國都規制，則是以祭祀對象説明，其認定“左祖右社、前朝後市”亦是訴説相同事，認爲集體生活的活動與權力集中地，足於構造日常的互相認同，必須包括建立共同的天上祖靈信仰，以及一起崇拜着象徵勢力範圍地理資源的神聖。如此信仰精神，從《禮記・祭義》到明清華南民間族譜祖訓《遷流詩》，流傳演變至今，往往表達在不論大小層次的人文區域都同時延續着“祖”與“社”的祭祀。體現“祖”的概念，是城、鎮、鄉各有代表當地集體歷史記憶的地方神明信仰，包括先賢祠，宗族村、社則擁有本姓宗祠；而體現“社”的概念，是各省山川之神、各府城隍而縣城隍，還有各層次的土地神，一直到各街裏土地管轄的建築範圍之當户地主。

尤其參照明清社會尚在南洋流傳的痕迹，明清以來的華南族譜也是南洋華人尋根認祖的根據，這些族譜普遍引用《遷流詩》或稱《認祖詩》，各種版本文字雖然各有出入，但都不外鼓勵子孫"驛馬匆匆過四方，任君隨處立綱常；年深異境猶吾境，日久他鄉是故鄉"，展現昔日華南各宗族村落從本鄉到南洋子孫同遵共守的祖訓。可知，昔日朝野規範一致，從國都到省府、城、鎮、鄉、村、社、裏，各層次居住群體，都會根據同樣精神，自覺取用符合本處定位的祭祀規範，重複這整套觀念，成全每個人對自身所在社會生起歸屬感，也對整個社會腳下依賴的那片土地生起主權觀，在各自地境供奉着所自淵源的祖神，也供奉着當地的土地神靈；即使皇朝外蕃，也是類似理念對待，建立社會觀與主權論，只不過由於那是唐人與土人共同生活的區域，其土地神也會由"蕃土地"增加出"唐蕃地主"，從此異地無殊故里，域外重建中華。

因此，討論明末以降分散昔日南海諸國的華人社會，自不能不考慮上述傳統觀念衍生的社會教導，考慮這整套觀念對民間社會的潛移默化作用。不論明遺民散播在南海各地的華人聚落，或後來清代民衆因各種理由陸續南下加入當地原已存在的華人社會，都很難想像大衆南來不會秉持各自祖訓傳統。相反，這些地方至今可見神廟林立，香火不絕。於此不妨思考，當地是否凡有開拓土地必有神道設教，中華文化是源於家家户户實踐綱常而落實文化生根?

二、天命觀與神道設教

明代以來，中國東南沿海華人通海經商者甚衆，且有頗多人物是跟隨宋元先輩的步伐，絡繹不絶落腳南海各地，開枝散葉。南下華人長期受到祖先文化薰陶，延續宋元先輩出海謀生的視野，不可能毫無主張也毫無思想，只求生存在陌生土地，用盡純屬經濟活動的生命。因此，先輩一旦從中國大陆入南海，總有安身立命的需要。不論他們要解釋本身海上親聞，或討論眼前流血揮汗的土地，或牽涉自身與土地關係，或涉及周遭人事，他們想法帶有祖輩文化淵源，是很正常的事，更難以避免本朝儒學主流的潛移默化。因此，各地華人社區供奉天神地祇，從表象而言，可説如一切民族在新土地重建祖先文化符號，確有助減低自身對原鄉的感情距離；但若回歸儒教的解釋系統，這系列實踐其實也在將先人神道設教的傳統淩駕於新的土地，以神靈在斯時降臨斯土，説明斯人此時此刻承受着由神道彰顯的天命。如此就重新賦予腳下土地按照中華視野的人文意義，讓過去對斯人毫無意義的土地，從此承載着支持斯人重建祖先文化、延綿子孫萬代的神聖使命。簡略地説，先民集體在同一片土地上，神道設教，無非以神靈代表天命，以及本身感通神靈，代表本身當地生活的權利與義務，符合天命。

考察"神道設教"原意，其説法最早見於《易經·觀》卦内文説的"觀天之神道，而四時不忒，聖人以神道設教，而天下服矣"。閱讀表文，可能以爲這段文字僅在教化大衆需要學會觀察自然想像與應付天象天時。但就初民立場，倘若“天人合一”定位在《易・繫辭上》所謂“天垂象，見吉凶”只是指向自然現象，則等於人類只能以人身對應天象與天時，無從與天象溝通，無力應付天變，如此被動，實難以説明人類應有的生命尊嚴與生存意義。所以，按照《易經・乾》卦把“天人合一”主張在人類可以“與天地合其德，與日月合其明，與四時合其序，與鬼神合其吉凶”，而且做到“先天而天弗違，後天而奉天時，天且弗違”，儒典的“天人合一”觀念顯是基於人身對應天象和天時而進一步聯想，認爲人心因此應該可以交感天道。根據如此説法，天能垂象，則日月星辰、山川河嶽的現象總是天道的神明變化。人類具體的天人感應，就是感通所面對的現象，感通天道主宰各種現象的具體神明變化。這在《中庸》，就是祭祀之所以應驗之道，内容在“鬼神之爲德，其盛矣乎”，一直説到“夫微之顯，誠之不可掩如此夫”。

華南各宗族族譜通用的《遷流詩》或《認祖詩》，或可以爲證，説明南海先民播遷各地，大衆對待“時”與“地”的觀念，不曾遠離歷朝以儒爲宗的天下觀。歷代各地開枝散葉，問題不在身處何方，而在於如何解釋腳下世界、如何實踐眼前的人生？《遷流詩》或《認祖詩》的教導，前邊幾句幾乎千篇一律都在説“任君隨處立綱常”，也千篇一律肯定“年深異境猶吾境，日久他鄉是故鄉”，後邊幾句又總是“朝夕莫忘親命語，晨昏須薦祖先香”。此即韓愈《原道》所謂“用夷禮則夷之，進於中國則中國之”在歷史上的真實實踐。大衆追求生活在天地間的意義，既然如《禮記》言《大學》言《中庸》而有所信仰，其終極目標就不外是追求人心契合天道，期待《禮運》理想中的“大道之行也，天下爲公”。各家子孫出外謀生，在實踐上踏實此種理念，往往就結合着相關天命神道的信仰，印證本身所行所思是合情合理合乎天命。若依着《遷流詩》或《認祖詩》提倡的觀念，大家出外奮鬥、開疆拓土、改變命運，亦無非《周易革卦・彖傳》所謂“順乎天而應乎人”。

這套信仰觀念，足以説明儒教把肉體生命以上的精神活動，包括價值觀的建構，視作可以由“天人感應”印證其正確與否。反之，一切不合道理倫常也可以因“天人感應”得到調整。其精髓表達在《尚書・泰誓》結論的“民之所欲，天必從之”，以及“天視自我民視，天聽自我民聽”；在《詩經・大雅・既醉》，則有祭祖能通天命的案例，説明對待祖神要“祭神如神在”，以自己的德行奉慰祖先，如此“既醉以酒、既飽以德”，就能符合天道而彰顯孝道，感通天命成全大家獲得“君子萬年，介爾景福”“君子萬年，景命有僕”等福澤。

現在檳城寶福社是當地閩南人的共同組織，其主殿供奉“大伯公”，廟宇尚留存着其前身建德堂在1840年代作爲天地會分支的對聯，其内容連貫引用《禮記》《尚書》《詩經》組成教義，上聯形容人間與人類的關係，説“天下誰人不子？來保我黎民”；下聯形容土地與百姓的關係，説“地中何處非公？在介爾景福”。可見這套以天命、神道設教、天人感通構成的信仰觀念由中原而南海，自古代到當下，傳播之遠，傳承之久。

回首歷史，南洋華人在當地定居，乃至清代天地會在昔日南海諸國各地主導華人開拓新區，其組織主要是奉明朝爲正朔。而明朝重視天地鬼神之禮，則早見於朱元璋開朝初年，安南、朝鮮等九十國奉表入貢之際。[①] 其時明朝爲求安内撫外，在洪武二年（1369）八月詔儒臣修纂禮書，三年（1370）九月完成《大明集禮》，由此延續歷朝傳統，形構本朝以儒爲宗之神道設教。後人紹安吴樸，於嘉靖年作《龍飛紀略》，詳記開朝事迹、諸國細節，親身感受着漳州民衆往來南海各地置居與商貿的積極作用，力主聽民貿遷、開海定邊，提及明代之國朝信仰，即總結《大明集禮》之要旨在於“正天地百神之祀，叙吉凶五禮之式，幽明以通教化，攸叙取諸《語》《孟》”[②]。其見解可謂言賅意簡。可見自明代開朝，上至國朝，下及庶民，遍及諸藩，有一套依照儒學内涵的神道觀念，由上而下指導教化，解説日月星辰、山原海川、人事器物各自道理所在。

尤應注意，儒門教化，總是攝禮歸義、攝義歸仁，成全其義理廣傳到人心内化。《明太祖實録》卷九十六記洪武八年（1375）紀事，對待各國土地山川有定位説：“癸巳，以外夷山川附祭於各省山川之次。先是禮部尚書牛諒言：‘京都既罷祭天下山川，其四夷山川亦非天子所當躬祀。’乃命别議其禮以聞。至是中書及禮部奏以外夷山川附祭於各省，如廣西則宜附祭安南、占城、真臘、暹羅、鎖裏；廣東則宜附祭三佛齊、爪哇；福建則宜附祭日本、琉球、渤泥；遼東則宜附祭高麗；陝西則宜附祭甘肅、朵甘烏思藏，京城更不須祭。又言：各省山川與風雲雷雨既居中南向，其外夷山川神位宜分東西同壇共祀。”[③] 此即延續《國語·魯語下》記載孔子所言“山川之靈，足以紀綱天下者，其守爲神；社稷之守者，爲公侯”，並且足以反映洪武朝廷神道設教，目標不止中國而在天下。這是通過禮儀，把諸國土地山川由“外”轉“内”，納入中華山川祭祀的範圍。

如此以祭祀實踐之“天下觀”，其之所以對待中外土地山川之神明“敬如在”，源頭總不離明朝廷服膺宋代理學的天命觀念，繼承着先秦儒典傳承的天人感應説，把天、地、人以及世間萬物，都視爲同源同秉同構又互依互動，並相信各事各物既然理一分殊，就會按照其“理”而受陰陽五行之氣，凝聚出各自形態；而且“理”的精神又能憑藉宇宙整體大“氣”具象爲神，與人之精神互相感應。根據這套理論，天、地、人乃至萬世萬物，都是在一個大系統之中，互相既然是同源、同秉、同構、同律，當然就本然能多邊互爲感應。所以朝廷承天命而開朝，以祭祀感通各省山川，乃至附祀各國山川，都有道理。天道無窮無盡，神道能彰顯天道，所謂“神道設教”包括一切應時應地的祭祀，就是要順天應人，因應着不同情境通祭祀相應的神明，才能具體感通具體情境當中的天命

① ［明］吴樸：《龍飛紀略》，中國國家圖書館藏明嘉靖二十三年吴天禄等刻本，《通略》第七頁。

② ［明］吴樸：《龍飛紀略》，中國國家圖書館藏明嘉靖二十三年吴天禄等刻本，《乙巳》第十三頁。

③ ［明］姚廣孝等修：《明太祖實録》卷九十六，洪武八年二月癸巳。

人意。

由此可説，按照同一套理論，山川、土地的吉凶，是會和國家體制互爲感應的。這又只不過是整體道理的其中顯現。它其實亦足以説明，天時與地理互感互動、天人交感、大命來自民命、皇命奉天承運，天命體現在天時地理與人事，都是“理”所當然，當由“氣”成。而天道既能回應民謨，又能普及世間萬民，結局便不是一國一君私心妄爲所能左右。只是，國朝的信仰體制既然認可天道不離仁義，也信仰大道之行須先進於禮樂而建小康，由入小康而進大同，就必須爲其内外各種相互關格致正名，體現爲禮樂秩序，首先成全當下的三綱五常之德。如此一來，從“正名”的角度，精神上的山神與地理上的山脈雖是一體兩象，但具體天下神靈、土地山川體系與朝綱制度，又都是互構不分在整體系統，互相多邊對應。如何共置萬國山水諸神於同一神靈體系，並且依照各種神明神格、功能、層次正名定位，釐清朝廷到民間應有的祭祀規格，求個名正言順，就得注意到中國土地山川與外國土地山川如何從同理同氣相分而又互爲關聯。

上述《明太祖實録》在各省附祭不同藩屬山川，其思路之淵源，正如明朝後人徐善述、徐善繼在《地理人子須知》發揮的先輩學説，是把天下山川視爲昆侖山“祖龍”重重分枝，各地山川之氣也是昆侖山氣的同源分化。在《地理人子須知》，昆侖龍脈不僅分枝分幹到各省市，各省市龍脈走到海岸綫也會潛入海底婉轉延綿，再昂首躍起海面則形成海外諸島嶼祖山。[①] 此種説法，其實對應了《左傳・昭公七年》引用的《詩經・小雅・北山》，解釋爲何《詩經》和《左傳》會説“封略之内，何非君土；食土之毛，誰非君臣？普天之下，莫非皇土，率土之濱，莫非皇臣”[②]。自洪武朝，各省祭祀本省山川附祭藩屬諸國山川，顯然是以朝廷規範的禮儀鞏固自周代以來的整套天下觀，並展現本朝之以承天命而通地靈。以祭祀禮儀對待，則是建構朝野信仰，説山川神靈之氣能以同源分靈分氣，又各能與國運與民生感應，更增“普天之下，莫非皇土，率土之濱，莫非皇臣”之信心。

正如上述提到華南民間各宗族族譜幾乎都流傳類似的《遷流詩》或《認祖詩》，以詩句作爲祖訓，後人或應考慮，明清兩代華人先民出海走向南海諸國或無人之境，心識上是否普遍接受着主張“天人感應”乃至“天、地、人、萬物同構互感”的天命觀與天下觀，秉持此種信仰生活？各族譜所謂《遷流詩》或《認祖詩》，民間還遍傳“福地福人居”的俗諺，或能反映民衆廣泛實踐着類似天命觀，受到天下土地同源一體的説法影響，都不見得強調子孫對原來土地的眷戀，反都是強調着“任君隨處立綱常”，以“旦夕莫忘親命語，晨昏當薦祖先香”作最重大囑托，去説明“年深異境皆吾境，日久他鄉是故

---

① [明]徐善述、徐善繼:《地理人子須知》上卷卷一，(臺北)武陵出版社，2000年翻印版。

② [晉]杜預注，[唐]孔穎達正義:《春秋左傳正義》第五册，《十三經注疏(七)》，中華書局，1957年，第1768頁。

鄉”[①] 的正確。如此族譜的存在意義，也包括推動開枝散葉觀念，建構在天下土地莫非昆侖山龍脈分支的理念，相信各地山川不外是昆侖山“理一分殊”道理下之分氣演變，鼓勵子孫開枝散葉，以至開疆拓土。

由此考慮個人於腳下土地的關係，重點便不在“故鄉”或“異鄉”，而在於認識到自家從列祖列宗到子孫萬代都是“天下”同秉共生，要珍惜能在“天下”之間遷流搬家、開拓墾荒、開疆拓土的福分，因時因地制宜，完成老天爺賦予自己對老祖先與新土地的義務。這正是《中庸》所説的“君子素其位而行……素夷狄，行乎夷狄……君子無入而不自得焉”。配合着《大學》，其言及“有德此有人，有人此有土，有土此有財”，立場和思考的層次就分明了。關鍵不在人到哪里，而在人在那片土地上能否與天地鬼神合其德。其主權意義首先不在土地的範圍，首先在他如何做人，做了甚麼。

在儒典影響下，明朝的朝野信仰會有如此傳統，以至影響南海華民開拓主權觀念，正如上説，其思想淵源或可更早遠溯到《詩經·大雅·綿》。古公亶父出岐山的典故，便是如此觀想。《詩經》描述古公亶父出岐山的情境，與西方接觸的希伯來信仰影響明顯不同。後者的詩文，切合着復國無望的彷徨，往往是反復強調猶太人走失於父輩原鄉以外，歷遭離散憂愁或漂泊苦難；而前者的主題，反而是側重描述周人的興高彩烈，詩文背後的歷史文化背景是周朝擁有八百年天下的大一統。《史記·周本紀》記載古公亶父當初遇到戎狄攻擊豳地，原先是站在不忍生靈塗炭的止戰立場，棄地而行，《詩經·大雅·綿》則描述他一旦找到更美好的地方，是“爰契我龜”——以龜卜問天命，得到正面指示以後，便有了在當地建立新家園的熱鬧場面。整首詩除了描繪新的土地的美好，也強調古公亶父如何在上邊重建舊傳統，延續並擴張原來傳統，發展生機。由此解讀《詩經·大雅·文王》強調的“周雖舊邦，其命維新”的前後句子，其實是發生在兩片土地的事。

即使時間過了數千年，同樣思維模式依舊表達在數千里外。檳城光緒五年（1879）的《重建城隍廟碑記》，是檳城邱、楊、陳、謝四宗族，聯合其他閩人捐款者，請來“特授儒學教諭，海澄楊鶴鳴”替大家撰寫的碑文説明建廟經過。其文字之始，承認過檳城在航路的要衝地位，便是在碑文公開以“神道設教”爲正面意義，根據這套觀念慨然論述，當地肯定有妖魔鬼怪，皆是由於不符合這套觀念，是“王化不及，官禮未頒”；即使英殖民政府掌政是“厥後英夷更張，樓閣更張”，以閩人爲主的鄰近各地方華人社會依然感覺此地“妖魂未除，常出以爲民害”。按照《中庸》所説“國家將亡，必有妖孽”，當然就必須請出象徵中華價值觀念與朝廷文明體制的神明，由神明祭祀證明當地也是“王化”所及。也因此，碑文談論完英殖民體制下的“妖魂未除，常出以爲民害”，以後便説，是由華夏共祖神農降乩，指示大衆建廟祭祀城隍等神聖，以“社稷之神”駕臨當地，

① 王琛發：《東南亞生死五常》，《看歷史》2013 年 1 月(總第 34 期)，第 60—69 頁。

才保障這片土地平安可居。

如此，按照這套信仰說法，從個人到群體能否安身立命，不在居住何處、也不見得“樓閣更張”可以決定，首先要確定天命神護是否與“我”同在。恰如《大學》所謂“有德此有人，有人此有土”，如此才能掌握個人身處“時間”與“空間”交會的意義，亦是發現“時間”與“空間”交會在自己身上意義。而楊鶴鳴替檳榔嶼閩南社會大衆撰寫城隍廟碑文，提出大衆捐建城隍廟的原因，首先設定在“竊思自古神道設教，有城市以育人民，必有城隍以理陰陽”的理念，背後實涉天人關係思考，認爲“英夷”缺乏此思路，再如何建設城市，依然有缺點。清代檳城的華人大衆，顯然受着古人的影響，認爲城市生活不能少了對感天命造化於城市的神明變化，認爲人民難以從神道感應天道教化，就難以從天人感應趨吉避凶，也難以感應神靈對付妖魔災殃。

以同樣道理觀照自 17 世紀的麻六甲青雲亭，由亭内現存《呷國青雲亭條規簿》可知，其系列規範麻六甲華人十九世紀社會制度的文字，反映着其地方機構稱“亭”，反映明代父老鄉約的遺痕——以“亭”轄“里”實行地方自治，其説明各“里”的地界範圍，以及里民在所在地界的主權與義務，就在各里的各户居民年年在本里土地“伯公”祭典與先人中元會聚會，輪流擲筊，由冥冥中的力量决定誰是翌年爐主、頭家，負責照顧全里大衆祭祀“祖”與“社”的需要。當里民周而復始舉行祭祀活動，共同體現他們對當地先人與土地神靈的義務，無疑也就表達了他們把生命結合在信仰，又結合着信仰去認知自己對地方和歷史的主權，休戚與共。

但要注意，儒典當中强調天命之順時應人，在神道顯應天道教化，其土地觀念主要關注人與天命能否“合其德”，而非以人擁有土地作爲中心，其實踐則往往以神道設教體現。這一方面是建立起“敬天”的傳統，使得人們的集體信仰恒常是以價值觀是否合乎天命去判斷本身和他人，標準之一就看子孫有没有福氣繼續留在原來土地，或者更有福氣是子孫開枝散葉，到處開發更好土地。另一方面，“天命”論既然可以總結在《詩經・大雅・文王》的所謂“宜鑒于天，駿命不易”，也就讓人們可從“上天保佑”的思路關心自身或集體如何在所屬地境落實文德，以此作爲斷言家國榮欣的標準，並非以土地作爲論述族群昌盛的重心。如此，問題就不在個人是否能繼續在祖先的原鄉拜祖先和當地土地神，而在於個人是否能把祖先化爲新土地的一方保護神，繼續得到祖先保佑，並且又得到當地土地神的眷顧。是否落實原鄉神道信仰，也是辨别一個社會是否合理合德的重要方向，從信仰現象一眼望去，當可判斷“夷夏之辨”。

三、“祖”與“社”建構社會認同

《詩經・大雅・綿》歌頌周王族十三世祖古公亶父，是由於他領導周人自豩遷岐，定居在渭河平原，重建周域。這件大事，可謂古人遷流他鄉重建華夏的範式，由此擴大諸夏總體版圖，亦打開周朝八百年天下之前奏。從全部詩文理解周人如何確認他們對岐山的開拓主權，其過程就在古公亶父完成神道設教，賦予周人落腳當地的“順天應人”意義。整首詩除了其中提到“爰契我龜”，説明周人以龜卜成果證實大衆遷居岐山，是源於天命所使，受到百神庇佑。而另外兩項明顯的神道設教，就是“作廟翼翼”與“迺立塚土”的建設工程。《禮記·祭義》説“建國之神位：右社稷，而左宗廟”，其實是總結古公亶父帶領大衆到達岐山，在新土地上實踐拜祖先、拜土地，由此演變的傳統。至今，各地周姓後裔和分支各姓，還都是高挂“岐山”堂號爲榮；南洋各地諸姓宗祠少不了祖先和土地神，足以表達歷史傳承。

在《中庸十九章》，其内容引述孔子如何解釋古公亶父這套神道設教，孔子評述其中信仰文化内涵，是説“郊社之禮，所以事上帝也。宗廟之禮，所以祀乎其先也。明乎郊社之禮，禘嘗之義，治國其如示諸掌乎”。可見，在華夏歷史文化，先民説明天命所歸，主要不是依靠各種傳播預言，而在於是否能“作廟翼翼”和“迺立塚土”，建造祭祀具體鬼神場所，以示他們聽從、敬重也恰如其分回應天道化出的神道，讓大衆咸感天命賦予的神明助力。《詩經》其中，“作廟翼翼”指的是宗廟堂皇，以後《後漢書》沿其説，也提及“急立高廟，稱臣奉祠，所謂‘神道設教’，求助人神者”；而“迺立塚土”的“塚土”，則指《禮記·祭法》所説“王爲群姓立社”的“大社”，即祭祀社神之臺。前者用以祭祀祖先，以感天道應運吾身，早有歷代的連綿根源；後者祭祀土地社神，以感天道垂象一方山川地理的神明變化。以郊禮祭祀代表天道的上帝，以社禮祭祀對應天道與上帝的地理之神，以宗廟的禮祭祀祖先，則個人與天地交感同在，能知天命而趨吉避凶矣。

從《周禮·考工記》可知，自古公亶父建大廟與立塚土，歷史以來，先民以所謂“祖”與“社”象徵華夏文化與領土精神，長期以來不離古公亶父傳達後人的模式。一直到明清兩代，天安門東西依舊左右兩側對稱，左設太廟以祭皇帝祖先，右設社稷壇祭祀國土。

用當代的話語叙述，“祖”是以已故先人作爲具體意象，記憶具體演變時空家族文化，實乃重視其具體承載與象徵的華夏傳統；“社”則是以象徵當境土地的神明，表述着土地與資源之神聖。“祖”與“社”的信仰，首要鼓勵奉帶祖先香火到達新土地，以示報始返本；一旦安居當地就會常年祭祀當地土地神，以示崇德感恩。“祖”到達新的土地，就意味“我們”文化體系與“我們”同在，而落地生根；一旦當地土地神靈配祀於原鄉祖先廟祀，又意味着文化發生作用在土地資源。“祖”和“社”同時俱在，就意味時間綫上的文化歷史，或者空間角度的眼前土地，對“我”或“群”都不再毫無意義，個人即是向着“祖”與“社”交感的載體，以本身文化賦予和滋養當地物質資源，轉化出精神意義。

對“我”來説，土地作爲無人的“空間”而並非有建設用途的“場域”，也許本來毫無意義。但是，因着“我”之“德”作用其上，於是發生了“有德此有人，有人此有土”，又因着“祖”和“社”必然是由“我”感通，由“我”投入具體的當地生活去活出他們的精神，所以是“我”把周遭環境由無意義而賦予意義，當地財富由藏於地而流通於世界也才呈現出人文與神聖意義。於是“祖”與“社”俱在的情境，又足以内化信仰神聖心境，確立自我生命包容着祖先文化和當地資源。這也意味着歷史文化與地方資源，是通過“我”交集於一體。

由此，信衆群體作爲“祖”與“社”的載體，體現其中理論的價值觀與意志，也即是對周遭環境擁有合情合理合法解釋，定位自身安身立命到集體開拓主權。

這套結合歷史、土地主權與神聖信仰的觀念建構，在南洋較鮮明的案例，是許多地方的“大伯公信仰”；各地的“大伯公”，經常是當地天地會已故領導，因着帶領部衆開拓，死後在原來墾殖地區被奉爲神靈，或者被後人奉其香火到新開發區，淩駕其他土地神靈之上。[①] 而這位大伯公有名有姓，又是控導所有福德土地之首，其地位體現在天地會模擬招兵上船前往異地“開墟”的入會儀式。天地會使用的諸種詩文當中，一旦奉請大伯公駕臨福德祠，其中會有幾種告訴當地土地神靈的詩句，包括唱唸道：“本境土地與山神，借你土地來招英；OO今晚來起義，扶住OO來登O。”[②] 如此現象，歷史上也曾受殖民地官員的關注。1856年，在砂拉越華人礦工於翌年發動反英起義前夕，英國殖民地官員接到的情報便有寫説：“華人之采金者，議立大伯公，或其他新神，暗想推翻政府。”[③] 在昔日華夏歷朝南海諸藩，南洋普遍流行大伯公信仰，顯然曾經是地區民衆以神聖話語宣稱開拓主權的表達。大伯公具有集體祖神的面貌，又兼着掌領各地當境土地神靈；在華人的歷史主權叙事，大伯公的神話，是以華人開拓先驅的歷史存在，以及死後化身神靈的神聖象徵，對抗洋人自視合乎西方國際法的殖民主權。如此也就難怪二十世紀以來的大伯公信仰，雖然受到大清皇朝官員肯定其人其信仰具有“丕冒海隅”之功，後來卻在當地更多遭受各種的文字重構，企圖改寫其信仰本質，完成信仰的“去中華化”。[④]

而對比中國的過去，南洋出現大伯公等神聖信仰觀念，其在華人整體信仰觀念的構造，實不離“左祖右社”觀念在民間的廣泛影響。

具體觀察中國傳統的宗族村落，即使當地宗族制度早已解體，至今在很多村落流傳的族譜，還是可從地圖找到村中宗祠與土地祠。也就是説，當“左祖右社”從《周禮·考工記》的記載演變成爲漢族先民在各地落地生根的追隨模式，它就猶如一種普及的建議規範。當具體地方社會受着相同信仰與思維模式的影響，它們會出現類似的做法，但不見得恰如古制落實“左祖右社”的建築分布格局；但地方社會也難以違反綱常，考慮

① 參考王琛發：《信仰的另一面——從南洋天地會視角解讀大伯公》，載徐雨村主編：《族群遷移與宗教轉化——福德正神與大伯公的跨國研究》，臺北：清華大學人文社會學院，2012年，第59—92頁。

② 因檔來源需要保密，抱歉此處不便全文透露，以“O”符號遮掩其中部分文字。不同文字出入版本，可見於馬來西亞、新加坡文史檔案館、警方博物館的公開展示。

③ 林守騆譯著：《砂羅越國志略》，商務印書館，1927年，下册《平匪志》第5頁。

④ 王琛發：《序言：大伯公、歷史叙述與政治真相》，載吴詩興：《傳承與延續：福德正神的傳説與信仰研究——以馬來西亞華人社會爲例》，馬來西亞詩巫永安亭大伯公廟，第xiv—xxiv頁。

不能僭越國朝禮制，又會有許多變通。國朝表態主權，在於太廟與社稷壇的布局與按時祭祀，可大衆重視信奉相同觀點，爲了延續“左祖右社”模範去發揮攝禮歸義、攝義歸仁，以相同的情操處理群體、祖先、土地三方關係，就得要有在地變通的情境。

如此，一村一鎮父老要延續歷史文化傳統，爲求完整實踐，包括“左祖右社”的延續，亦可以采取符合本身規格的方式，采用相同模式表達地方主權，由長者帶領集體建造祖先祠堂與當地土地祠堂，逢年過節祭拜如禮。一家一户要延續相同傳統，則是家中設立祖先神龕，子孫日常晨昏上香。神廟、神明、節日、儀式由此而延續，就説明祖先信仰内涵與價值體系，在任何地方都能憑藉當地資源，一再重構華夏。如此即是轉化本來對“我”毫無意義的“時”與“空”，從中實現一個“我”可以參與、開拓、歸屬，可以解釋其存在意義的“真實”社會。

這其中，有時“祖”與“社”的觀念不變，可是其實踐中對神靈的定位卻不見得没有變化。如閩南漳州一帶的某些村鎮，有些發生宗族村落聯合，有些是多姓同在一處聚落，或發生過不同姓氏不同時期分别進出同一片土地。其中，某些村落的祖輩會爲着崇德報功供奉他姓神明，久之，這些外姓神明甚至以兼備“祖”與“社”神格受到崇祀——包括閩南人尊崇的“開閩王”“開漳聖王”“保生大帝”以及各地的一些“祖師”崇拜，或如海澄謝氏石塘之崇拜張巡、許遠，鄰近邱曾新江社則反而祭祀謝玄與謝安——這些神靈被視爲保護過開拓當地的祖先的神靈，神靈香火見證了村落的歷史，既被社裏村人視爲本村社的集體祖神，又被視爲當境的保護神。當相關宗族村落的子孫下南洋，這些原本兼具“祖”與“社”資格的神明香火隨之南下，於是造成南洋閩南人宗祠，初期也會以村社外姓神明的名字自稱。例如南洋檳城謝氏宗祠，初名即以村中稱張巡、許遠爲“福侯公”，而在當地成立供奉集體祖神的“二位福侯公公司”，並以自家祖先牌位與當地土地伯公爲“祖”與“社”；又如同樣在檳城的邱姓新江社子弟，他們正殿也是以家鄉供奉謝玄與謝安的“正順宫”名之，而左右兩側殿各奉祖先牌位與社神。於是，南洋宗祠的所謂“祖”，可包括源自原鄉村社或者與其他群體共有的“集體祖神”，也包括宗族祖先；而“社”則總是當地的土地神。如此宗祠布局，礙於地理環境或建築格局，有“祖”有“社”而不一定遵循“左祖右社”布局，更尊他姓神靈於主位，並不罕見。

華南各地的演變影響，南洋當地先民下南洋，爲着遵循原鄉祖先崇德報功、慎終追遠的精神，會奉祀華南各地原來的神明，或高舉當地“大伯公”等集體祖神，又認爲這些神明兼具協調當地各區土地神靈保衛“合境平安”的態勢，可視爲他們對祖先信仰文化一脈相承，而且各地都有從落地生根到本土演變的能耐。

若從儒典主張崇德報功、慎終追遠，在異地祀奉祖先昔日開荒原鄉所祭祀的保護神，尊於主位，合情合理。百年前各宗族村落來往南洋的先輩，對他們南洋各地宗祠如此安排，並無疑義，反而因此熱心聚族，平時各自燒香祈福，有事則神前公議，排憂解難。尚且，把祖先傳下的源自外姓而被子孫視爲集體祖神的神明供奉主位，作爲原鄉象徵，而以“祖”與“社”拱侍其旁，更能反映異地重建原鄉的整體意象。還有些多宗姓交錯雜居的城鎮鄉村，各宗姓除了在自己宗祠設爐位祭祀外姓集體祖神和當地社神，也會合建共同集體祖神或當地社神的廟祀。

如上文提及光緒五年（1879）的《重建城隍廟碑記》，以代表閩人利益的武裝會黨“建德堂”領袖邱天德等人領捐，集體捐款宗祠包括邱家、陳家、楊家、謝家；而碑文説明不論光緒元年（1875）爲械鬥死難者建立“聚魂室”，又或者從“聚魂室”擴建城隍廟，大衆行事，都是奉神農大帝降乩喻示。而對照碑文上閩南邱、陳、楊、謝四姓，“謝”自漳州石塘、“陳”結合不同籍貫開漳聖王后裔，兩姓都是遠溯神農，“邱曾”雖取原祖曾姓“龍山”堂號，但畢竟也是接續炎帝後裔“邱”姓的香火；這三姓與來自霞陽的“楊”姓，加上碑文尚未列入的錦里/後村“林”姓，在檳城組成閩人“福建公司”廟産的托管集團，信徒又包括自認神農後裔的烈山五姓等。可知，神農“福建公司”成爲集體祖神，有其歷史理由。在“福建公司”所在地址，其神聖布置是萬變不離宗，在有限空間以炎帝神農爲“祖”，以會黨開拓先賢大伯公身兼“祖神”與“社神”，帶領着當境各土地神靈，形成“上祖下社”的布局。

集體祖神隨着子孫到達南洋，香火分布城鎮村野，儒典以神道顯教的各種價值觀念，也隨着歷朝對神聖的封號，教化、彰顯與印證各地民間秉持的價值理念。以關聖大帝爲例，到清朝道光年間，關帝封號已經達到“仁勇威顯護國保民精誠綏靖羽贊宣德忠義”；當人們祭祀關帝，按神道設教的道理，他們不是向着人造的關羽雕像尋找感應，而是以誠心感應着實實在在的大神，通過祭祀的氛圍重複的理解歷朝從儒典裏選出的封號；這感受神格教化的過程，也即是完成心靈“四端”與神的感應，與天道的感應。無論大衆在任何地方，如果他們在地實踐信仰，通過聚合祭祀實現群體氛圍，營造神人同在的現場感，則無疑原鄉倫理也會在那每一當下轉化爲當地精神，完成他鄉無殊故土的演變。

光緒二十年（1894），李鴻章在五月初五奏摺附片上説，馬來亞檳榔嶼紳商鄭嗣文等人賑濟山西邊外旱災，有功而不敢邀功請獎，但以“該埠平章公所供祀關帝夙昔靈應”，要求朝廷“可否奏請御書匾額一方”，當時光緒皇帝名義的硃批回復是“著南書房翰林院書匾額一方交李鴻章祗領，轉發鄭嗣文等，並嘉獎，欽此”。[①] 這類封賜，不僅是從關羽三國行迹或者清代神話地位，封賜廣義的關帝信仰；而是通過封賜特定地區的關帝香火，代表着朝廷影響的伸張，以及地方勢力的表態。清政府的考慮，是針對當地全體華人聯合體，即平章公所，封賜當地華人共同信仰的關帝，以關帝作爲彼等集體祖神的緣故，貫通北京朝廷與地方民衆凝聚的力量，帶動起互相從價值認同走向政治整合。

進一步結合南洋華人的“造神”，當知信仰理念傳播，兼具一脈相承和本土演變的特

① 臺北“故宫博物院”圖書文獻館藏《宫中檔及軍機處檔折件》，列號 132288 檔。具奏人：李鴻章。事由：“檳榔嶼平章公所鄭嗣文等請求禀賜關帝匾額。”

點，是必然的。不單是中國原有神明下南洋，而在當地根據同樣信仰也會生出許多神仙，才能說明天下一體、理一分殊，千江明月光同源，異地無殊在中華。馬來亞半島的吉蘭丹赤腳村聖春宫有“伯顯祖”，印尼華人也有“澤海真人”，都是歷史人物化身爲神。按吉蘭丹華人傳説，林伯顯約在1727年南下遇到颶風，被他吹到萬捷（Bachok）海岸，於是帶着隨身奉祀的媽祖神像到鄰近開墾，以後尋覓土地建廟；他去世後被當地稱爲“伯顯祖”，和關聖、大伯公、福德神等配祀在媽祖神龕右側。① 這是將林伯顯視爲當地的開拓祖神了，當地也有直接稱他爲“伯公”的。而清代漳州龍溪人王大海1791年撰寫《海島逸志》，提到印尼澤海真原稱郭六官，閩人，航海經商遇到當地人搶他船貨，“赴海而行，瞬息不見……華人以爲神，私以爲澤海真人，立祠以祀焉”②。印尼華人又把他記憶爲反殖英雄，説他在對抗荷印紅溪排華慘案失敗以後方四處經商與行醫，成神後不斷顯靈。③

《禮記·祭法》有説“法施於民則祀之，以死勤事則祀之，以勞定國則祀之，能禦大菑則祀之，能捍大患則祀之”。從林伯顯到郭六官，兩人在各自地方華民印象中兼具“祖”與“社”身份，或可反映18世紀各地南洋華人共同繼承着同樣淵源的集體意識：大衆延續原鄉美俗，對先賢崇功報德、慎終追遠，也是以集體祖神的神話宣稱繼承先人遺願，神聖化開拓之主權。而各地“大伯公”神靈出現，以及對“大伯公”神聖地位的信仰定位，更應受到重視。這説明在每個地區華人社會，社會建構的過程，像林伯顯與郭六等“造神”現象並不是孤立的，而且受到整套儒道神道設教觀念的影響、制約與教化。

尤其早期南洋先民依托天地會洪門組織，宣稱自身是明朝遺部，在各地有組織的以武裝自治支持集體經濟開發，各地洪門也是有意識發展地方先靈崇拜，追祭帶領大衆開拓的先驅人物，宣稱這些人物有些成仙“大伯公”，有些被賦予其他神聖名堂，更説明大衆是有組織有意識地把在集體的先輩化升爲保護神，神聖化開拓地區的主權象徵，在當地實行祭祀鬼神而神道設教。南洋華人許多先賢先烈都精神不朽，以神明身份繼續走進後人生活，亦體現着《禮記·祭法》教導的本土實現。

在馬來亞歷史人物之間，正如郭六官被印尼華人視爲海上經商保護神，芙蓉盛明利也是較突出的一位，被許多礦區視爲“祖”神。盛明利生前在洪門三房海山公司職稱“先生”或“師爺”，他曾帶領大衆在“爐骨”和“芙蓉”開礦，並於1857年在麻六甲三多廟的《擴建捐緣碑》留存捐款記録。等到盛明利在芙蓉遇害，海山公司子弟帶着他的神主轉戰吉隆玻等地，最後取得雪蘭莪華人主導權，盛明利最終被視爲冥冥中庇佑與指導其生前殘部壯大實力的保護神，並在敵我各方推動和解以後被大衆同奉爲“仙師爺”；從此，其神爲當地保護神，

① 林嘉運：《吉蘭丹州赤腳聖春宫》，載蘇慶華、劉崇漢編：《馬來西亞天後宫大觀》第二輯，（吉隆玻）雪隆海南會館（天後宫）媽祖文化研究中心，2008年，第17—24頁。

② ［清］王大海：《海島逸志》卷二，學津書店，1992年，第41頁。

③ 《唐人街澤海廟立碑記録“郭六官陵廟緣起”》，載印尼《國際時報》附《中爪哇快報》封面版，2015年5月18日。

廟爲華民最大福利機構。以後信衆愈多，擴展其他開發區，以盛明利神話演變的“仙師爺”信仰也分香到更多新市鎮，成爲保護各地礦區的集體祖神。①

當然，如上所述，相比起“仙師爺”信仰，馬來西亞、印尼等地華人更普遍的先人信仰是各地有名有姓的大伯公。如婆羅洲的羅芳伯，檳城的張理伯等等。先民咸認各區域“大伯公”信仰源於各地洪門會黨領導仙逝成神，淩駕在開拓區，調度管理各村鎮土地伯公，支持大衆順天行道，反清復明。例如檳城“建德堂”，即當地“福建公司”早期的會黨淵源，早在1840年就形容其公司跟隨的已故大伯公“福而有德千家敬，正則爲神萬古尊”，對聯至今張挂廟中。因此，南洋各地地方廟祀，甚至一般人家，往往是供奉來自原鄉的神明、盛明利之類本土先烈，還有祖先牌位，又供奉着本土死後化的大伯公，形成基於本土地方信仰呈現中華傳統的“祖”與“社”觀念。而實際上，即使是個别祭祀，這類神明生前在地方上爲大衆犧牲，逝世以後的生前歷史和死後神話又是當地華人詮釋開拓主權的資源，其神格往往兼具“祖”與“社”的資格。華人傳統在南洋的實踐，包括其祖籍與在地歸屬感的價值體系，就體現在由儒典闡釋的自古公亶父以來神道設教精神的延續。

從荷蘭施列格《天地會》關於“義伯”的尊稱，也應認識從洪門到南洋大衆，神道設教意味着集中落實有規有矩、恩怨分明、長幼有序、尊賢重德等傳統價值觀。② 大伯公生爲長老輩分之尊，生前以道德文章受到各開拓區共尊“義伯”，協調各方；盛明利甲必丹生前身份既然僅是“師爺”，即使以後被尊稱“玉封仙師爺”，香火分香十數新礦區，但仍不能叫大伯公。又如洪門二房義興公司的蘇亞昌，生前以地方頭目兼戰將，在霹靂拿律會戰被土侯殺害，英靈化身“蘇拿督”接受萬民香火，亦還稱不上大伯公。③ 而南洋“大伯公”雖然淩駕於諸種土地神明，可以被洪門後人分香各地，在家家户户正廳接受崇德報功，但因明朝未曾復興，没有朝廷可封其城隍或其他職稱，先賢即使成神也只能繼續接受生前在會黨的尊稱。信仰的處理，顯然涉及如何實踐“三綱五常”的考量，實踐著《禮記·祭統》的精神：“祭有昭穆，昭穆者，所以别父子、遠近、長幼、親疏之序而無亂也。”

在那年代，此情此理，顯然理解者衆。所以清政府封賜檳城平章會館供奉的關帝香火，不見得不懂得平章會館領導人鄭嗣文等人原來都是天地會領導，李鴻章心裏可能也知曉“平章”源於檳城與鄰近各地洪門分支的互相協調。同一期間，清廷還接受南洋商務大臣紅頂商人張弼士請封，給生前本是天地會領導的本土社神“大伯公”追贈一品紅

① 王琛發：《惠州人與森美蘭》，(馬來西亞芙蓉)森美蘭惠州會館，2002年，第31—42頁。

② 王琛發：《信仰的另一面——從南洋天地會視角解讀大伯公》，載徐雨村主編：《族群遷移與宗教轉化——福德正神與大伯公的跨國研究》，(臺北)清華大學人文社會學院，2012年，第75—76頁。

③ 王琛發：《信仰的另一面——從南洋天地會視角解讀大伯公》，載徐雨村主編：《族群遷移與宗教轉化——福德正神與大伯公的跨國研究》，(臺北)清華大學人文社會學院，2012年，第75—76頁。

頂花翎，又由張弼士以朝臣身份將送上“丕冒海隅”匾額，高挂大伯公死後成神廟地的大殿正中；有“丕冒海隅”四字，已經視點出“德教大覆冒海隅日所出之地，無不循化而使之”的含義。[①] 清廷此次封神清楚示範晚清政府政治態度轉變：麻六甲海峽有“大伯公”張理，雖前朝孤忠，可其主要功績在南海開疆拓土，非本朝之敵，乃中華之幸。北京與南洋朝野雙方相互保持沉默，互相不提天地會原來主張“反清復明”的淵源，清廷封神大伯公，亦如封賜關帝，是在列強圍困的大壓力下，爭取華僑支持恢復中華；而此刻天地會後人眼中，清廷畢竟還是“諸夏”，又是唯一的政權實體，南洋子弟寧可擱置恩怨，以“關帝”和“大伯公”精神，共赴國難。當年駐檳副領事張煜南在大伯公廟留下的頌聯，稱頌大伯公説：“君自故鄉來，魄力何雄？竟辟榛莽蕃族姓；山隨平野盡，海門不遠，會看風雨起蛟龍。”[②] 實際上，晚清政府必清楚，這股精神是清朝需要的。況且，早自馬江戰役，再到甲午海戰，已經有不少南洋子弟陸續犧牲，靈位留在福建省福州的船政學堂，化爲中華軍魂。

四、百姓日用之道

根據以上，當知南洋儒教是中國儒教傳播當地的演變與再建構。南洋儒教的主要内容，首先不離儒典於天人感應論述基礎上提出的天命觀，以及主張神道彰顯天道，以具體的神道設教感通具體情境的天命人意。其次，南洋神道設教的實踐，也如中國民間普遍延續的俱祭“祖”與“社”的傳統，以習俗承載與延續了個人對原來觀念的認同。從南洋華民城鎮鄉村的公廟多供奉集體祖神而附祀當地土地伯公，還有各家各户供奉祖先牌位同時也供奉宅内地主、門口地主神位，可見大衆晨昏上香，整體觀念深深滲透到大衆生活情境。自《禮記·祭義》提出“建國之神位：右社稷，而左宗廟”，到同樣觀念轉演爲從城、村、宗族到家庭層次的實踐，以祭祖祭社實現大衆生活場所之意義，等於在每個心靈再現與内化儒典觀念，把神靈、祖先、土地、人視爲同構於一體，可以交感。《詩經·小雅·小明》的“明明上天，照臨下土”結尾在“神之聽之，介爾景福”，民間諺語以“福地福人居”表達的傾向性觀念，何嘗不是包含開拓主權的要求？

如此或可先結論，具體的神道設教是相對應於具體天命内容在具體情境的展開，以合乎的祭祀具體神明之道，完成天人交感。這樣的目標必然需要確定具體目標地方範圍，以其中的人事基礎去完成。繼續伸延討論，就得承認這是人類的傳統之一，也是一種觀念，它能在同一片特定土地上作爲社會集體的主流觀念，又表達在祭祀某位集體祖神、

① 王琛發：《客家先賢與馬來亞檳城海珠嶼大伯公探析》，載《八桂僑刊》2014 年第 3 期（總第 107 期），廣西華僑歷史學會，第 30—39 頁。

② 參王琛發：《南洋天地會的關帝信仰》，載蕭登福、林翠鳳主編：《關帝信仰與現代社會研究論文集》，（臺北）宇河文化出版，2013 年，第 277—308 頁；並參林嘉運：《吉蘭丹州赤腳聖春宮》，載蘇慶華、劉崇漢編：《馬來西亞天後宮大觀》第二輯，第 80—92 頁。

某家祖先，或某種層次的土地神靈，還有表達的祭祀規格形式，需要依靠當地社會或有關家族的自覺，依照本身依禮可用的規格、地方擁有條件，在民間潛移默化大衆。也因此，即使各地祭祀是同一祖先、同一神聖，各地表面形式往往看似互相不同，形成繽紛多樣禮俗。但反而言之，任何“祖”“社”俱現，源於對觀念的信仰、建設與實踐，都要通過人的活動，特別是祭祀才能帶出意義。這種社會必須是視覺可及，大衆生活可以接觸，依靠代代相傳，耳濡目染去傳承。一旦離開了這種信仰“人”“祖”與“土地”同構互感的社會氛圍，尤其到了明清兩代的中國土地以外，遇到他人傳播其他信仰觀念，相同觀念的傳承也會受到干擾，就可能發生觀念傳播的障礙。

當然，在南洋華人社會，神道設教觀念得以盛行，難受障礙，其中也包括歷史理由。由於近代南洋華人社會主要緣起明末清初，明末南下遺民奉明朝爲正朔，自覺是退守皇朝邊緣，準備長期包圍清朝，他們會較注重繼承的主流觀念，在當地重建社會。正如上述提及麻六甲青雲亭，這許多遺民明亡後散居南海各地，最初是延續着明亡朝之前以“亭”爲鄉約，運作當地華人社會；這些“亭”的組織，包括巴達維觀音亭，以及越南各地的“亭”等，同感亡國苦難，集體有意識地在異地再造故鄉故國，每個人又是深受《還流詩》教導重建家園，以信仰建設與活動凝人心，總不離神靈、祖先、土地神崇拜。當時的堅持，造就初始的開拓群體的社會模式，流傳後人，於是便確保各地華人至今依然延續“祖”和“社”的傳承。

以後至遲在乾嘉年間，南洋華人世界的演變，發展到洪門以天地會正統自居，其各地分支“公司”一再強調自身是明軍遺部，又自述洪門是以“洪”表徵“漢”字失去“中土”的剩餘筆劃，以“公司”形式深入南洋各地墾荒開發；洪門各地開拓區接引陸續南來加入新丁，都是要求參與新丁入會儀式祭拜“洪門歷代祖宗”和“仁義禮智信”牌位，以及祭祀洪門五祖等先烈。洪門入會儀式重述前明故土淪喪悲情之餘，還會要求新丁入會都要宣誓自己讀過《孟子・萬章》，還要讀到足以讓“洪水氾濫天下”；這種既悲於漢文化失去中土，又讓漢文化氾濫天下的心境，本身就是這種觀念的傳播者。① 特別是洪門入會儀式，是以“洪門歷代宗親”代表失去中土的所有漢姓祖先，既祭祀中華各姓祖先又祭祀先烈祖神，又請來自己的大伯公和當地山神土地，説明是“借地”招兵，要求土地神聽從大伯公調度，保佑開發者將來起義成功；洪門入會儀儀式的祭祀觀念，讓不同姓氏後人在諸多鬼神見證下結拜，宣誓反清復明，請求鬼神庇佑成功，分明是沿用從周人建國延續到民間日常的“祖”“社”觀，表現爲面臨着國殤情境的變調。

洪門因着“反清復明”的政治性質，又是在南洋西方國家殖民主義眼皮下活動，是較隱秘的。可是其成員在這些華人地區，也有組織或參與公開的鄉團、行團、商會等組

---

① 王琛發：《17～19世紀南海華人社會與南洋的開拓——華人南洋開拓史另類視角的解讀》，載《福州大學學報》2016第4期，第65—72頁、第78頁。

織，負擔各種地方社會福利。從一些組織的公約，可以發現到這一整套觀念是有組織的維持，並且有公約規章去限制違約者，讓相關無從得到社會群體互相支持建設的社會福利，由此而支持着每家每户維護傳統的傳承。例如，越南會安洋商會館在1741年立由“各省船長衆商公立”的“洋商會館公議條例”碑記便提及在天後聖母前立下公議條約，每年春秋朔望按時祭祀，目標在“存公道，明是非，息爭訟”，除了規定照顧船難、病老、身故者，還有規定“新客到此娶妻有孕，必須登記何省籍貫鄉里，壹單付妻收執，至分娩之日，或男或女，囑令妻黨戚屬齎單到會館報明理事人何月何日分娩，並其妻姓名，居住何處，明白登簿，無致後日流落”。而檳城峇都幹冬的福建公塚，衆董事於光緒丙戌年（1886）刻在涼亭石屏上的《福建第三公塚規則》第二十九條説：“凡我閩省人等，娶別種婦女爲妻妾，既遵我聖教，則能葬此塚地。如我聖教中人，有入異端者，則不能葬此地。若入異教之人，要葬時，詐騙無報明白，後日被理事人察出，該墳當移埋於他塚。乃即重罰，以警忘本。”像上述的內容，兩則公約內容，強調神道、強調聖教，重視祖先與子孫，不論妻子血緣，反從丈夫文化傾向決定認同，頗有“夷狄入中國，則中國之，中國入夷狄，則夷狄之”的味道。

南洋華人相應於重視祖先與子孫關係，先民爲男性先人刻墓碑或神主牌，也講究許多細節規則。其中一例，即是文字上往往延續中國祖鄉習俗，沿用“顯考”“先考”“故考”等字眼以示“微言大義”分別。嚴格説，只有那些在父母善終自身方才去世的，且有兒有孫成傳宗接代，方才有資格稱“顯考”，妻子也因此死後得用“顯妣”。如果先父母而死，即等於照顧不好父母賜給的身軀，没有奉養父母至善終，就只能寫“先考”和“先妣”。也有風俗主張，凡無後代，是由女兒或其他人治喪，將來就不是任何家族直系“先人”，僅是親屬的“故人”，要寫作“故考”，或僅用“故某某人”。當然，如上所述，要確定是否有人立碑、立神主、延續祭祀，還要確保子孫不會流落他族，本人不是脱離聖教，包括如上述的社會公約去加強保障。這一來，在歷代祖先之間，如何作“祖”，帶着褒貶之意，背後尚涉修身、孝道、家庭的規範。即使各地基督徒墳墓，許多清代至民國初年墓碑，依然緊跟此俗，可見儒家教化對移教者依然有影響。

五、餘話

正因着南洋華人明末以來在當地盡力保留家鄉社會模式，從社會建設到鬼神祭祀延續着原鄉傳統的演變，承載的是先輩流傳的觀念，因此南洋華人社會無形中也自我建構成爲中華傳統傳播的温床，可能長期接受同一文化體系的各種組織與思潮在這個社會中立足和傳播，並長期回應着歷史以來中國儒教的發展。到清代中葉之後，南洋民間也引接着那些明清以後新興的民間儒宗制度化教團，包括來自福建的三一教，以及信徒神主或墓碑多刻上“儒門修道”的青蓮教衆。其中，尤以青蓮教各派系在南洋傳播最廣。

正是歷代先民堅持以神道設教構建地方華人社會精神建設，同樣傳統源頭的民間教派才容易在這片土地扎根，得到滋養。青蓮教在1845年以後蔓延中國全境，主張從四書五經學內聖外王，以邵康節《皇極經世》宇宙迴圈觀認識歷史演變，並以會通佛教禪宗明心見性、道教先天丹道性命雙修，圓成正見回應人間苦難；其教導最大特徵在直指清代中國陷入苦難，卻又論述生在苦難中華是天降大任，堅持道統就能挽救天下。[①] 青蓮教當時因着教義，在中國本土屢受清廷鎮壓，其各地分支也此起彼落，包括與天地會合流，屢屢舉義。[②] 可是，正是在中國本土的起義屢屢失敗，造成青蓮教一再撤退往南洋尋求民衆支援。教派在1871年即吩咐張東初等人到南洋聯繫教衆，並且走進其他族群"中外普度"，越南、暹羅、婆羅洲、馬來亞、印尼等地都設立道場，可見昔日的"儒門修道"不是虛説。[③]

從青蓮教各系統能在南洋各地能够傳播深入基層鄉鎮，或可證明先民在日常生活中有意識地重建中華，有益當地至今深厚基礎的漢文化傳播，居功不淺。不論張東初或其他系統，青蓮教各支派傳播道學，幾乎千篇一律以"齋堂/佛堂"籌款，在裏頭收養孤兒、辦蒙學私塾、教導鄰近百姓靜坐或丹功，並且收容老來單身無靠婦女，組織煮備素食供應貧困、教導她們外頭唱道情勸善。到光緒二十年（1894），距離張東初下南洋不到四分之一世紀，跟隨其系統南下的"先師"資格者，便有近70人歸真。[④] 他們各自在南洋留下齋堂，至今尚存者數以百計。如此數據，既可證明其思想傳播一度聲勢浩大，又反映這些舊文人"先師"是在惡劣環境下艱辛開荒。從另一角度，青蓮教在各地辦蒙學，教導《三字經》《千字文》《千家詩》《幼學瓊林》，又到處唱道情提倡"儒門修道"，反過來也支持了這整套"儒道"觀念的普及。

同樣自1870年代開始，晚清官員一再出國考察，一再下南洋，終於對過去朝廷心目中的"化外之民"有了重新認識，深感他們心懷鄉梓，實可爲清廷作南海之屏障。縱使這裏很一大部分人虛擬着未來要復辟前朝，但畢竟都是心系中華。而且，最可貴的是，其子弟皆能秉持儒道，自小在蒙學"上大人，孔乙己，化三千，七十士"，日常不忘拜天地、祭祖宗，卻又是身在洋務前綫，應對中西交流。

自從晚清朝廷與南洋華人朝野雙邊愈益頻密交往，不少官員都在南洋各地神廟與宗祠題寫楹聯匾額，至今成爲文物；到清朝在1903年實行癸卯改制，廢棄傳統科舉而創立新式學堂，強調經學爲體、新學爲用[⑤]，清朝以國家作爲"聖教"詮釋者的教育理念，也通過獎勵南洋商紳辦學，開花結果。1904年，先是光緒皇帝親題"聲教南暨"匾額，分

① 參考王琛發：《末劫收圓：晚清青蓮教的瑶池信仰與其苦難道學》，載金澤、趙廣明編：《宗教與哲學》第三輯，社會科學文獻出版社，2014年，第362—386頁；另參王琛發：《末劫收圓：概説先天道諸派瑶池信仰的迴圈圈創世觀》，載趙宗福主編：《昆侖神話與世界創世神話國際學術論壇論文集》，青海人民出版社出版，2012年8月，第86—107頁。

② 馬西沙、韓秉方：《中國民間宗教史》下册，中國社會科學出版社，2004年，第843—847頁。

③ 王琛發：《重新發現青蓮教最早在南洋的傳播》，載社會問題研究叢書編委會主编：《會黨、教派與民間信仰——第二届中國秘密社會史國際學術研討會論文集》，知識産權出版社，第197—216頁。

④ ［清］王裕安重刊：《慶祝表文下卷》，惠州羅浮山朝元洞，光緒二十年，第15—110頁。

⑤ ［清］張百熙、張之洞、榮慶：《奏定學堂章程・學務綱要》。

送到南中國海以南的巴達維，以及马六甲海峡以北的檳榔嶼，確立兩地中華學堂的辦學模式。接着，朝廷又派遣官員支援南洋各地，包括將一些神廟原辦的蒙學發展成爲新式小學。即使清朝畢竟在數年後氣運終結，卻奠下了南洋華文教育繼續發展的基礎。

只是，到了晚清，雖然從北京朝廷到南洋民衆，都期盼過朝廷爲主體推動的“聖教”南暨，但其時清朝畢竟已經是老樹殘枝，而且難以抵擋當時的西風東漸。自民國成立，此後南洋各地華文教育的方向，不見得依止於“聖教”爲目的了。

The Confucianism in South Asia, its History, Spread and Significance

Wang Chenfa

Abstract: Following the exodus led by the ancestral leader Dan Fu from Bin to Qi, spreading and inheriting the cultural influence by settling down has long been regarded as a tradition in the inner circle of Chinese culture. However, it had not been an established custom among the ancient settlers to remain indigenous to one's home land. Cultivating new land thus vitalizing cultural heritage has been necessary to verify one's self-worthiness, as depicted in *Da Xue*, "From great virtues comes settlers, from settlers comes sovereignty, and from sovereignty comes fortune". Its practice has been seen in passages in *Li Ji*, or the *Great Book of Rites*, in which it was concluded "the State and Ancestral Shrines must be regarded as equally important as the left and right side of the palace", thus indicating that the historical and natural resource of the newly acquired land would be made available for future development. This notion was widely inherited and practiced in both the worship of ancestor and celebrations of state affair. Consequently, the early settlers to south-east Asia are often well-organized pioneers with clear intentions, following the teaching of genealogical work "*Qian Liu Shi*" (*The Poetry of Exodus*) established in Ming Qing dynasty, or rather inheriting the idea of Tian Di Hui, a rebellious group who developed their manifest from Confucius classics. Therefore, they cultivated the land and deemed the spirits of leaders immortal, before they became demigods or prophets, over watching all lesser deities. As a result, temples that are open to the public and worship activities are inseparable from the collective efforts in creating the historical imprints of Zu (Ancestry) and She (State celebrations), thus proving the culture or values must be integrated into meaningful self-conducts in order to be valid. This also marks the realization of the harmonious coexistence of "self" and the land.

Keywords: the mandate of Tian; sovereignty; Hong Men organization; ancestor and state affairs

追求融匯和超越

——程抱一先生的杜詩研究

趙睿才　劉冰莉

[摘　要] 華裔法籍知名漢學家程抱一先生對中國哲學命運、宇宙精神的闡述，以及運氣、虛實相協、陰陽相調的中國藝術真諦的體悟，對西方文學、藝術、哲學的深刻瞭解和把握，集中體現在他對中國詩、畫和書法三位一體的藝術精髓的解析中。他以爲，作爲表意文字的漢字體系，形成了一張既複雜又統一的符號網絡，服從於結構主義、象徵主義及某些對立法則。他在此解析中，引證杜詩的例子最多。透過杜詩，他看到了中國詩特殊的語法結構，特有的感受已寖至其靈魂深處。程先生所用方法與所得結論的獨特性和創造性，成爲超越中西文化的"第三元"，這是他"追求融匯和超越"的結晶。

[關鍵詞] 程抱一；杜詩研究；符號學；第三元；融匯和超越

法國漢學在西方漢學（特别是二戰以前）中獨樹一幟，其特點是把唐詩作爲多種藝術的完美構體來研究，正如法籍華人、法蘭西學院院士程抱一[①]所説，所謂"詩成泣鬼神""筆補造化天無功""詩中畫，畫中詩"云云，不僅是彼時詩歌大家如杜甫、王維、李賀等爲構建各自的藝術天地的經驗之談，也是他們爲營造多種藝術構體所做的共同的美學追求。這也正是法國漢學家看重唐詩乃至杜詩的主要原因所在。

程抱一的杜詩研究，主要體現在他的《中國詩語言研究——附唐詩選》（1977）、《虛

【作者簡介】趙睿才（1965—　），男，山東青州人。山東大學儒學高等研究院教授。研究方向：唐宋文化與文學、杜詩學。劉冰莉（1975—　），女，山東濟南人。山東青年政治學院文化傳播學院講師。研究方向：唐宋文學、區域文學。

① 程抱一（1929—　），原名紀賢，華裔法國詩人、小説家、翻譯家、藝術史家、學者。1948年旅居法國。他在巴黎第九大學取得博士學位後，長期擔任巴黎第三大學所屬國立東方語言和文化學院中文系教授、高等社會科學研究院所屬東亞語言研究所研究員。主要從事中國古代文學、現代文學和中國語言學、詩畫藝術的教學、研究工作。譯有《駱駝祥子》第二種法譯本。主要文藝論著有：《用一些對比方式做出的展望：在中國傳統中的一些宇宙論法和現實的表達方法》《"比"和"興"》《中國詩語言研究》（1977年）、《虛與實：中國繪畫語言研究》（1979年）、《夢的空間：千年中國繪畫》（1980，獲聖圖爾獎）、《朱奔：筆劃的天才》（1986年）、《石濤：生命世界之真昧》（1998年，獲瑪律羅獎），還有漢詩法譯《水雲之間》（1990年）。主要詩集有：《情歌三十六首》（1997年）、《雙歌集》（1998年，獲羅歇·卡約瓦獎）、《托斯卡情歌》（1999年）、《生命的季節》（1993年）、《歌聲來處：宋代傳統花鳥之道》（2000年）、《誰來言説我們的夜晚》（2001年）。長篇小説有：《天一言》（1998年，獲費米娜文學獎）、《此情可待》（2002年）等。2002年被評爲法蘭西學院院士，也是迄今唯一的一位亞裔院士。

與實：中國畫語言研究》（1979）、《水雲之間》（1990）等專著與譯著中。前兩著合成《中國詩畫語言研究》（選 37 位詩人的 133 首詩，其中杜詩 23 首），已出中文譯本。他運用新批評方法、結構主義、符號學理論，選取中國古老哲學的“虛實”“陰陽”“天地人”概念來“透視”中國古典詩歌，使中國詩歌的傳統研究別開了生面。他分別用“虛實”研究詩的“詞彙與句法成分”，用“陰陽”研究詩的“形式與格律”，用“天地人”研究詩的“意象”，進而得出這樣的結論：“虛實、陰陽和天地人構成相關的和分等級的三個軸，圍繞着它們組織起一種建立在氣的觀念基礎上的宇宙論思想。”[①] 這一手段的成功運用大大弱化了傳統的體裁與類別的劃分，也正是結構主義者常用的方法。

一、詩詞中的符號功能

程抱一將漢字視爲唐詩的基礎，認爲詩中的每個字都是一個獨立表意的“符號”，所謂唐詩正是這些“符號”的排列組合。是的，漢字的這一特點，是拼音文字無法比擬的。他又説，對於中國詩畫中某些符號的神聖功能，詩人和畫家是不可能無動於衷的，在組合排列這些漢字符號時，他們探尋到了宇宙中深藏的一些秘密，這就是杜甫所説的“詩成泣鬼神”。符號學的意義就在於一首詩的每個符號都在發揮其影響力，而詩人在創作此詩時，他們近乎神秘主義地尋找被稱爲“字眼”的關鍵字，就是爲了照亮整首詩，洩露一個隱蔽世界的奧秘。中國詩歌史上無數個逸事趣談每每講述着“一字師”，這個一字之師點明了那個必不可少的絶對恰當的字，啓發詩人完成了一首詩，並由此而“巧奪天工”[②]。

對於“字眼”的重要性，程抱一是這樣解釋的：“眼”這一意象在中國藝術中異常受重視，那個“畫龍點睛”的故事就是很好的説明。這其實就是我們古人所説的“一篇之警策”之所在。接着，程抱一列舉了杜甫兩句詩“雷霆空霹靂，雲雨竟虛無”（《熱三首》其一），進一步闡釋“字眼”的意義：運用了道士在描畫神奇的符籙時所珍視的一種手法，羅列一些具有相同形旁的字，即帶有“雨”字頭的字——雷霆、霹靂、雲，仿佛是爲了積聚由這個形旁所暗示的那種能量。有意思的是，詩句描寫的是在一個驕陽似火的夏日對下雨的焦慮的期盼，可是最終希望落空，那神奇的符籙没起作用。爲了增加“落空”後的失望，詩人在五個“雨”頭字的後面緊跟了一個“無”字——“無”字以火爲形旁的“灬”，落空的雨很快就被灼熱的空氣所吸收了。

所有這些排列起來的字，通過逐步進展（雲的聚積、預示着雨的霹靂、被火吸

① [法]程抱一著，涂衛群譯：《中國詩畫語言研究》，江蘇人民出版社，2006 年，第 24—25 頁。

② [法]程抱一著，涂衛群譯：《中國詩畫語言研究》，江蘇人民出版社，2006 年，第 12—13 頁。

收的雨）和它們所造成的反差，創造出强烈的視覺效果。[①]

程抱一的理解角度没有問題，而且很有新意；漢字表意文字的特殊構造，加強了漢字符號學特有的藝術效果，其貢獻就在這“對中國詩特殊的語法結構的研究”。我們以爲，杜詩在這裏明顯學習了漢大賦的方法，看似不經意的落筆，卻包含着“語不驚人死不休”的努力。

二、虚實軸——詩的詞彙層問題

程抱一用“虚實軸”探討詩句内部如何構成的問題。依他的觀點，構成唐詩的字詞可分爲虚實兩類；每一句詩在組合軸上都遵循着虚實結合、實詞爲主的原則，表現出省略虚詞的傾向。這類省略包括了人稱代詞、介詞，表示比較的詞和助詞的省略，而實詞之間的相互碰撞又會誘發詞性活化問題，使聚合軸上不同詞性的實詞相互替代，動詞發生虚化，如用介詞代替動詞。由此，虚實的轉换與靈活的詞性極大拓展了唐詩表意的豐富性，使得每一句詩都成爲“意義增值的場所”[②]。雖云“虚實軸”，然而實詞與虚詞並非相互對立，而是彼此交替、相互轉化構成詩句。

（一）人稱代詞的省略

爲了探討人稱代詞的省略問題，程抱一列舉杜甫的《又呈吴郎》詩，言此詩是杜甫寫給他的侄子吴郎的，杜甫離開夔州時把自己的財産留給了他，並囑咐他不要在園子的西邊樹立籬笆，因爲這一舉動會驚動西邊的女鄰這位很貧窮的女人，她常常到那邊撲打棗子充飢。原詩是這樣寫的：

堂前撲棗任西鄰，無食無兒一婦人。
不爲困窮寧有此，只緣恐懼轉須親。
即防遠客雖多事，便插疏籬卻甚真。
已訴徵求貧到骨，正思戎馬淚盈巾。

程抱一是這樣分析的，本詩中登場的有三個人：詩人（我）、侄子（你）和那位女人（她）。可是，诗的“主人公”不很確定，是“我”，是“你”，還是“她”？詩人便通過省略人稱代詞這一手段，創造出一種“主體際的”意識：

詩人與這位或者那位人物相認同（三、五、七句關涉“她”，四、六句關涉

① ［法］程抱一著，涂衛群譯：《中國詩畫語言研究》，江蘇人民出版社，2006年，第14—15頁。
② ［法］程抱一著，塗衛群譯：《中國詩畫語言研究》，江蘇人民出版社，2006年，第30頁。

"你"，最後一句關涉"我"或"我們")，仿佛他同時具備多個視點。從而這首詩顯示爲一位複數的人物的内心論辯，穿過他，叙述和故事微妙地交融在一起。①

這裏，吴郎"侄子"一説有待商榷，近現代中國大陸的學者一般認爲是杜甫的姻親，不好確定，既然稱爲"郎"，想必是杜甫的晚裴。此詩的確是借助省略人稱代詞的手法，讓三人穿越時空對話的好例。杜詩中這種省略（或天真或狡黠）俯拾即是。

程抱一又舉杜甫的《述懷》詩談此問題。杜甫在至德二載（757）夏，自賊中竄歸鳳翔行在所，經歷過"麻鞋見天子，衣袖露兩肘"的艱難困苦。爲了烘托他陷賊的悲慘狀態和"見天子"這一莊嚴場合形成的反差，他没有説"穿着麻鞋我拜見了皇帝"，而是不無反諷地説了句"麻鞋見天子"。又如，杜甫的《新安吏》描寫了戰爭帶給人們的痛苦，已經到了無以復加的程度，受苦的人們剩下的只有凹陷而無淚的眼睛，這就是詩的尾句："眼枯即見骨，天地終無情。"面對這些没有人稱主語的詩句，讀者可以從朦朧的詩意中發揮你的想像力，是誰看見？是看見誰？程抱一給了讀者兩種理解：

是詩人透過那些窮人乾枯的眼睛，看見了他們淪爲枯骨的臉；或者是那些窮人自己的眼睛，最終看到了"事物的本質"：天地對注定要死的人没有憐憫。②

在這裏，讀者想像到的正是這兩個切入點：從外部與從内部所看到的兩種情况：窮人乾枯的眼睛和窮人乾枯的眼睛所看到的。這就是省略人稱代詞所達到的藝術效果。

（二）介詞的省略

"介詞的省略"，也是唐詩乃至杜詩中經常出現的。杜甫有一聯詩非常典型："星垂平野闊，月涌大江流。"（《旅夜書懷》）詩人創作這樣的詩句，是爲了有力地烘托地上的現象與天界之間的關係及其相互作用，突出人類的命運在與大自然的較量中的沉浮。

很明顯，這一聯詩對仗工穩，每一句中都是名詞加動詞有規律的組合排序。當然，動詞是有及物與不及物之分的。如在下句詩中，第一個動詞"涌"可以解釋成"涌起"，也可以詮解成"掀起"；第二個動詞"流"，可以詮釋成"流動"，也可以譯解作"托載"。請注意："涌"和"流"都是水旁"氵"字，愈加強了詩句中"水"和"月"兩個意象之間的交互作用。"水"和"月"這兩個意象，曾由初唐詩人張若虚的《春江花月夜》盡情發揮過："月亮象徵生命的盈虚以及人類命運，大江象徵無限的空間與無盡的時間它們之間又不斷地相互吸引、相互激越。"③ 到了杜甫筆下，兩句詩幾乎囊括了《春江花月夜》

① [法]程抱一著，涂衛群譯：《中國詩畫語言研究》，江蘇人民出版社，2006年，第35頁。
② [法]程抱一著，涂衛群譯：《中國詩畫語言研究》，江蘇人民出版社，2006年，第36—37頁。
③ [法]程抱一著，涂衛群譯：《中國詩畫語言研究》，江蘇人民出版社，2006年，第40頁。

大半首詩的内涵："月涌大江，月涌而大江流，月涌大江而流，大江流月，大江流月而洶涌。"[①] 顯然，詩句是一種鑲嵌式的，可以進行迴環式的閱讀：月亮升起，升起後掀起江水；江水流動，流動托浮月亮。

我們以爲，杜詩中的"水"和"月"是大自然的組成部分；同時又具有高度的象徵意義。程抱一在這裏並不像其他漢學家那樣進行翻譯、串講，諸如J. 劉："群星低垂，原野遼闊；月亮涌動，大江奔流。"W. J. B. 弗萊切爾："流散的群星挂滿蒼天，月亮與江流競瀾翻。"K. 雷克斯羅斯："群星在廣漠水域上綻放，月光流照奔涌大江。"而是從字詞的結構入手探討其象徵意義。

（三）省略表示比較的詞和動詞

在中國詩歌那些内含比較的詩句裏，讀者看到的不僅是連詞的省略，還有動詞和係詞等的缺席，對於這一問題，程抱一也有精辟的分析。他說，杜詩："日月籠中鳥，乾坤水上萍。"（《衡州送李大夫七丈勉赴廣州》）就是省略了表示比較的詞（"如同"等）。

這一省略的藝術效果是明顯的：它使雙重閱讀成爲可能，而且可以造成一種既緊張又相互作用的關係。對於第一句詩的理解，兩個比較項可以是"日月"，也可以是一個暗藏的"我"。因而，這句詩可以解爲"日月本身如同籠中之鳥"，或者是"在流逝的時間（漢語中：日月）中，我被囚禁，如同籠中之鳥"。我們以爲，後一種理解更進一步切合當時杜甫的身世。第二句詩可以用上述兩種方法來理解："在天地（乾坤）間，我如同水上浮萍"，或者是"宇宙（漢語中：天地）本身變化不定，如同水上浮萍"。[②] 同樣，後一理解較符合杜甫彼時的處境，所謂"身世浮沈雨打萍"。

（四）代替動詞的虚詞的用法

程抱一進一步考察中國古典詩歌，他發現詩人經常通過取消某些虚詞的手法，創造出詞語之間的某種虚空的境界。有的時候，詩人們卻是有意用一種特殊的手法，即用一個虚詞代替一個實詞（通常是動詞），可仍然是爲了在詩句中引入"虚"，是"通過替換"。杜詩這方面的範例也不少，其藝術技巧可見一斑。如：（1）"老年常道路，遲日復山川。"（《行次古城店泛江作不揆鄙拙奉呈江陵幕府諸公》）這裏的"常""復"是代替動詞的虚詞。（2）"幽薊餘蛇豕，乾坤尚虎狼。"（《有感五首》其二）此處的"餘""尚"是代替動詞的虚詞。（3）"生理何顔面，憂端且歲時。"（《得舍弟消息二首》其二）這裏的"何""且"是代替動詞的虚詞。（4）"片雲天共遠，永夜月同孤。"（《江漢》）此處的"共""同"是代替動詞的虚詞。（5）"一去紫臺連朔漠，獨留青冢向黄昏。"（《咏懷古迹五首》其三）這裏的"連""向"是代替動詞的虚詞。

總之，這類省略的最直接的藝術效果是鬆散了句法的約束，將其減至最少的幾個規

---

① ［法］程抱一著，涂衛群譯：《中國詩畫語言研究》，江蘇人民出版社，2006年，第40頁。

② ［法］程抱一著，涂衛群譯：《中國詩畫語言研究》，江蘇人民出版社，2006年，第40頁。

則。程抱一的分析與總結也是十分精辟。如果說字數較多的詩句更接近於文言文的話，那麼短小的五言的詩句，實際上是遵從着兩個規則發展的：（一）在一個固定的句段中，它的限定詞先於被限定詞；（二）在一個謂語是及物動詞的詩句中，要遵從主語＋動詞＋賓語的詞序。在這裏，程抱一強調了韻律節奏所起的作用，“它標示出詞語的重新組合”。而在這些詞語中，名詞、動詞（行爲動詞和性質動詞）、某些副詞在組合上，顯示出極大的靈活性。如五言詩句，其簡潔的特性有時會顯示出這樣一種情況：在名詞狀態和動詞狀態之間“搖擺”。當然，“搖擺”不是“不定”，某些組合形式是可以“預知的”：在停頓之前是名詞名詞、名詞動詞、動詞動詞、動詞名詞，在停頓之後是名詞動詞名詞、名詞名詞動詞、動詞名詞動詞、動詞名詞名詞。這是一般規律。在有些情況下，這種“搖擺”又會出現在一個詞上。因爲詞本身是沒有形態變化的，詞的性質並不由詞形標示，要視其所處的語境而定：“在一個句子結構中，一個詞的性質取決於圍繞它的成分（介詞、連詞、助詞等），而這些成分的缺席常常使對它的鑒定更加困難。”[①] 恰恰是這個“困難”有助於實現詩人的意圖，即根據自己表達情感的需要，選擇某一實詞的狀態：名詞或動詞。

三、陰陽軸——詩的句法層問題

在程抱一這裏，“陰陽軸”是以詩句爲單位的句法層，主要討論詩句間的音韻與形式關係。他注意到，在音韻上，杜詩間的“重音與非重音”“平仄”關係總是相互呼應的；而形式上，杜甫律詩中的“對仗句”與“非對仗句”往往會穿插出現。對仗能使了聯詩之間產生垂直聯繫，能够打斷前文的綫性叙述順序，在時間維度上引入空間。因而，律詩能在對仗與非對仗的交替之間生發出一雋永而深長的表意空間。“陰陽軸”觀念的確立，正是以音韻的平仄、輕重，句式的對仗與否構建出的多彩的詩意空間。

這是將詩歌形式與陰陽對子建立的聯繫，是程抱一對中國古典詩歌（特别是律詩）研究的重要貢獻。可以説，没有對中國古典哲學深入的理解與把握，是不可能做到這一點的。他甚至有些誇張地説，對中國人而言，陰陽交替代表了宇宙的根本節奏。在這本《中國詩畫語言研究》中，他探討了詩歌與其他藝術形式的關係，重點探討了詩歌與音樂的關係，如杜甫在詩歌創作中大量使用“歌”“行歌”“長歌”“高歌”“浩歌”“放歌”“狂歌”“放歌”“悲歌”“哀歌”之類詞，證明杜甫以詩爲歌，具有較强的歌者意識。

（一）律詩的節奏/拍

我們知道，在一首律詩中，一句詩可以是五音節的或七音節的，每個字就是一個音節。音節之間有停頓，一般情況下，一行五音節的停頓出現在第二音節之後（二三式），一行七音節的出現在第四音節之後（四三式），當然也有特例。這就是林庚先生總結的“半逗律”。

① ［法］程抱一著，涂衛群譯：《中國詩畫語言研究》，江蘇人民出版社，2006年，第47頁。

因而，停頓的兩邊存在着偶數（二或四）和奇數（三音節）的對比。關於節拍起的作用，程抱一是這樣説的："停頓除了起到節奏的作用，它還扮演句法角色，通過將一句詩中的詞語重新組合爲不同的小節，它們形成對比或有着因果關係。"[①] 的確是這樣，如杜甫的《春望》詩中有兩句"國破/山河在""感時/花濺淚"，都是以停頓來表示意象之間的鮮明對照的：國家破碎了，河山依然存在；因時世而傷感，連花朵都在流淚。王維的"人閑/桂花落，夜靜/春山空"（《鳥鳴澗》）也是以停頓來強調表面上看似互相獨立的意象之間，卻存在着微妙的聯繫。杜詩的停頓與王詩略有不同，後者暗示了"虛"。

（二）律詩的音樂效果

漢字是單音節文字，某些音節以及與它們相連的某些輔音聲母和某些韻母，擁有特殊的喚起聯想的力量，比如傳統修辭學中的"雙聲""疊韻"等，其音樂效果是非常明顯的，也是詩人們喜歡運用的。對這一點，程抱一看得非常清楚，他説，語音價值不是孤立的，常常是通過彼此對比來表現的。比如，韻母-an（它往往暗示憂鬱）可以與-ang 形成對照，後者有經常喚起一種激越的情感。比較而言，-ang 由於開口更大，而"戰勝"了由-an 體現的憂鬱。音韻與情感密不可分。因而，杜甫在他的《聞官軍收河南河北》詩中選擇一連串的-ang 韻來歌唱解放了的歡樂，便不是偶然的事情了。下面讓我們一起欣賞一下這首著名律詩：

> 劍外忽傳收薊北，初聞涕淚滿衣裳。卻看妻子愁何在，漫捲詩書喜欲狂。白日放歌須縱酒，青春作伴好還鄉。即從巴峽穿巫峽，便下襄陽向洛陽。

不愧爲杜甫"生平第一快詩"！

（三）律詩的句法層

律詩在句法方面最重要的現象是：對仗的詩句與不對仗的詩句的對比。在這方面，作爲律詩大家的王維、杜甫的詩作堪稱典範。爲了對仗，詩人往往采用一種不同的詞語秩序，創造出一個特殊的藝術世界。程抱一通過大量的詩例分析，歸結爲以下三種類型：感知詞序、倒裝詞序、打散的詞序。值得注意的是，程抱一在這裏多舉杜詩例子是很有説服力的。

何謂"感知詞序"？即是詩人不用習慣的傳統的句法，而是以其連續的觀感的順序來組織詞語，比如一幅風景、一種感覺等。如杜甫的祖父杜審言有一聯"雲霞出海曙，梅柳渡江春"（《和晉陵陸丞早春游望》），其詞序是：初升的朝霞意象和大江兩岸植物意象，植物的色彩顯示着季節的變化，即是詩人在行進過程中漸次捕獲到的意象。這種詞序的運用在杜甫手裏異常嫻熟，有時是一個場景，有時是一種色彩，有時是一種味道，它

---

① ［法］程抱一著，涂衛群譯：《中國詩畫語言研究》，江蘇人民出版社，2006 年，第 54 頁。

“引發”了詩人的感覺和記憶，如以下杜甫的三聯詩：

(a) 寺憶曾游處，橋憐再度時。(《後游》)

(b) 青惜峰巒過，黄知橘柚來。(《放船》)

(c) 滑憶雕胡飯，香聞錦帶羹。(《江閣卧病走筆寄呈崔盧兩侍御》)

第一聯引發詩思的是“寺”與“橋”兩個意象，加以強調放在句首。第二聯則是“青”和“黄”兩種彩色，亦強調之。第三聯又是強調“滑”與“香”兩種感覺。如此等等，都是詩人不曾預示的突出的意象，詩人的感覺和記憶是從這些意象中産生的。

同屬“感知詞序”，在有的情況下，詩人所試圖記録的是一種固定的狀態，而不是一系列意象，如“白花簷外朵，青柳檻前梢”(《題新津北橋樓得郊字》)，在這兩句詩中，“簷外”和“檻前”的成分構成不連續的表意符號，是兩種狀態，從視覺上表現人的世界闖入了大自然；或者大自然侵入了人的環境。通過這種文字的安排，詩人再現了一幕映入他眼簾的場景或者狀態。

所謂“倒裝詞序”，就是由顛倒句子的主語和賓語而構成的詞序，造成的藝術效果就不僅是對一種文筆效果的單純追求，而是打亂現實秩序，創造出事物之間另一種關係。對於這種“倒裝詞序”，論者每每舉杜詩的這一聯，程抱一也没有例外：“香稻啄餘鸚鵡粒，碧梧棲老鳳凰枝。”(《秋興八首》其八) 讀者在讀杜甫的這聯著名的詩句時，很快理解到並不是稻子啄食鸚鵡，也不是梧桐棲息在鳳凰上。需要強調的是，恰恰是在此對仗中，詩人“敢於”進行變形，去掉了可能顯得“偶然”或“任意”的東西。

同程抱一從這種錯亂中看到“倒裝詞序”一樣，海外漢學家多數都看到了杜甫此詩的語法技巧，甚至是語法之外的東西。如同爲法國漢學家的郁白這樣説：

> 該詩的語法也有些混亂：中文詩中主賓倒置，似乎是香稻在啄鸚鵡，又似乎是碧梧棲息在鳳凰身上；還有，鸚鵡真的有東西充飢嗎，因爲詩中説只有些“剩餘”(不同版本中的“殘”或“餘”) 的米粒供它啄食？鳳凰真能在“老”枝上棲息嗎？麥克克勞指出，這些迹象至少暴露了詩人的精神狀態 (自從長安淪陷以來，連樹的枝條也完全衰老了)，即現在滲入並改變了過去。①

實際上，杜甫在這裏並不完全是寫一種自然狀態，而是又一次自比鳥類，他覺得自己衰老了 (“老”)，成爲了多餘的人 (“殘”或“餘”)。

程抱一繼續舉杜詩“客病留因藥，春深買爲花”(《小園》) 來闡釋“打散的詞序”，

① [法]郁白著，葉瀟、全志剛譯:《悲秋:古詩論情》，廣西師範大學出版社，2004年，第172頁。

即通過一種看似任意的詞語組合方式，試圖創造出一種“整體”意象，從而賦予詩句一種略帶幽默的清醒色調。實際上，杜甫要表達的是：因爲經常生病，客居之中存放了一些藥品；又買了一些花，意在挽留正在離去的春天。又如“緑垂風折筍，紅綻雨肥梅”(《陪鄭廣文游何將軍山林十首》其五)，也是“打散的詞序”。杜甫描繪的是這樣一幅風景：竹筍爲風吹斷，緑色的竹葉懸垂在它們上面；浸透了雨水的梅花舒展她們粉紅色的花瓣。可以肯定的是，杜甫“改變了詞語的自然順序，以便去掉所有先後的意念，由此重建了一幅瞬間的整體景象”[①]。程抱一在分析了律詩的上述特點以後得出這樣的結論：

> 由此看來，律詩顯示爲對一種辯證思想的再現。彷彿在我們眼前上演的，是一出擁有四個時段的戲劇，而這出戲劇的發展服從於空間一時間的生機勃勃的規律。[②]

這個規律的傳統模式是：律詩第一聯已定的時間→第二聯静態空間→第三聯動態空間→第四聯敞開的時間。可是，也有特殊的例子，有的以對仗的一聯結束律詩，好像是要將一種空間秩序維持到底。有的如上舉杜甫的《聞官軍收河南河北》，此詩包含了連續對仗的三聯。更爲特別的是杜甫的那首被稱作千古七律第一的《登高》，是四聯皆對。

杜甫的《聞官軍收河南河北》《登高》等詩確實是例外，然而不失爲好詩。他的《咏懷古迹五首》其三又是什麽樣子呢？

> 群山萬壑赴荆門，生長明妃尚有村。
> 一去紫臺連朔漠，獨留青冢向黄昏。
> 畫圖省識春風面，環佩空歸月夜魂。
> 千載琵琶作胡語，分明怨恨曲中論。

漢元帝時，王昭君出塞和蕃。此一故事廣爲後世流傳，文學史上出現過大量的詩文戲曲作品。相較而言，杜甫的高明之處在程抱一看來是這樣的：

> 在此，詩人所著眼的，除了受挫的命運的思想，還有人在面對一種敵意的自然環境時的脆弱，以及穿過這一對峙，進入與一個别樣的世界的交融；在那裏，遺憾混合着奇妙。[③]

① 參見程抱一著，涂衛群譯：《中國詩畫語言研究》，江蘇人民出版社，2006年，第65—66頁注釋。

② [法]程抱一著，涂衛群譯：《中國詩畫語言研究》，江蘇人民出版社，2006年，第68頁。

③ [法]程抱一著，涂衛群譯：《中國詩畫語言研究》，江蘇人民出版社2006年，第69—70頁。

怎樣“混合着”？首聯和尾聯緊緊扣住昭君，按時序展開她的生活：首聯回顧了昭君在家鄉的村莊度過的少女生活；尾聯寫了她死後的生活，即是演變了的、在時間中流傳的生活。首尾兩聯靠什麽加以聯綴？由“萬壑”加以強調，並被尾聯中的“千載”回聲般地再次重複。中間兩聯對仗，通過幾個突出的意象“記載”了那些標誌着明妃的命運的“悲劇性”的事件。這些意象兩兩相對，或者互相對比，或者互相調換，突出了其藝術效果。可是在這兩聯之間，卻存在着一重由靜態→動態的轉化關係。在這裏程抱一分析了此詩的“奇妙”之處。

第二聯（“一去紫臺連朔漠，獨留青冢向黄昏”）都是由動詞形式（“一去”和“獨留”）起始，後面跟着介詞（“連”和“向”）的詩句組成。這一句法結構賦予句子一種被動的語調並確立了一種單一的走向 A→B，它恰如其分地傳達出王昭君的命運，這一命運是由與她的意志不符的力量決定的。

在第三聯（“畫圖省識春風面，環佩空歸月夜魂”）中，句子的動詞“識”和“歸”都被置於中間，聯繫起其他詞語；人稱代詞和介詞的省略消除了所有方向的意念。“畫圖”和“春風面”（這一聯的第一句詩），正像“環佩”和“月夜魂”被置於對等的平面上 A←→B，處於一種持續的往返關係中。

以上兩聯之間的句法轉化的必然結果是，意象的組織同樣追隨一種轉化過程。在第二聯中，四個彩色成分：紫臺（＝皇宫），朔漠、青冢（傳説中，王昭君失落在沙漠中的墳冢，始終保持常青）、黄昏，既互相對比同時又互相協調，並形成一幅面向第三聯的畫圖，這聯恰恰由這個詞開始：畫圖。人們知道，在王昭君的生活中一幅畫所扮演的致命角色，但是她的生活本身，卻不是一幅人工的畫圖，而是成爲一個金色傳奇中的意象。詩人借助約定俗成的意象，如“春風”＝女子的面孔、“環佩”＝女性身影、“月夜魂”＝囚禁在月亮上的仙女嫦娥，都是來自大自然中的現象，將明妃的身影巧妙地納入到一個充滿了孤獨的宇宙中，在那裏，自然與超自然相混合着。這樣，過去和現在，此處和别處融合在一個充滿活力的空間中，這一空間又拒絶向時間的無情流逝讓步。真是高妙！可是在最後一聯重新引入時間的意念。時間與空間就是這樣轉換着。同時，“遺憾與怨恨本身化作一支歌（王昭君在她生活在匈奴中間的一生裏，成爲一位傑出的琵琶彈奏家，琵琶是源自中亞的樂器），它的餘音一直傳入我們耳中”①。程抱一細致的分析，讓我們看到：杜甫的確是一個運用“承襲意象”的高手。

四、天地人——詩的篇章層問題

“天地人”，這是以意象爲單位的篇章層的問題。程抱一冠之以“天地人”之名，試圖從整體上探討詩歌中常用的比興手法。程抱一借用中國古老的“天地人”三才的概念，

① ［法］程抱一著，涂衛群譯：《中國詩畫語言研究》，江蘇人民出版社，2006 年，第 71 頁。

説明詩歌追求的“情景交融”，其實就是“人”在天地之間以自我之精神與自然融合，促進天地流轉的過程。由此道出唐詩寫作背後的審美趣味與終極追求。三才之中人更是成爲天地之間的第三元，促進着情與景的交融，最終達到“天人合一”的理想境界。這裏牽涉到的首先是意象素材問題。

（一）意象素材

程抱一對杜詩意象素材的研究很獨到。如在安史之亂期間，被羈押在長安的杜甫寫了一首題爲《月夜》的詩，懷念遠在他鄉的妻子兒女，詩人想像妻子在月下獨自長時間站立冥想的情景。其中有這樣兩句：“香霧雲鬟濕，清輝玉臂寒。”“雲鬟”和“玉臂”的意象是因襲前人的，這就是詩歌意象的承襲性。在中國詩歌傳統中，人們根據女人頭髮輕柔飄逸的特徵，將它比喻爲卷雲；玉的意象用來形容一位皮膚白皙柔滑的女子的臂膀。這些意象幾乎是平庸的，非常陳舊的。但是，在這裏，幸而有了與它們相伴的其他意象，方顯得清新而不落俗套，並且必不可少。細析起來，“雲鬟”與“香霧”相連結，讓妻子更顯大氣。結束詩句的動詞“濕”，非常恰當地烘托出各意象之間的聯繫，將它們融合成一個不可分的整體。

同樣，在第二句中，“玉臂”的意象自然帶出“清輝”的意象，而且由月亮（它也被稱爲“玉盤”“玉輪”）投射下的光輝，也可以看成是由女人裸露的臂膀散發出的。展現月夜的動詞“寒”，似乎也描述了人們在觸碰一塊玉時的感覺。因此，這裏因襲的隱喻不但没有使詩句落入“窠臼”，而且它們的巧妙地組合，創造出意象之間的一些內在的和必然的聯繫，自始至終將它們如此保持在隱喻層。這就是化腐朽爲神奇，這就是漢字符號的非凡魅力。

杜甫十分擅長將“現成”的意象連結起來，以此構成一種既符合邏輯又出人意料的藝術結構。如爲人們津津樂道的：“朱門酒肉臭，路有凍死骨。”（《自京赴奉先縣咏懷五百字》）通過描寫貧富不均揭露社會不公。在這兩句詩中，他將一些往往是因襲的意象加以對比：“朱門”（＝富人的住宅），“酒肉”（＝佳餚、宴飲），“路或者道路”（＝無家可歸、流浪），“白骨”（＝無人掩埋的死者）。第一句詩描寫了富人家奢侈淫逸的生活排場，與第二句展現的窮人的慘狀形成強烈對比，采用的是一連串語言中常見的隱喻。

其實，這類“現成”的意象、因襲的意象，就是西方流行過的帕利－勞德理論中的現成用語或套語理論。杜甫以“語不驚人死不休”自命；“讀書破萬卷，下筆如有神”的學習經歷和創作實踐，以及“轉益多師是汝師”的學習態度，還是讓杜詩中出現不少與帕利－勞德理論相吻合的地方。在這裏，觸動人的首先是“朱門”和“（凍）路”意象构成内外關係，形成鮮明對照；其次是“肉”和“骨”又根據生死關係形成對比；最後，從整體上看兩句詩通過紅白色彩（“朱”的“骨”）反差形成對比。系列對比給人的感受是：朱門帶出滲血的肉食，正在腐爛的肉食似乎不過是窮人的正在解體的肉體：朱門→血紅的肉食→腐肉→解體的肉體→枯骨。这就是程抱一所归结到的“建立在聯想和對比雙重平面上、通過内在孕育而進展的一種隱喻語言”[①]。

還有一類是杜甫巧妙運用各種修辭手法。如上舉這兩句詩中，“朱門”和“酒肉”的意象應該被看成是提喻，而“路或者道路”的意象則應歸入换喻。在這裏，程抱一舉到了杜甫在成都寫的《春夜喜雨》，詩的最後一聯“曉看紅濕處，花重錦官城”，描述了一場喜雨過後成都鮮花盛開的面貌。他用了“錦官城”這一成都市的傳統名字，一方面延伸了花的意象，另一方面暗示了詩人（流落的官員）參與鮮花盛開的春天的節日時的歡樂。同様道理，在上舉《月夜》中“遥憐小女兒，未解憶長安”中的“長安”，一方面指唐朝的首都，一方面又有“長久平安”的意思。這實際上就是修辭學上的雙關用法。

（二）詩作分析

中國詩歌史的發展顯示，中國詩人多數都會妙用一種隱喻語言，這種語言由一整套象徵修辭手法構成。這些修辭手法凝結了整個民族的想像力和情懷，即通過賦予事物以人倫的含義，一方面創造出符號與事物之間别樣的關係；另一方面，創造出符號與符號之間的聯繫，而這重聯繫恰恰取决於連結事物的自然聯繫。程抱一在分析這種特殊的語言現象時，采用了 R. 雅可布森所定義的隱喻和换喻的修辭概念，重在闡釋一種由“内在孕育”方式進展的語言的機理。他用此原理進一步分析上舉兩聯詩句，他以爲这一“内在孕育”不是按照詩人叙述的邏輯，而是遵循着存在於它們之間的相似或矛盾而展開：雲鬟—香霧，玉臂—清輝，朱門—滲血的肉食等等，可以説是一個形象引發了另一個形象。同時，這裏隱喻形象的運用，比普通語言符號更有“换喻潛力”，如雲鬟＞頭髮，朱門＞富人的住宅，就更不用多説這些意象帶來的簡練了：“朱門”而非“在富人的住宅裏”；“玉階”而非“在一位女子的住所前”。[②]

程抱一的力作《中國詩畫語言研究》在西方和中國都産生了巨大影響。其主要理論貢獻是把對詩歌語言與一般語言不同的研究稱爲被動手段的研究，把對嚴格意義上的形式，如律詩和絶句中的節奏、韻律、音樂效果等稱之爲主動手段的研究。程抱一列舉了杜甫、王維、李白、李賀、杜牧、李商隱等大手筆的大量詩篇，以説明中國詩歌語言往往用省略人稱代詞、介詞、時間狀語、比較詞語和動詞的手法，來表達其獨特的情韻。特别是他在“詩歌的主動手段”一節中，從符號角度透徹分析了律詩、古詩等特有的結構形式。南京大學錢林森教授評論説：“法籍華人程紀賢先生是能够領悟唐詩之奥妙而又能精確地把握它揭示給西方讀者的爲數不多的研究者之一……他在兩著作中運用歐洲的新的批評方法，爲探求中國古詩的高峰——唐詩的奥秘，借他山之石，攻本國之玉，作出了可貴的卓具特色的嘗試。這一嘗試，無疑爲研究中國古典詩詞拓開了一條新路。”[③]

---

① [法]程抱一著，涂衛群譯：《中國詩畫語言研究》，江蘇人民出版社，2006 年，第 88—89 頁。

② [法]程抱一著，涂衛群譯：《中國詩畫語言研究》，江蘇人民出版社，2006 年，第 95 頁。

③ 錢林森：《牧女與蠶娘——法國漢學家論中國古詩》，上海古籍出版社，1990 年，第 375 頁。

的確，這一嘗試，即將杜詩爲代表的唐詩拆分爲字、句、章幾個層次，又在每個層次上找到最小單位，諸如虛詞與實詞、重音與非重音、平與仄、對仗句與不對仗句，考察它們之間的組織方式——這一典型的結構主義方法論，不僅爲西方，也爲中國古典詩詞研究拓開了一條可資借鑒的新路。

The Pursuit of Fusion and Transcendence

—The Study on Du Fu's Poems by Mr. François Cheng

Zhao Ruicai　Liu Bingli

Abstract: François Cheng is a famous sinologist of Chinese French nationality. His multi-dimensional analysis of the essence embodied in Chinese poetry, Chinese books and calligraphy reflects his expounding the fate of China philosophy and the spirit of the universe, his realization of the true meaning of China art represented in harmony of luck, fictitious and realistic comparison between Yin and Yang, his grasp of western art, philosophy and literature. He thought that the system of Chinese characters, as ideographic characters, formed a complex and unified symbol network, subject to structuralism, symbolism and certain opposing laws. In the analysis of China poetry and painting, he cited the examples of Du Fu's poems, the point of view was the special grammatical structure of Chinese poetry, represented by Du's, and his soul's deep strong feelings, its uniqueness and creativity, became the Third Element beyond the Chinese and Western culture, which was his pursuit of fusion and transcendence.

Keywords: François Cheng; study on Du Fu's poems; Semiotics; the pursuit of the Third Element; thefusion and transcendence

美國漢學家康達維對漢代文學研究的開拓*

王格格

[摘　要] 康達維（David R. Knechtges，1942—　）教授作爲美國漢學尤其是漢魏六朝文學研究領域的巨擘，在其五十多年的治學過程中，取得了諸多開創性的成果。首先，康達維對漢魏六朝文學進行了廣泛、綜合而深入的研究，特別是對辭賦的源流、真僞、文本内容、文化現象等多個方面的探討。另外，《昭明文選》的全文英譯一直是康達維畢生最大的課題與貢獻，他也在古籍的翻譯理論方面總結出不少經驗。作爲歐美漢學界的領軍人物，康達維積極地發揮了其作爲文化交流使者的作用。一方面，他的作品陸續被譯介、引進到中國學界，提供了新穎的研究視角及豐富的可借鑒成果；另一方面，他與中西方同仁合作編寫或翻譯的作品，也頗爲成功地帶動了學術成果的雙向輸出。

[關鍵詞] 康達維；漢魏六朝；漢學；《文選》

美國西雅圖華盛頓大學東亞系榮休教授康達維（David R. Knechtges）是美國著名的漢學家，在漢學研究領域深耕近半個世紀，特别是在漢魏六朝文學研究領域取得了巨大成績，是公認的美國漢學巨擘。

1942 年，康達維出生于美國蒙特拿州，並在華盛頓州長大。原先在高中青睞音樂及漁業的他，在高四選修了“遠東歷史”課，並偶然聽了德國漢學家衛德明（Hellmut Wilhelm）教授關於中國的演講，自此對中國語言、歷史與文化産生濃厚興趣，並決定以此爲主修。雖然大二才開始接觸中文，但康達維以廢寢忘食的毅力迅速掌握了這門精深的語言，打下日後譯介漢語典籍的基礎。同時，整個大學期間，康達維爲能更深入瞭解中國歷史，開始研究中國文學，並在學習德文的過程中與《昭明文選》結下不解之緣。1964 年秋季，康達維以優異成績獲得華盛頓大學中文學士學位，並在次年便修得哈佛大學中文碩士學位。之後，他重返華盛頓大學，在啓蒙老師衛德明教授的指導下，於 1968 年 25 歲之時憑藉對揚雄及其賦作的研究論文①

【作者簡介】王格格（1994—　），女，江蘇揚中人。美國哥倫比亞大學碩士研究生。研究方向：國際漢學、雙語雙文化教育。

* 本文的寫作是在南京大學文學院卞東波教授指導下完成的，特地致謝。

① David R. Knechtges, "*Yang Shyong, the Fuh, and Hann Rhetoric*," Ph. D. Diss., University of Washington, 1968.

獲得博士學位，並接續在哈佛、耶魯任教多年。從 1972 年開始，康達維在華盛頓大學亞洲語言文學系從教 42 年，並於 2014 年退休。雖已進入古稀之年，康達維先生仍然孜孜不倦地持續着他的學術研究事業，包括擔任劍橋大學出版社的《中華文明史》英文版主編、對《文選》的後續翻譯以及中古中國文學史的研究。

眼光獨到的康達維教授對中國古典文學中“賦”這個文體情有獨鍾，力圖改變學界對賦的偏見。他還綜合研究了這一時期其他的作家作品，取得了豐碩的成果。早在 1968 年 26 歲時，康達維就出版了他個人的第一部專書《兩種漢賦研究》①。在 1970 年發表的《中國早期文學的機智、幽默與諷刺》② 一文中，康達維對宋玉《登徒子好色賦》進行了出色翻譯和分析。同年，康達維和史萬森（Jerry Swanson）合著了《激發皇子：枚乘〈七發〉》③，文章首先討論了《七發》的源流，其采取的對話形式可追溯到《戰國策》的縱横家言，而通過呈現一系列誘惑來激發生病皇子的寫法則出自《楚辭》的《招魂》。接着他指出，對話形式、同義重複、疊詞、排比結構及誇張手法等是這篇賦作最突出的特點，這些修辭手段是爲了增强語言的吸引力，並間接促使太子重視對學術知識的汲取。作爲西方漢學界對揚雄研究最爲透徹的學者，康達維於 1976 年出版了他的第二部專書《漢賦：揚雄辭賦研究》④。這部著作是由八年前他在華盛頓大學完成的博士論文《揚雄：賦與漢代修辭》⑤ 修改而來。全書共分爲六個章節，不僅詳細介紹了揚雄的生平思想、作品成就，更可看到康達維以揚雄爲出發點對漢賦進行了整體性的研究。1988 年，在《論賦體的源流》⑥ 一文中，康達維將目光集中到對辭賦源流及原義的深入考察上，以石楠花爲喻，精簡而形象地闡發了賦的内涵與發展。根據最早將賦著録爲文學體裁的劉歆《詩賦略》中的相關内容，他指出“誦讀”才是賦最初的本質，並非“鋪陳”。

康達維對宫廷文化向來給予極高的關注，1999 年發表的論文《漢代文學中對朝廷的批評》⑦ 以揚雄《甘泉賦》《校獵賦》《解嘲》《酒箴》等作品爲例，集中探討了漢代文學諷諫朝廷的原因及策略。2000 年發表的論文《挑出野草與選擇嘉卉：中國中古早期

---

① David R. Knechtges, *Two Studies on the Han Fu*, Parerga 1. Seattle: Far Eastern and Russian Institute, University of Washington, 1968.

② David R. Knechtges, "Wit, Humor, and Satire in Early Chinese Literature (to A. D. 220)," *Monumenta Serica* 29 (1970—1971): 79—98.

③ David R. Knechtges, Co-author, with Jerry Swanson, "The Stimuli for the Prince: Mei Ch'eng's Ch'i-fa," *Monumenta Serica* 29 (1970—1971): 99—116.

④ David R. Knechtges, *The Han Rhapsody: A Study of the Fu of Yang Hsiung (53 B. C.—A. D. 18)*, Cambridge, London, New York, and Melbourne: Cambridge University Press, 1976.

⑤ David R. Knechtges, "Yang Shyong, the Fuh, and Hann Rhetoric," Ph. D. Diss., University of Washington, 1968.

⑥ 康達維:《論賦體的源流》,《文史哲》1988 年第 1 期。

⑦ David R. Knechtges, "Criticism of the Court in Han Dynasty Literature," in *Selected Essays on Court Culture in Cross-Cultural Perspective*, Taipei: National Taiwan University Press, 1999, 51—77.

文選》[①] 中，康達維對中國文章選集的傳統進行了系統的梳理，他將《文選》比作是精心組織編排了多種文類的植物園，但這座植物園中所種的植物都是較基本、常見的品種，將一些“異類”排除在外。2002 年，英國亞斯哥特出版社（Ashgate Publishing）出版了康達維的論文集《古代中國早期的宫廷文化與文學》[②]，此書收録了 1972 年至 1999 年之間康教授具有廣泛影響的代表性研究成果，共十四篇學術論文。此書的中文版《康達維自選集：漢代宫廷文學與文化之探微》於 2013 年由康教授弟子蘇瑞隆教授翻譯完成，在上海譯文出版社出版。

康達維十分擅長通過簡短的文本透視更宏大的問題，正如《睹乎巨麗：中國早期皇家美學探索》[③] 一文，他從一些賦作、詩歌中審視了早期中國對宫廷“巨麗”之美的推崇現象，深入到民族美學的範疇剖析中國文化，見解獨到。康達維後期的研究重心逐漸放寬，在詩歌、辭賦外，關注到更多的文學文化現象。如 2003 年創作的《甜皮的橘子或南方之金？——論西晋文學中的地域認同》[④] 試圖透過文學文本揭示它所隱含的歷史文化背景。西晋攻克東吴後，南北文化的差異與對抗漸漸在朝堂上凸顯，兩方士子皆以自己的地域爲尊，康達維檢視了西晋幾位元重要文學人物的作品以挖掘這種地域認同矛盾的本質。《三世紀中國遜位與登基的修辭：魏代曹丕的登基》[⑤] 系統梳理並部分翻譯了有關曹丕登基的章表奏議類作品，並分析了其中的修辭技巧。《關鍵字、寫作目的與闡釋：司馬遷〈報任安書〉》[⑥] 指出，《報任安書》並非是單純的個人書寫，司馬遷在字裏行間透露出希望將這封回信中包含的思想傳遞給子孫後代的公開化目的，康達維由此拓展了文體功能單一化的傳統看法。2003 年，康達維加入《劍橋中國文學史》的撰寫團隊，負責東漢至西晋年間文學史的編纂。而在他所完成的部分，例如對張衡、馮衍、劉琨、盧諶等人介紹與評析，大多數觀點都出自他歷年發表的研究論文中，這也使得康教授的文學史平添了更多學術元素和個人視角。康達維教授在漢魏六

① David R. Knechtges, "Culling the Weeds and Selecting the Prime Blossoms: the Anthology in Early Medieval China," *Culture and Power in the Reconstitution of the Chinese Realm 200—600*, edited by Scott Pearce, Audrey Spiro, and Patricia Ebrey, Cambridge: Harvard University Press, 2000.

② David R. Knechtges, *Court Culture and Literature in Early China*, Variorum Collected Studies Series, Aldershot, Hants, England: Ashgate.

③ 康達維:《睹乎巨麗:中國早期皇家美學探索》,第三届國際漢學會議論文集文學組:《文學、文化與世變》,(臺北)“中央”研究院中國文哲研究所,2002 年,第 44—66 頁。

④ David R. Knechtges, "Sweet-peel Orange or Southern Gold? Regional Identity in Western Jin Literature," *Studies in Early Medieval Chinese Literature and Cultural History: In Honor of Richard B. Mather and Donald Holzman*, edited by Paul W. Kroll and David R. Knechtges. Provo, Utah: T'ang Studies Society, 2003, 27—81.

⑤ David R. Knechtges, "The Rhetoric of Imperial Abdication and Accession in a Third-Century Chinese Court: The Case of Cao Pi's Accession as Emperor of the Wei Dynasty," In *Rhetoric and the Discourses of Power in Court Culture China, Europe, and Japan*, edited by David R. Knechtges and Eugene Vance, Seattle: University of Washington Press, 2005.

⑥ David R. Knechtges, "Key Words, Authorial Intent, and Interpretation: Sima Qian's Letter to Ren An," *Chinese Literature Essays Articles and Reviews* 30(December, 2008):75 84.

朝文學研究上的業績也得到了中國學界的重視，他的研究成果也陸續被譯介到國内，在中國大陸、臺灣等地出版了大量他的論述的中譯本。康達維進入花甲古稀之年後，在學術上的追求並未有絲毫的放鬆，延續其以小見大的研究方式，發表了《婚姻與社會地位：沈約〈奏彈王源〉》①、《早期中古中國的别墅文化：以石崇爲例》② 等文章，還在2014年出版了與其夫人張台萍女士合著的《古代及早期中古時代的中國文學：參考手册》③，這是第一部有關早期中古文學的全英文參考手册，包含了不少於775個條目的權威解釋及最新最詳細的文獻來源資料，大部分來自于康達維教授在此前四十餘年授課及研究過程中積累下來的筆記、草稿，是研究早期中國文學、歷史及哲學的學生和學者不可或缺的珍貴材料。編者收集了文學作品的多國語言翻譯版本及漢學研究資料，注意到了許多之前未受重視的作家作品。此外，從它兼收了歷史、哲學、宗教人物及作品的做法上，我們還能看到康達維對“文學”外延性的理解。④

翻譯不僅是海外普通讀者瞭解中國文學的第一條管道，更是海外學者研究漢學的重要依據，而翻譯的過程本身就是説明譯者深入掌握文本的途徑。於是，研究的熱情促使康達維踏上一條譯介中文典籍之路。1982年，康達維出版了第二部有關揚雄的著作《揚雄的漢書本傳》⑤。此前在各種論文中，康教授已經陸續翻譯了揚雄的不少作品，這次他利用不斷積累的翻譯經驗，再次修改潤色，力求將翻譯做到更爲準確而富有詩意，同時將大量相關的背景知識容納到注脚之中，爲讀者提供了學術上的便利及文學上的享受。康教授於1990年在《漢魏六朝的駢文》⑥ 中介紹了駢文的特點，並翻譯了幾篇重要的駢文作品，包括孔融《薦禰衡表》、李密《陳情表》、陸機《辯亡論》、潘岳《楊荆州誄》和劉琨《勸進表》，每篇譯文前都簡述了寫作背景與内容。

20世紀90年代後期以來，康達維連續發表了幾篇闡述辭賦翻譯原則及方法的文章，包括《翻譯的問題：論文選的英譯》⑦、《翻譯辭賦的問題》⑧、《翻譯的險境和喜悦：中國

---

① David R. Knechtges,“Marriage and Social Status: Shen Yue's ‘Impeaching Wang Yuan’,” in *Early Medieval China Sourcebook*, ed. Wendy Swartz, Robert Ford Campany, Yang Lu, and Jessey J. C. Choo, New York: Columbia University Press, 2014, 166–175.

② David R. Knechtges,“Estate Culture in Early Medieval China: The Case of Shi Chong,” *Early Medieval China Sourcebook*: 9.

③ David R. Knechtges, Co-author, with Zhang Taiping, *Ancient and Early Medieval Chinese Literature: A Reference Guide*, Leiden: E. J. Brill, 2014.

④ Sun Changwu, Review of Ancient and Early Medieval Chinese Literature: A Reference Guide, Part One. translated by Nicholas Morrow Williams, *T'oung Pao* 98 (2012): 590–593.

⑤ David R. Knechtges, *The Han shu Biography of Yang Xiong (53 B. C.–A. D. 18)*, Tempe, Arizona: Center for Asian Studies, Arizona State University, 1982.

⑥ David R. Knechtges,“Han and Six Dynasties Parallel Prose,” *Renditions* 33–34(1990): 63–110.

⑦ David R. Knechtges,“Problems of Translation: The Wen hsu? an in English,” in Eugene Eoyang and Lin Yao-fu, eds, *Translating Chinese Literature*, Bloomington and London: Indiana University Press, 1995, 41—56.

⑧ David R. Knechtges,“Problems of Translating the Fu,” *An Encyclopaedic Dictionary of Chinese-English/English-Chinese Translation*, Chinese University Press, Hong Kong, 1995.

經典文獻的翻譯問題》[①]、《玫瑰還是美玉：中國中古文學翻譯中的一些問題》[②] 等。這些翻譯思想在他最富盛名的《文選》翻譯中隨處可見，1982 年《昭明文選英譯第一册：京都之賦》在美國普林斯頓大學出版社出版，之後在 1987 年和 1996 年又陸續完成了第二、第三册的翻譯。另外，康達維對班婕妤、左棻兩位元女作家作品的翻譯被收入孫康宜、蘇源熙主編的《傳統中國的女性作家：詩歌與評論文集》中。他的大部分學術論文也都是翻譯加學術的集合體，他在論文中提到的重要文學作品都被其譯成了英文，然後在此基礎上進行討論。

康教授除了對《文選》的翻譯投入了極大的熱情與精力之外，也積極譯介中國學者的學術著作，例如擔任龔克昌先生的《漢賦研究》（英文版 1997 年出版[③]）的譯者及袁行霈主編的《中華文明史》（英文版 2012 年出版）的英譯主編。其中，由袁行霈、嚴文明、張傳璽、樓宇烈主編的北大出版社四卷本《中華文明史》從 1999 年至 2006 年歷經六年撰成，由北京大學國學院彙集了文、史、哲、考古方向的 36 位專家學者，闡述了中華文明幾千年的發展歷程。因此這部學術著作的外譯也意義重大，它的翻譯將第一次系統而全面地向西方讀者展示中華文明的演進史，也是中國人文學者的研究成果與海外漢學家的一次交流切磋。而這樣任重道遠的任務正是由康達維教授領銜主持的。2007 年開始，康達維便組織力量進行英譯，歷時五年終告完成，並於 2012 年 4 月由劍橋大學出版社出版。《中華文明史》包含了博大精深的中華文化，其帶來的翻譯困難也不容小覷。學科面廣、典籍引文多、專業術語多[④]是這部書的特點，因此在英譯本問世之前，康達維與北大國學研究院舉辦多次討論會，就引文和重要術語、專有名詞的翻譯問題進行了深入的推敲與探討。這説明《中華文明史》的翻譯不再是譯者單方面的推測與創作，而是在尊重作者原意的基礎上進行的十分細緻考究的工作，因此主編之一袁行霈教授對譯文忠實於原文、原意給予了充分的肯定。[⑤] 康達維教授對《中華文明史》的翻譯不僅是康達維晚年自身的學術成就之一，更代表了新時代中外學者共同推進中國文學文化研究的發展趨勢，身爲國際漢學家的辛勤付出與其注入的新鮮理念也使得中外合作下的漢學研究相得益彰。

總之，康達維教授對漢魏六朝文學進行了廣泛、綜合而深入的研究，尤其在辭賦方

---

① David R. Knechtges, "The Perils and Pleasures of Translation: The Case of the Chinese Classics," *Tsing Hua Journal of Chinese Studies* 34. 1(2004): 123–149.

② 《玫瑰还是美玉：中國中古文學翻译中的一些问题》，載趙敏俐、佐藤利行主編：《中國中古文學研究：中國中古（汉—唐）文學國际學术研讨会论文集》。學苑出版社，2005 年。（英文版："Rose or Jade—Problems in Translating Medieval Chinese Literature", in Institute of Chinese Studies Visiting Professor Lecture Series(Ⅲ), *Journal of Chinese Studies Special Issue*, Hong Kong: The Chinese University of Hong Kong, 2013, 1–22.）

③ Gong Kechang, *Studies of the Han Fu*, Editor and co-translator, David R. Knechtges, American Oriental Series 84, New Haven: American Oriental Society, 1997.

④ 朱邦芳：《國學研究院舉辦〈中華文明史〉（第一卷）英文譯稿討論會》，《北京大學學報》（哲學社會科學版）2008 年第 2 期。

⑤ 朱邦芳：《國學研究院舉辦〈中華文明史〉（第一卷）英文譯稿討論會》，《北京大學學報》（哲學社會科學版）2008 年第 2 期。

面，涉及源流、真僞、文本内容、文化現象等多個方面的探討，而其早期的大多數優秀成果均可在《康達維自選集：漢代宫廷文學與文化之探微》中一窺究竟。另外，《昭明文選》的全文英譯一直是康達維畢生最大的課題，爲了確保翻譯的準確度與包容性，他堅持精細的翻譯方法，更在這一過程中，在古籍的翻譯理論方面總結出不少經驗之談。作爲歐美漢學界的領軍人物，康達維教授積極地發揮了其作爲文化交流使者的作用。一方面，康達維在漢魏六朝研究上的成績得到海内外學者的認可，他的作品陸續被譯介、引進到中國學界，提供了新穎的研究視角及豐富的可借鑒成果；另一方面，他與中西方同仁合作編寫或翻譯的作品，如《劍橋中國文學史》《中華文明史》之類，也頗爲成功地帶動了學術成果的雙向輸出。

目前國内以康達維教授爲中心的文章大都集中討論其《文選》英譯的翻譯標準與學術價值問題；而比起康達維本人，他的作品首先陸續得到了國内學者的注意，並自 1988 年開始，在《古典文學知識》《國際漢學》《文史知識》《文史哲》等國内著名學術期刊上翻譯並登出。其中如《道德之旅：張衡的〈思玄賦〉》《漸至佳境：魏晋南北朝時期的食物和飲料》《漢頌——論班固〈東都賦〉和同時代的京都賦》等文章，後來在蘇瑞隆教授的進一步修改整合之下，收録在中文版康達維自選集中①。這本論文選集彙集了康達維多年的代表性研究成果，通過這本書便可瞭解康達維及歐美賦學研究的思想精華。除此之外，蘇瑞隆還與龔航合作翻譯了《龔克昌教授〈漢賦研究〉英譯本序》②。康達維將龔克昌教授致力於漢賦研究的過程娓娓道來，並就其《漢賦研究》一書的主要觀點進行了詳細的介紹説明。

2003 年，由蘇瑞隆、龔航主編的《廿一世紀漢魏六朝文學新視角：康達維教授花甲紀念論文集》③ 出版，廣邀同行學者以漢魏六朝文學爲主撰文慶賀康達維教授的六十大壽。書中附有蘇瑞隆編寫的《康達維先生略傳》《康達維先生學術著作編年》及《歷屆博士、碩士弟子及論文一覽表》，讀者能通過這些信息全面瞭解康達維的生平與業績。而與康達維交往甚密的龔克昌教授作《海記憶體知己——回憶與康教授的交往》④ 一文爲序，如題陳述了與康教授 17 年的友誼，康教授的熱情、真誠與扎實的漢學功力讓龔教授贊賞不已。

2005 年，涵蓋了康達維重要翻譯見解的 *Rose or Jade—Problems in Translating Medieval Chinese Literature*（《玫瑰還是美玉——中國中古文學翻譯中的一些問題》）一文由李冰梅翻譯，收録於《中國中古文學研究：中國中古（漢—唐）文學國際學術研討會論

---

① [美]康達維著，蘇瑞隆譯：《康達維自選集：漢代宫廷文學與文化之探微》，上海譯文出版社，2013 年。

② 蘇瑞隆、龔航譯：《龔克昌教授〈漢賦研究〉英譯本序》，《文史哲》1998 年第 6 期。

③ 蘇瑞隆、龔航主编：《廿一世紀漢魏六朝文學新視角：康達維教授花甲紀念論文集》，（臺北）文津出版社，2003 年。

④ 蘇瑞隆、龔航主编：《廿一世紀漢魏六朝文學新視角：康達維教授花甲紀念論文集》，（臺北）文津出版社，2003 年，第 31 頁。

文集》之中。康達維通過比較貼近原文的翻譯與自由形式的翻譯，指出後者可能會曲解原義而違背翻譯的初衷，並舉親身之例説明了翻譯其實是真正“治學”的過程，傳達出細讀慢品、仔細推敲文本字詞的藝術實踐給他帶來的快樂與享受。劉歡萍則選譯了《文選》英譯本的前言部分，於2011年的《古典文獻研究》第十四輯中發表，方便國內學者認識到康達維對《文選》編纂、梁代文學及編者蕭統的理解與思考。

康達維教授的弟子——現任新加坡國立大學中文系教授的蘇瑞隆，爲向老師表達敬意並將西方賦學研究的重要成果介紹給中國賦學界，整理、翻譯並出版、發表了諸多有關康達維的學術作品。2011年發表於《湖北大學學報（哲學社會科學版）》的《異域知音：美國漢學家康達維教授的辭賦研究》系統而全面地介紹了康達維在中國古代辭賦研究、譯介及學術交流、傳播等方面的代表性成就，共包含四個方面：《昭明文選》所收賦篇的英文翻譯、對漢魏六朝賦篇的具體剖析、對西漢賦家揚雄的全面探討以及關於中國古代賦學的若干專題研究。首先，在有關《文選》英譯的部分，蘇瑞隆總結了在康達維之前學界對《文選》作品的翻譯狀況，但這些學者大多僅翻譯了《文選》中的部分內容，並缺乏學術性注解。因此，康達維教授完整、精細而詳實的譯本可謂是青出於藍的集大成之作。在第三部分，蘇瑞隆對康教授的專著《揚雄賦研究》一書做了全面的回顧。而康達維的賦學研究內容，除了有對文本的具體分析之外，更涉及許多專題研究，蘇瑞隆分別在第二、四部分進行了梳理。他把康達維的專題研究分爲五類，即關於賦的源流和原義、漢代大賦和君主的關係、漢賦與歌頌、紀行賦以及賦中雙聲疊韻詞的翻譯問題。蘇瑞隆教授的這篇文章，幾乎包含了康達維辭賦研究的所有代表性學術成果，除了在文末討論他的翻譯原則時一筆帶過之外，非常詳盡地提煉出了康達維文章的核心思想。

《文選》英譯本出版之初便受到西方漢學界的關注，其中白潤德教授（Daniel Bryant）便對此作品頗爲贊賞，他的《評康達維英譯〈文選〉第一卷》，由許淨瞳譯爲中文發表在《古典文獻研究》第十四輯上。在這篇文章中，白潤德站在相同的二語習得者視角，對英譯工作的重要性及難度給出了客觀的評價，凸顯出康達維教授如何憑藉學識、耐性及精力以超高標準完成了這項課題。從白潤德的叙述中，讀者看到了一個更真實立體的譯者康達維的形象；雖然康達維的主要標準是“信”而非“達”或“雅”，他的翻譯仍然投注了大量想像力與精力，在有效傳達原文的文學感覺之餘，也表現出了每個詞語獨有的節奏及蘊涵。而另一方面，康達維注釋的精確、徹底與富博也讓人驚嘆他是如何直面麻煩、堅持下了這份乏味且令人疲倦的搜集工作。白潤德還在仔細閲讀之後，指出了譯文中的幾個小問題。例如，康達維從頭至尾使用中文拼音，錯失了更有效表達整個語言的機會，導致了一些不恰當的翻譯或前後不一致的現象。《文選》本身包羅萬象，翻譯工作更是需要極其精細的功夫，疏漏之處在所難免。白潤德所提出的建議正是出於對康達維教授的尊重，也是作爲國內讀者的我們在肯定和學習其研究成果之餘需要持有的批判精神。

清華大學中文系教授馬銀琴女士在《博學審問、取精用弘——美國漢學家康達維教授的辭賦翻譯與研究》[①] 中，則對康達維的辭賦翻譯及研究（尤其是前者）做了更爲詳細和全面的考察，重點突出了題目中提到的康達維博學審問、取精用宏的治學特點，進一步剖析了康達維的翻譯目標定位、翻譯理論原則及學術精神。值得注意的是，馬銀琴女士在注釋中補充説明了康達維采用“rhapsody”來翻譯的“賦”的相關問題。康達維的這一譯法，在孫晶的文章《西方學者視野中的賦——從歐美學者對“賦”的翻譯談起》[②] 中，被認爲是西方學者理解和翻譯“賦”前後分期的標誌。然而通過蔣文燕的采訪我們可以發現，康達維否認自己是這樣翻譯“賦”的第一人，解釋道其“哈佛的老師 Hightower（海陶瑋）也用 rhapsody 翻譯‘賦’，還有翻譯中國文學的英國人 Arthur Waley（亞瑟・威利），他很早就用 rhapsody 翻譯”[③]。不過這種譯法受到認同很大程度上仍舊取決於康達維教授就這一問題的經典論證。

康達維本人曾在《歐美賦學研究概觀》一文中叙述過自己入行受教的過程，並在文末對自己的研究成果和工作重心做了簡要的總結。這篇重新審閲歐美賦學研究史的文章發表於 2014 年《文史哲》第 6 期，從康達維對歐美賦學研究者學術及翻譯的評述中，讀者也能發現其本人的研究興趣及翻譯原則傾向。2016 年，《湖北大學學報（哲學社會科學版）》刊登了王慧、何新文的《康達維漢賦描寫性複音詞的英譯策略與方法論啓示》一文，就康達維《文選》英譯中針對連綿詞的翻譯手法及原則做了專業性的細緻探討。而康達維教授本人對《文選》英譯困難與對策的自白，在《國際漢學研究通訊》第 11 期所登的《英譯〈文選〉的疑難與困惑》中得到了更直觀完整的體現。

從以上關於國内評介康達維及其漢魏六朝文學研究成績的綜述中可以看出，大部分學者的研究重點集中在辭賦研究，尤其是辭賦翻譯方面，且對後者的描述大多來自於康達維本人所撰的幾篇專門討論翻譯準則的文章；並且大多重複討論雙聲疊韻詞的翻譯策略，並未關注具體的文本以及其他翻譯問題。康達維在文學研究方面的成績，主要由蘇瑞隆教授在《異域知音：美國漢學家康達維教授的辭賦研究》一文中做了陳述，抑或直接以譯介的方式爲國内讀者所知。而康達維教授的文學史撰寫與英譯、辭賦和六朝詩研究的特色、以及在推動中西漢學界交流合作中所起的總體作用等，還未有學者進行過系統和深入的挖掘。本文擬以康達維教授所著的《漢代宮廷文學與文化探微》爲例討論其在漢代文學研究方面的開拓。

《康達維自選集：漢代宮廷文學與文化之探微》是康達維教授在中國大陸出版的第一部論文集，2013 年由上海譯文出版社出版，蘇瑞隆教授翻譯完成，全書共 310 頁。該書彙集康達維數十年的經典研究成果，共由四個版塊組成，分别是西漢的宮廷文學、揚雄：

---

① 馬銀琴：《博學審問、取精用弘——美國漢學家康達維教授的辭賦翻譯與研究》，《福建師範大學學報》（哲學社會科學版）2014 年第 3 期。

② 孫晶：《西方學者視野中的賦——從歐美學者對“賦”的翻譯談起》，《東北師大學報》2004 年第 2 期。

③ 蔣文燕：《研窮省細微、精神入畫圖——漢學家康達維訪談録》，《國際漢學》2010 年第 2 期。

西漢末年的宫廷詩人、辭賦研究中的主題，以及問題、食物、文化與文學。書末還附有蘇瑞隆先生所編的《康達維先生學術著作編年表》。此書是由2002年出版的英文論文集譯介而來，原書即已對康達維的重要作品進行了精心挑選與有機整理。作爲西方漢學界漢魏六朝文學尤其是辭賦研究的巨擘，康達維教授的成果具有極高的參考與學習價值；從這本書中也可窺見他刨根究底、精益求精的治學態度和博學多才、兼收並蓄的大師風範。

第一部分“西漢的宫廷文學”，收録四篇文章，即《司馬相如的〈長門賦〉》《皇帝與文學：漢武帝》《〈西京雜記〉中的賦篇》《班婕妤詩和賦的考辨》。《司馬相如的〈長門賦〉》討論了《美人賦》與《長門賦》是否係僞作的問題，在衆説紛紜的情况下，康達維説道他“……不願以此薄弱的理由，來證明此賦爲僞托之作……”[①] 顯示出嚴謹的研究精神。他在總結了各方學者的研究成果後得出，《美人賦》非司馬相如之作，而是有關他的賦作；《長門賦》的持疑重點在其序文，康達維在總結各家有關寫作時間、賦作主題，尤其是押韻模式等方面的討論後得出，序文及賦作非出自一人之手。其中序文明顯爲僞，而目前並無證據表面賦文部分的作者不是司馬相如。另外，康達維此文在注釋部分對《長門賦》文本中的字詞進行了細緻的解釋，並將此賦包含的情感及其刻畫方式與班婕妤《自悼賦》《古詩十九首》等同主題作品對比，發掘出它的創新與獨特之處。第二篇《皇帝與文學：漢武帝》對武帝與文學的關係做了詳盡剖析，還介紹了武帝麾下的賦作名家以顯示武帝文學品味的形成過程。文章指出文學並非像通常認爲的那樣在秦漢王朝起便享有重要地位，而是將此歸功於漢武帝。武帝重視當時的地方性文學價值觀，發揮出賦的娱樂與政治作用，對提高文學在宫廷中的地位方面做出了不可忽視的貢獻。《〈西京雜記〉中的賦篇》介紹了文學沙龍中幾位名士，尤其是枚乘，也考辨了《西京雜記》中一些賦作的真僞問題以及其文學扮演的特徵。值得一提的是康達維在考察鄒陽《酒賦》時，根據酒名最初出現的時代來論證此作非西漢作品，而關於酒的更詳細和精彩的論述，還可在本集最後一個版塊中看到。文末，作者就判定作品寫作年代的方法論給出了自己的看法，即文學風格不能作爲完全準確的依據。最後一篇《班婕妤詩和賦的考辨》特意關注並介紹了女詩人班婕妤及可能爲她所作的作品。作者引用逯欽立就棄扇意象的推理爲一條有力證據，又考證了傅漢思對於圓扇最早出現年代晚於班婕妤所在年代的主張，綜合論定《怨歌行》當爲東漢時期作品。之後，作者又分析了《自悼賦》的意境與情感，並著重表現了班婕妤賦作的主觀個人色彩。康教授對作家作品的分析，往往能發掘其最引人入勝之處，將學術研究做到能够調動讀者的興趣；並且，他的研究物件往往著眼於受到重視或研究較少，甚至遭受詆毁的文類，其逆流而上、浪裏淘金的能力不可小覷。

博士時期便以揚雄爲主要研究物件的康達維，對這位西漢末年著名的賦作家的認識可謂是最爲全面而透徹。此書第二版塊正是集合了康達維專人研究的主要成果，包括

① ［美］康達維著，蘇瑞隆譯：《康達維自選集：漢代宫廷文學與文化之探微》，上海譯文出版社，2013年，第8頁。

《揚雄〈羽獵賦〉的叙事、描寫與修辭：漢賦的形式與功能研究》《掀開醬瓿：對揚雄〈劇秦美新〉的文學剖析》《劉歆、揚雄關於〈方言〉的往來書信》三篇論文。《揚雄〈羽獵賦〉的叙事、描寫與修辭：漢賦的形式與功能研究》一文，以《羽獵賦》爲例，就漢賦的定義問題，給出三項指標：叙事性、描寫性及修辭性。在這篇文章中，康達維爲賦這一體裁正名，對賦中動詞的豐富性、語言的節奏感、象徵式的想像力等給予了十分正面的評價。康達維提出，賦表面看是華麗詞藻的堆砌，實則以間接批評的方式發揮了反諷的實際功用。《掀開醬瓿：對揚雄〈劇秦美新〉的文學剖析》首先提出對文學作品的評價不應同其作者的人格或行爲連在一起，而應抛開外在因素，單純地看待。康達維原本是爲研究中國歷史而開始深入瞭解中國文學的，在這部作品中，康達維展現了他對歷史的整理能力，目的卻是宣導勿用歷史事件、政治視角詮釋文學作品的原則，而確定文學表達的最佳方式應是對篇章的細讀。接下來對《劇秦美新》的考察便可看作是康達維爲驗證這一研究方法的嘗試，他就作者、文學類别、文學詮釋三個話題對作品進行了剖析。《劉歆、揚雄關於〈方言〉的往來書信》考查了兩份對揚雄是否參與過《方言》編纂問題的資料，以彌補司禮義神父（Paul L-M Serruys）對《方言》研究的出版專著中未能包括作者論述的遺憾。這兩份資料分别是劉歆與揚雄往來的書信，康達維説明了其爲真迹的原因，並主要評價了“揚雄答書”中委婉與反諷相容的高超技巧、自傳體叙述特點以及揚雄在語言學上的造詣。

書中的第三大版塊則是康達維教授對辭賦研究中主題和問題的若干精闢論述，集合《賦中描寫性複音詞的翻譯問題》《漢賦中的記行之賦》《漢頌——論班固〈東都賦〉和同時代的京都賦》《道德之旅——論張衡的〈思玄賦〉》《鮑照〈蕪城賦〉的創作時間與場合》五篇文章。康達維教授一生最重要的名山事業就是對《文選》的翻譯，面對語言艱澀難懂的賦體，衆多翻譯難點紛至沓來，《賦中描寫性複音詞的翻譯問題》便是他針對描寫性連綿詞進行的翻譯理論建設的可貴嘗試。翻譯涉及的兩大過程，一是理解，二是翻譯。古代對於賦的注釋往往較爲籠統、模糊，這爲譯者準確把握原意造成了障礙。吴德明是首位試圖更確切地解釋賦中詞彙的學者，他提出印象主義本質模糊了詞義、增加了釋義難度，而找出代表詞根的方法有時既無法體現語音特色，又會因複音片語成結構各異而顧此失彼。另外，理解詞義時不可盲目分割語素，還須重視注家標示的注音以協助我們區分語素相同的複音詞。在瞭解這種種翻譯誤區之後，康達維決定采用雙聲或同義重複的方法保留漢語詞彙發音的效果，並附上注釋，以提供較爲全面的譯介。《漢賦中的紀行之賦》集中討論“旅行”爲主題的賦作内容，從西漢末期《遂初賦》《北征賦》《東征賦》三篇作品中提煉出這類文學作品真實化、個人化的表達特徵，又以東漢末期蔡邕《述行賦》爲例，展現賦中政治評論與個人情感表達相結合的變化。康達維發現對紀行賦的研究能够透視這一時期中國文學具體化的發展趨勢，正是以小見大的學術敏感的體現。辭賦在不同時期扮演的功用不盡相同，而《漢頌——論班固〈東都賦〉和同時代的京都賦》正旨在討論班固所在時期對賦頌揚作用的放大。最典型的《東都賦》顯示了班固爲贊美、紀念漢帝國的華威顯赫以賦爲載體，並極力描繪皇帝對禮儀的重視，以證明這種恪守儒教倫理的行爲是東漢優越性的體現。同樣的模式在班固同時代作家傅毅、崔駰、李尤的作品中也可看到，而他們的頌詩與前漢的主要區別正在於對禮儀的關注。《道德之旅——論張衡的〈思玄賦〉》也是以紀行賦爲主題，但這裏對紀行賦的討論卻是爲了引發對寫作慣例的思考。康達維一生以辭賦爲研究中心之一，是爲了重新讓讀者與學者欣賞這種文體的特殊與美妙之處，而要實現這一目標，不可避免地要勘查賦受到非議的深層原因。這篇作品從《離騷》出發，涉及《大人賦》《思玄賦》，説明賦雖被認爲是對同一題材的模仿或雕飾，卻往往突破慣例，增添了作者的個人特色。尤其是張衡的《思玄賦》，呈現出與前作不同的樂觀與自信。《鮑照〈蕪城賦〉的創作時間與場合》同樣關心作品的年代問題，指出《蕪城賦》並非爲“描寫性現實主義”作品，而是一篇吊古之作。具體來説，鮑照的賦文不是在459年前後叛變平息不久後創作，哀嘆廣陵城的衰亡，因爲無證據顯示鮑照在劉誕謀反時身在廣陵，相反地，就古本的鮑照作品選的批注及《蕪城賦》内容來看，賦中的蕪城應爲漢代廣陵城的廢墟。康達維對於證據的考察與運用相當注重邏輯性與準確度，再加上往往立足文本出發，因此他的論證讀來條理清晰，令人信服。

最後一個版塊聚焦在食物、文化與文學這個充滿趣味的話題上，包括《文宴：早期中國文學中的食物》《漸至佳境——中世紀初的中國飲食》，對中國文學中的飲食進行了考證，並探討了食物所體現的文學性及中國文化與社會。《文宴：早期中國文學中的食物》從古籍中古人重視飲食的豐富證據寫起，又介紹了飲食如何在古代文學中隱喻政治或哲學思想。在詳述辭賦裏的食物時，康達維不僅詳細地考辨了被提及的所有美味，更給出了部分自己對這些食物名詞的翻譯。與玉盤珍饈相對的，康達維又將視角轉移到另一類對家常食品，尤其是麵食的考證中來。在對束晳《餅賦》的整理中詳細論述了有關餅食的幾乎所有資料。作者在文末自述這篇文章其實只涉及中華飲食的一小部分，還有極爲豐富的飲食知識有待研究，而對食品的譯介方面也是目前學術界的一大缺口。康教授的研究具有一定的開拓意義，他挖掘到中國文化中極爲有趣的部分，並給出自己優秀的研究範例，爲漢學界同仁和後輩的研究打開了視閾、提供了參考。本書最後一篇《漸至佳境——中世紀初的中國飲食》依舊延續上一篇的話題，從電影將食物作爲重要母題的現象切入，著眼於中國中世紀初期的飲食文化。但是這篇文章對烹飪方法和引進歷史做了十分詳盡的書寫，以體現中世紀初期對新技藝和食物的引入影響了中國的烹飪藝術，從而深化了中國飲食觀念與文化。這篇論文體現了文史結合、中西合璧的研究方式，將傳統研究格局擴大，在可讀性、趣味性及學術性上又上升了一大臺階。

《康達維自選集：漢代宫廷文學與文化之探微》一書雖是以漢代宫廷文學文化爲題，但康教授實際的研究卻是站在非常廣闊的視野上，將母題放入文化背景，精闢總結各方研究成果，並立足於豐富的文史資料、尊重文本細讀的現代研究方式，以較爲誠懇、謙虚又審慎的態度完成的。對於康達維來説，得出明確的結論似乎並不是論文的目的，他的文章廣泛考察了前人的見解，對材料的可信度、解讀的多種可能性進行了全方位的探討，有條不紊地排除誤論、建立新解。證據不足之時，康達維不會片面地拒絶此種解讀的方式，而是抱着開放的態度，期待會有後續的出現。這種開放與嚴謹的結合，使得研究層次在没有遺漏與謬論的前提下不斷向前更新演進。每個作品、文本到康達維的手中，都會受到仔細的審視，創作時間、年代背景、作者生平、版本演變、韻律模式、情感表達等，均成爲康達維研究的突破口。他對作家作品的態度是珍視的，在他的潛意識裏，受到忽視或誤解的事物本身往往是暗藏玄機的；换句話説，康達維是非常善於尋找到文學之美的學者。在整個論述過程中，康達維總能由表及裏、融會貫通地去處理，不做跳躍式的頭腦風暴，也不會讓讀者感到錙銖必較、沉悶無趣。其中，他所選擇的例證，或者用來做比較的物件，都是適當而貼切的；再加上循序漸進、簡明淺顯的叙述方式，形成一種既不乏學術的嚴密性，又能表現出文學文化豐富内涵及外延的精煉而靈動的研究風格。

David Richard Knechtges and His Studies on Early Medieval Chinese Literature

Wang Gege

Abstract: As one of the most influential and renowned Sinologists in contemporary America, Professor David Richard Knechtges (born October 23, 1942) dedicated over fifty years to studies on Chinese literature, especially of Early Medieval Chinese Literature, and has gained lots of remarkable achievements. He not only conducted extensive and comprehensive research on Early Medieval Chinese Literature, including origin, authenticity, context and cultural phenomenon of *Fu*, but also completed three volumes translation of *Fu* in *Wen Xuan or Selections of Refined Literature* and acquired useful theoretical and practical experience on translation of Chinese ancient literature. Apart from that, Knechtges actively took part in the cultural exchange activities. His works were continuously translated and introduced to Chinese scholarly community, which provided novel perspective and referential results. He also cooperated with Chinese and Western scholars to compile and translate research accomplishments. Therefore, Knechtges demonstrated his eruditeness, professionalism, scrupulousness and intensiveness as a successful Sinologist.

Keywords: David Richard Knechtges; Early Medieval Chinese Literature; Sinology; *Wen Xuan*

論閻若璩《尚書古文疏證》的學術史影響及意義

——從清華簡《尚書》類文獻談起

楊青華

［摘　要］近年來，清華簡中一些與《尚書》相關文獻資料的發現，重新引起學界對傳世《古文尚書》真僞案的討論。而閻若璩《尚書古文疏證》因爲在這一公案中影響巨大，一些學者爲了推翻閻氏的結論，試圖全面否定閻氏《疏證》。而我們從《疏證》對乾嘉考據學派的影響、《疏證》之後的《尚書》學史、清末民初學術思潮以及辨僞學史的角度看，《疏證》的學術史價值和意義不容抹殺。我們對《疏證》的評價要走出今本《古文尚書》"非僞即真"的評價誤區，客觀看待《疏證》在學術史上的意義。

［關鍵詞］古文尚書；乾嘉學派；辨僞；尚書學

一、當下學界關於閻若璩《疏證》之評價

近年來，清華大學出土文獻研究中心整理的戰國簡中，有一批《尚書》類的文獻。其中《傅説之命》[①]《尹誥》[②]兩篇簡文内容直接關涉《古文尚書》，從而引起了學界對《古文尚書》真僞問題新的討論，使《古文尚書》真僞案波瀾再起。陳浩就指出："晚出的孔傳本《古文尚書》，自宋代就有懷疑，至清代閻若璩著《尚書古文疏證》力證其僞，久成定讞。近年學界雖興起了一股翻案風，但清華簡的發現，再次證明了晚出《古文尚書》爲蓄意作僞無疑。"[③]就今本《古文尚書》真僞問題，目前學界有三種態度。

第一，認爲今本《古文尚書》爲僞的一派。清華簡《尹誥》篇的整理者說："簡本與

【作者簡介】楊青華(1989—　)，男，湖北蘄春人。中山大學中國語言文學系博士研究生。研究方向：經學文獻及經學史。

① 清華簡《傅説之命》共有三篇，每篇最後一簡背面均題有《傅説之命》，整理者根據内容分別命名爲《説命上》《説命中》《説命下》。參見李學勤主編：《清華大學藏戰國竹簡(叁)》，中西書局，2012年，第121—131頁。

②參見李學勤主編：《清華大學藏戰國竹簡(壹)》，中西書局，2010年，第132—134頁。

③ 陳浩：《"書"類文獻先秦流傳考——以清華藏戰國竹簡爲中心》，清華大學2015年博士學位論文，第13頁。

孔傳本《咸有一德》全然不同，東晋梅賾所獻的孔傳本確如宋以來學者所考，係後世僞作。”[①] 李學勤認爲“東晋時立於學官的《孔傳》本《尚書》的《咸有一德》是後人僞作，自宋代以來歷經學者討論，已成定讞”[②]，“清華簡足以説明東晋以後的古文《尚書》没有歷史根據”[③]。廖名春據清華簡《尹誥》《傅説之命》和今本《古文尚書》中的《咸有一德》《説命》比較，認爲今本《古文尚書》中的《咸有一德》《説命》屬僞書[④]。杜勇認爲“西晋永嘉之亂致使官方所藏今古文《尚書》蕩然無存，東晋梅賾所獻《古文尚書》卻有《咸有一德》諸篇。經宋元明清學者反復探究，證明梅本《古文尚書》當爲僞作。今出清華簡《尹誥》進一步證明了清人辨僞成果的科學性，晚書《咸有一德》是僞非真，鐵證如山，不可移易。”[⑤] 楊柳岸從語源的角度出發，認爲古文《尚書》二十五篇爲僞[⑥]。以上諸家均是認定《古文尚書》爲僞作。李鋭説：“古文《説命》三篇確實不是真的《尚書·説命》三篇，而是後人掇拾殘篇斷簡而成的僞作。”[⑦]

第二，認爲今本《古文尚書》爲真的一派。虞萬里認爲《咸有一德》與清華簡《尹誥》雖文字不同，但是文意卻有關聯性，認爲今本《古文尚書》憑空編造、僞撰之不可能。[⑧] 楊善群《清華簡〈尹誥〉引發古文〈尚書〉真僞之爭——〈咸有一德〉篇名、時代與體例辨析》一文對清華簡的整理者的觀點提出了反駁，認爲今本《古文尚書》非僞。[⑨] 鄭傑文通過比較《墨子》引《尚書》之文認爲梅賾《古文尚書》乃是另一個《尚書》版本。[⑩] 黄懷信認爲今本《古文尚書》二十五篇並非全僞。[⑪] 這些論著都是直接或間接地否定了閻若璩的結論，認爲今本《古文尚書》爲真。

第三，持中立態度的一派。如丁鼎認爲，目前雖然很難推翻閻若璩的結論，但閻若

---

① 李學勤主編:《清華大學藏戰國竹簡(壹)》,中西書局,2012年,第132頁。

② 李學勤:《清華簡九篇綜述》,《文物》2010年第5期,第52頁。

③ 李學勤:《清華簡與〈尚書〉〈逸周書〉的研究》,《史學史研究》2011年第2期,第104頁。

④ 廖名春:《清華簡與〈尚書〉研究》,《文史哲》2010年第6期。

⑤ 杜勇:《清華簡〈尹誥〉與晚書〈咸有一德〉辨僞》,《天津師範大學學報》(社會科學版)2012年第3期,第20頁。

⑥ 楊柳岸:《古文〈尚書〉晚出詞語考》,《武漢大學學報》(人文科學版)2015年第1期。

⑦ 李鋭:《清華簡〈傅説之命〉研究》,《深圳大學學報》(人文社會科學版)2013年第6期,第70頁。

⑧ 虞萬里:《由清華簡〈尹誥〉論〈古文尚書·咸有一德〉之性質》,《史林》2012年第2期。

⑨ 楊善群説:“清華簡《尹誥》的發現,是《尚書》學史上一件有重大意義的事。然而清華簡整理者謂《尹誥》‘或稱《咸有一德》’,把兩篇不相干的篇名説成同一篇文字,從而把古文《尚書·咸有一德》指爲‘僞作’。這是違背《尚書》一篇一名的通則的。西漢司馬遷和東漢鄭玄由於未見古文《尚書》的全貌,作出不符史實的叙述和注釋,我們今天再不應該重複這樣的錯誤。通過對清華簡《尹誥》和古文《咸有一德》篇名、時代和體例的辨析,《咸有一德》在考訂歷史事實、校讎古文獻和研究商大臣伊尹道德風範等方面具有珍貴價值。希望清華簡整理者能擺脱疑古時代‘定讞’的陰影,吸收《尚書》學研究的最新成果。”見氏著《清華簡〈尹誥〉引發古文〈尚書〉真僞之爭—《咸有一德》篇名、時代與體例辨析》,《學習與探索》2012年第9期,第141頁。

⑩ 鄭傑文在《〈墨子〉引〈書〉與歷代〈尚書〉傳本之比較——兼議“僞古文〈尚書〉”不僞》一文中説:“‘梅賾抄襲前世古籍中《尚書》引文而僞造古文《尚書》’的傳統觀點應重新研究;或許梅賾古文《尚書》是一個民間所傳古文《尚書》的真實傳本。”《孔子研究》2006年第1期,第99頁。

⑪ 黄懷信《由清華簡〈尹誥〉看〈古文尚書〉》:“所以《咸有一德》當不晚於簡書所出之西元前305±30年,不可能是魏晋之人僞造。如此,則《古文尚書》(不必全部)之時代,當不晚於清華簡。”《魯東大學學報》(哲學社會科學版)2012年第6期,第66頁。

璩的辨僞方法有很大的缺陷，今本《古文尚書》的真僞問題仍然值得繼續探討。[①]

可見，就《古文尚書》真僞問題，目前學界還存在爭論。而對今本《古文尚書》真僞問題的重新討論，亦引起學界對《疏證》的重新認識，其中對《疏證》進行全面否定的聲音很多。黄懷信在他點校的《尚書古文疏證》的前言中則對閻若璩的辨僞條目一一辯駁，試圖從結論和方法否定閻若璩的《疏證》。張岩《審核古文〈尚書〉案》一書以及《古文〈尚書〉真僞與病態學術——與房德鄰、姜廣輝、錢宗武三位先生商榷》等文章對《疏證》進行了全面的否定。楊善群對《疏證》在結論和方法上的否定很徹底，他批評《疏證》的不正當方法主要有二難推理、吹毛求疵、虚張聲勢、顛倒先後、厚古薄今、主觀武斷、胡編亂造等[②]，認爲"僞《古文尚書》案"是中國學術文化史上一宗嚴重的冤假錯案[③]，"詳細揭露閻氏《疏證》考據方法的欺騙性，並分析其形成的原因與危害，在中國學術史上有相當大的積極意義"[④]。

上述學者所指出的《疏證》辨僞方法的缺陷，其實前人早有認識。比如毛奇齡、崔述、四庫館臣、皮錫瑞等[⑤]。但他們並没能從根本上推翻《疏證》的結論。張蔭麟《僞古文〈尚書〉案之反控與再鞫》[⑥]一文更是對清代以來關於傳世《古文尚書》證僞與證真兩派的舉證得失進行了全面的檢討，亦很詳盡地指出閻若璩、崔述等人的舉證缺失，但最終還是肯定了閻、崔二人的辨僞成就。

筆者以爲目前學界對《疏證》的認識陷入了《古文尚書》"非僞即真"二元對立的誤區，認爲推翻《古文尚書》案，就必須全面去除《疏證》這個絆腳石，將《古文尚書》之真僞與《疏證》之價值完全對等起來。比如楊善群《論古文〈尚書〉的學術價值》一文，認爲今本《古文尚書》在補充歷史事實、訂正舊籍引文之訛、糾正舊注之誤等方面

---

① 丁鼎:《"僞〈古文尚書〉案"平議》,《古籍整理研究學刊》2010年第2期,第1頁。

② 楊善群先生近年來發表一系列文章駁辨閻若璩《尚書古文疏證》。如《評閻若璩的二難推理——〈尚書古文疏證〉研究之二》(《儒家典籍與思想研究》2012年4月)、《評閻若璩的厚古薄今——〈尚書古文疏證〉研究之六》(《國學學刊》2013年第4期)、《評閻若璩的主觀武斷法——〈尚書古文疏證〉研究之七》(《古籍整理研究學刊》2014年第5期)、《評閻若璩考據的自相矛盾法》(《中華文化論壇》2015年第10期)、《評閻若璩考據的胡編亂造法》(《黑龍江社會科學》2015年第5期)、《評閻若璩的虚張聲勢發》(《傳統中國研究集刊》2015年第11輯)。

③ 楊善群:《古文〈尚書〉研究——學術史上一宗嚴重的冤假錯案》,《史海偵迹——慶祝孟世凱先生七十歲文集》,2005年7月1日。

④ 楊善群:《古文〈尚書〉研究——學術史上一宗嚴重的冤假錯案》,《史海偵迹——慶祝孟世凱先生七十歲文集》,2005年7月1日。

⑤ 皮錫瑞分别撰有《〈尚書古文疏證〉辨正》一卷(《續修四庫全書》經部第51册)、《〈古文尚書冤詞〉平議》二卷,二書對閻、毛二人的考辨的得失進行了總結,皮氏在《古文尚書冤詞平議自序》中説:"檢討是書……與《疏證》互有得失,其是非可對勘而明。""予於《疏證》既爲辨正,乃於是書更作平議。"皮氏最終認可閻氏《疏證》,認可今本《古文》爲僞。詳見氏著《〈古文尚書冤詞〉平議》,光緒丙申(1896年)師伏堂刊本。

⑥ 張蔭麟:《僞古文〈尚書〉案之反控與再鞫》,[美]陳潤成、李欣榮編:《張蔭麟全集》中卷,清華大學出版社,2013年,第1088—1133頁。原載《燕京學報》第5期,1929年6月。張氏此文對清代關於傳世《古文尚書》證僞與證真兩派,閻若璩、崔述(證僞),毛奇齡、洪良品、吴光耀(證真)兩派的得失進行了較爲詳細的論證,對於兩派的舉證得失亦進行了比對,最終肯定了閻氏、崔氏的辨僞方法與結論。張氏説:"總結上文,反面(證僞)所舉證據極爲充分,正面(證真)之辯護完全失敗。吾人可下最後之結論曰:晚《書》不是《古文尚書》原本,换言之,即屬僞作。"見氏著第1125頁。

有重要價值[①]，從而開展對《疏證》的全面否定。張岩説："對學術研究只應該有一個評判標準，那就是方法的是否有效、結論的是否爲真。"[②] 另一方面，關於《疏證》在辨僞史上意義，已有不少學者指出，如梁啓超、顧頡剛、孫欽善、林慶彰、劉人鵬[③]、王俊義[④]、范立舟[⑤]等均從某一個方面指出了《疏證》的歷史影響，限於關注角度和叙述方式，難免挂一漏萬。因此不管是對《疏證》學術史價值的探討，還是對《疏證》的認識和評價，我們都很有必要對《疏證》的學術史意義做一個細緻而全面的梳理，以立正見。

二、清代考據學的典範之作

關於閻氏《疏證》在清代學術史上的意義，梁啓超認爲《疏證》的貢獻是動摇了經典的神聖地位，促進了思想解放[⑥]。但懷疑今本《古文》之僞，非自閻若璩始，宋代吴棫、朱熹等人皆疑其僞，這種思想解放的貢獻不當完全歸之於閻若璩。清初辨僞成果紛出，《四庫总目》對清初辨僞成就亦非皆是喝彩之聲，如對清初姚際恒的學術成就則多持貶斥之見。《四庫總目・庸言録》提要説[⑦]：

> 際恒生於國朝初，多從諸耆宿游，故往往剽其緒論。其説經也，如辟圖書之僞則本之黄宗羲，辟古文《尚書》之僞則本之閻若璩，辟《周禮》之僞則本之萬斯同，論《小學》之爲書數則本之毛奇齡，而持論彌加恣肆。至祖歐陽修、趙汝楳之説，以《周易》十翼爲僞書，則尤横矣。[⑧]

---

① 楊善群：《論古文〈尚書〉的學術價值》，《孔子研究》2004年第5期。

② 張岩：《古文〈尚書〉真僞與病態學術——與房德鄰、姜廣輝、錢宗武三位先生商榷》，《孔子學刊》2012年第3輯，第35頁。

③ 臺灣學者劉人鵬先生在《閻若璩與古文尚書辨僞——一個學術史個案的研究》一書的第四章"由學風轉變論閻若璩的考證學"對閻若璩《古文尚書疏證》的學術史意義有所論述，但較爲簡略。該書第四章第一節"明清之際學術思想的轉變論考證學風及閻若璩之辨僞"著重探討了閻若璩的考據學與明末清初學風之間的關係，而關於閻若璩《疏證》對乾嘉考證學之影響則較爲簡略。其次，該書"閻若璩《尚書古文疏證》在學術史地位之建立"一節對閻若璩與乾嘉考據學派之關係以及古史辨派的關係有論述，亦極爲簡略，探討亦不甚深入，且並没有論及《疏證》對它之後的《尚書》學研究之影響。具體參看氏著《《閻若璩與古文尚書辨僞——一個學術史個案的研究》，潘美月主編《古典文獻研究輯刊》初編第20册，(臺北)花木蘭出版社，2005年，第169—194頁、230—236頁。

④ 參見王俊義：《論閻若璩的治學道路、學術成就及其在清代學術史上的地位和影響》(上)(下)，《松遼學刊》(社會科學版)1986年4月、7月。該文對注重探討閻若璩本身的學術思想，而略於討論學術史的影響，且只涉及清代而不及民國。

⑤ 參見范立舟、臧俊改：《閻若璩〈尚書古文疏證〉的學術價值及其思想史意義》，《人文雜志》2011年第3期。該文注重探討閻氏《疏證》的辨僞成就和思想史意義，而略於討論學術史意義。

⑥ 梁啓超説："夫辨十數篇之僞書，則何關輕重？殊不知此僞書者，千餘年來，舉國學子人人習之，七八歲便都上口，心目中恒視爲神聖不可侵犯；歷代帝王，經筵日講，臨軒發策，咸所依據尊尚。然毅然悍然辭而辟之，非天下之大勇固不能矣。自漢武帝表彰六藝、罷黜百家以來，國人之對於六經，只許徵引，只許解釋，不許批評研究。……若對於經文一字一句稍涉疑義，便自覺陷於'非聖無法'，蹙然不自安於其良心，非特畏法網、憚清議而已。"梁啓超：《清代學術概論》，上海古籍出版社，2011年，第14頁。

⑦ 姚際恒著有《古今僞書考》，附於其《庸言録》之後。

⑧ [清]永瑢等撰：《四庫全書總目》卷一二九，中華書局，1965年，第1109頁。

館臣對姚際恒的大加貶斥，認爲姚氏有抄襲他人成果之嫌，而更重要的是認爲姚氏“持論彌加恣肆”，不當疑《易》“十翼”之僞。《提要》對姚際恒的辨僞成就態度則與對閻若璩的辨僞評價形成强烈反差，評價閻若璩的考證“灼然有據”① “然反復釐剔，以祛千古之大疑，考證之學則固未之或先矣”②。如《尚書考異提要》説：“國朝閻若璩撰《尚書古文疏證》出，條分縷析，益無疑義，論者不能復置一詞。”③

另外，《总目》對萬斯大《周官辨非》的辨僞結論亦是不予肯定，只將其列入存目。《周官辨非》提要説：

> 國朝萬斯大撰。……是編力攻《周禮》之僞，歷引諸經之相牴牾者以相詰難。大旨病其官冗而賦重。……斯大徒見劉歆、王安石用之而敗，又見前代官吏之濫，賦斂之苛，在在足以病民，遂意三代必無是事。竟條舉《周禮》而詆斥之，其意未始不善。而懲羹吹齏，至於非毁古經，其事則終不可訓也。④

據此可知，館臣對於清初的辨僞成就並非全盤肯定。《尚書》《周禮》《周易》同樣是儒家經典。但唯獨認可《疏證》辨古文《尚書》的結論，卻否定一些學者對於其他經典的辨僞結果，這種肯定背後並非僅從辨僞的角度來看，而在於閻若璩憑藉“考據”證實了朱熹等人的觀點，其落腳點在於“考據”。以此論，梁啓超的説法並未觸及根本。這其中深層次的原因，是因爲乾嘉學者認爲閻若璩是繼顧炎武之後考據學派的代表，對於這一點，許多學者早有論述。如《通雅》提要就説：

> 明之中葉，以博洽著者稱楊慎，而陳耀文起而與争，然慎好僞説以售欺，耀文好蔓引以求勝。次則焦竑，亦喜考證而習與李贄游，動輒牽綴佛書，傷於蕪雜。惟以智崛起崇禎中，考據精核，迥出其上。風氣既開，國初顧炎武、閻若璩、朱彝尊等沿波而起，始一掃懸揣之空談。雖其中千慮一失，或所不免，而窮源溯委，詞必有徵，在明代考證家中，可謂卓然獨立矣。⑤

此篇提要，館臣將顧炎武、閻若璩、朱彝尊三者並列，明確地指出清初三人繼承方以智的學術思想，掃蕩明中葉以來的空疏學風。他們具體的治學方法是“窮源溯委，詞必有徵”，其落腳點是“考證”。《四書釋地》提要説：“蓋若璩博極群書，精於考證，百年以

---

① ［清］永瑢等撰:《四庫全書總目》卷一一,第 89 頁。
② ［清］永瑢等撰:《四庫全書總目》卷一二,第 102 頁。
③ ［清］永瑢等撰:《尚書考異》卷一,《文淵閣四庫全書》第 64 册,(臺北)商務印書館 1983 年影印本,第 1 頁。
④ ［清］永瑢等撰:《四庫全書總目》卷二三,第 186 頁。
⑤ ［清］永瑢等撰:《四庫全書總目》卷一一九,第 1028 頁。

來，自顧炎武以外，罕能與之抗衡者。觀是書，與《尚書古文疏證》，可以見其大概矣。"[①] 館臣對於《四書釋地》評價的落腳點仍然是"考證"。而盧文弨在《戴氏遺書序》中說：

> 吾友新安戴東原先生，生於顧亭林、閻百詩、萬季野諸老之後，而其學足與之匹。精詣深造，以求至是之歸，胸有真得，故能折衷群言，而無徇矯之失。[②]

錢大昕《閻先生傳若璩》：

> 年二十，讀《尚書》至古文二十五篇，即疑其僞，沉潛三十餘年，乃盡得其癥結所在，作《尚書古文疏證》八卷。……平生長於考證，遇有疑義，反復窮糾，畢得其解乃已。[③]

淩廷堪在《榷經齋札記序》中說：

> 自宋以來爲考核之學者所著書，以洪野處《容齋筆記》、王深寧《困學紀聞》爲最。……迨至國朝，兹學漸盛，而昆山顧氏《日知録》、太原閻氏《潛丘札記》，由此其選也。[④]

據此，乾嘉學者對於閻若璩學術的歷史定位多是著眼於"考證"二字。他們對《疏證》的認同自然多是以"考證"這一學術層面的認同，而這種認同更多的是以自我學術立場爲基礎的認同。這種認同的背後其實是乾嘉學者對自己學術淵源的一種認定。這種認知並非僅僅是因爲閻若璩解決了自朱熹以來經學史中的一大疑案，而是以閻若璩爲代表的學者的考據學思想（實事求是）、考據學方法（無證不信）是爲乾嘉學者所認可和接受的，並且作爲自己進行學術研究的方法和指導思想。方東樹《漢學商兑》說："閻、惠繼起，隳本勤末……而漢學考證，遂於義理之外巍然別爲一宗。"[⑤] 方東樹一向反對乾嘉漢學，但正因於此，旁觀者清，他對閻若璩與乾嘉考據學之間的淵源關係的看法則更爲客觀。後來徐珂《清稗類鈔》說："國初，樸學之士始出，顧炎武、閻若璩開風氣之先，其後巨儒踵接，元和惠氏、武進莊氏、高郵王氏、嘉定錢氏盛於吴中，婺源江氏、休寧

① ［清］永瑢等撰：《四庫全書總目》卷三十六，第306頁。
② ［清］盧文弨：《抱經堂文集》二，《四部叢刊初編》卷六，商務印書館1935年，第76頁。
③ ［清］錢大昕：《潛研堂文集》，江蘇古籍出版社，2016年，638—642頁。
④ ［清］淩廷堪：《校禮堂文集》，中華書局，1998年，第255頁。
⑤ ［清］江藩：《漢學師承記附漢學商兑》，生活·讀書·新知三聯書店，1998年，第235頁。

戴氏繼起於宣、歙。"[①] 戴震在《古經解鉤沉序》中亦説："是故鑿空之弊有二：其一，緣詞生訓也；其一，守訛傳謬也。緣詞生訓者，所釋之義，非其本義。守訛傳謬者，所據之經，並非其本經。"[②] 可見戴震認爲經典的真僞於學術研究有着重要意義。從當時學術史上看，戴氏所言"所據之經，並非其本經"，當包括《古文尚書》在內。

另外，從皖派代表戴震與閻若璩兩人在地理考證的指導方法上亦可見一斑。段玉裁在《戴東原先生年譜》中説："國朝之言地理者，於古爲盛，有顧景範、顧寧人、胡朏明、閻百詩……而先生乃出其上。蓋從來以郡國爲主而求其山川，先生則以山川爲主而求其郡縣。"[③] 戴震在《水經注序》中也説："因川源之派別，知山勢之逶迤，高高下下，不失地防，取資信非一端。"[④] 段玉裁認爲戴震地理考證思想"由山川以求郡縣"，高出清初那批地理考證學者，其實此種思想本之鄭樵，而閻若璩早已認識到鄭樵這一理論的價值。他在《疏證》第九十三條中説："鄭夾漈（鄭樵）有言：'州縣之設，有時而更；山川之秀，千古不易。故《禹貢》分州，必以山川定疆界……《禹貢》遂爲萬古不易之書。'"[⑤] 且閻氏《疏證》及《四書釋地》亦將此理論用於辨僞和考證。由此可見，戴震在地理考證的指導思想上與閻若璩有着相同之處，據此可知，乾嘉學術思想與閻若璩及其《疏證》之間的內在理路。

其實，檢視《总目》，館臣對閻氏著作總體評價總體上説以肯定爲主，但並非完全没有異議，如《毛朱詩説》提要説：

> 是書論《小序》爲不可盡信，而朱子以《詩》説《詩》爲矯枉過正，皆泛論兩家得失，非章句訓詁也。所引《尚書》《左傳》以爲《詩》之本《序》，誠爲確鑿，其餘則多懸揣臆斷之詞，不類若璩他著作。未喻其故也。[⑥]

館臣認爲閻氏《詩説》多屬臆斷之詞，不類閻氏其他著作，從而將其列入存目。可見館臣對閻若璩學術的成就肯定的著眼點在於閻氏"考證"這一層面。閻若璩自己亦在《尚書古文疏證》中説："天下事由根柢而之枝節也易，由枝節而返根柢也難。竊以考據之學亦爾。"[⑦] 閻若璩於《疏證》的自我認定亦是在"考據"上。他將"辨僞"與"考據之學"有機結合，認爲辨僞之難，亦在具體的考據方法和指導思想，而這些思想和方法爲乾嘉學者提供了很好的借鑒。這也正如梁啓超所説："清朝學術極發達，因爲一般學者大都能

① ［清］徐珂：《清稗類鈔》第八册，中華書局，1984年，第3801頁。
② ［清］戴震：《戴震集》，上海古籍出版社，2015年，第192頁。
③ ［清］戴震：《戴震集》，第483頁。
④ ［清］戴震：《戴震集》，第130頁。
⑤ ［清］閻若璩：《尚書古文疏證》下册卷六下，上海古籍出版社，2013年，第439頁。
⑥ ［清］永瑢等撰：《四庫全書總目》卷一八，第146頁。
⑦ ［清］閻若璩：《尚書古文疏證》下册卷八，第601頁。

用科學的方法去整理古書，這種科學精神的發動，很可以説是從辨僞引導出來的，其中辨僞最有名的是閻若璩、胡渭。閻若璩的最大功勞是著了一部《尚書古文疏證》，把僞《古文尚書》的案件從朱熹、梅鷟胡應麟等所懷疑而未能決定的，用種種鐵證證明了，正式宣告僞《古文》死刑。"[①]

《疏證》的考據學方法與思想同樣影響到民國時期的學術與學風。民國時期，學術丕變，新舊交替，中國文史領域的一些傳統的研究方法受到挑戰，一大批學者試圖尋找和建構新的學術路徑和方法，而閻氏《疏證》又成爲他們取法的目標。容肇祖在《閻若璩的考證學》一文中説："閻若璩考證《古文尚書》，旁徵曲引，博大精深，遠出乎朱熹、梅鷟之上，雖不掩瑕疵，而大體近是。……略記他的考證方法，條比整列，得例十五。前十例，因類覓證，足以發人深省；後五例爲考證學家應有的態度。"[②] 容氏之説正是著眼於閻氏"考證"。容氏説："我以爲從閻若璩的找尋實證，假設通則，統計歸納，繼續追求，闕疑各例，已可以證明他的考證方法，就是現在研究學問的科學方法。"[③]"閻若璩的《尚書古文疏證》，在現在大家承認《古文尚書》爲東晋所出時，問題倒是没重要了。在現在大家高唱'科學方法'治學的時候，閻若璩所用以考證的方法，倒是值得注意的。"民國學者以閻若璩的《疏證》爲榜樣，試圖從中找尋一些可資借鑒的指導思想和研究方法。[④] 綜上，我們可以説，閻氏《疏證》是清代的考據學的典範之作，其方法與思想對後世影響深遠。

三、清代《尚書》學研究的轉關之作

閻若璩《疏證》問世之後，繼其餘緒考證《古文》爲僞的著作不絶如縷，如惠棟《古文尚書考》、王鳴盛《尚書後案》、崔述《古文尚書辨僞》等。今本《古文尚書》爲僞從而基本爲主流學界所認可。正因如此，《疏證》可以説是清代《尚書》學研究的轉關之作，影響甚大。這主要體現在兩個方面。

首先，自閻氏《疏證》問世之後，《尚書》學新注新疏多不涉僞《古文》二十五篇。

專釋《今文》篇目而不釋《古文》二十五篇的《尚書》研究著作，從元代吴澄的《書纂言》始。[⑤] 但此種情況只是個别現象，並不爲大多數學者所接受。但《疏證》之後則不同，戴震在其《尚書義考》中就説："自宋吴棫、朱子始疑之，元吴澄、明梅鷟辨之尤力，至閻若璩《尚書古文疏證》，剖核明晰，無庸更議矣。今别爲一編，附於爲十八篇

---

① 梁啓超:《古書真僞及其年代》,中華書局,1936年,第36頁。

② 《容肇祖全集》第七册,齊魯書社,2013年,3889頁。原載《嶺南學報》第1卷第4期,1930年。

③ 《容肇祖全集》,3906頁。

④ 《容肇祖全集》,3907頁。

⑤ 《四庫全書總目·書纂言》提要説:"其考定《今文》《古文》,自陳振孫《尚書説》始。其分編《今文》《古文》,自趙孟頫《書古今文集注》始。其專釋《今文》,則自澄此書始。《自序》謂'晋世晚出之書,别見於後'。然此四卷以外,實未釋《古文》一篇。"詳見[清]永瑢等撰《四庫全書總目》卷十三,第96頁。

及百篇之序後，庶幾不相淆雜。”[①] 段玉裁《古文尚書撰異》以考定《尚書》文字爲主，文中所訂正之文字亦不涉僞《古文》二十五篇，他説：“孔安國、劉歆、衛宏……等皆治《古文尚書》，皆可參伍鉤考而得之。”[②] 段氏《古文尚書撰異》僅對秦漢文獻中涉及《古文尚書》的資料，進行輯佚和考訂，但並不涉及今本《古文》二十五篇。孫星衍《尚書今古文注疏》雖名曰《今古文注疏》，該書所涉及的《古文》條目只不過根據漢人所講《古文》篇目，輯佚仍有流傳的相關字句而已，亦不再涉及今本《古文尚書》和孔《傳》，這一做法其實取法於段玉裁，即先明今古師法，再以相關材料輯佚和考訂。江聲《尚書集注音疏》亦不再涉及《古文》二十五篇，江聲是惠棟弟子，然該書只涉及《今文》二十九篇，所涉《古文》亦只是輯佚之作，與今本《古文》無涉。王鳴盛《尚書後案》亦不涉《古文》二十五篇。

乾嘉之後，周用錫《尚書證義》、劉逢禄《尚書今古文集解》、卞斌《尚書集解》、王闓運《尚書箋》、簡朝亮《尚書集注述疏》、姚永樸《尚書誼略》等皆不涉及《古文》二十五篇。而這一做法對後世影響頗大，如章太炎的《太炎先生〈尚書〉説》不僅認爲《古文》爲僞，而且所説之《尚書》亦不涉《古文》二十五篇。曾運乾《尚書正讀》[③] 是二十世紀三十年代從訓詁角度注釋《尚書》的一部力作，但《正讀》亦不涉及《古文》篇目。楊筠如的《尚書覈詁》被王國維先生評爲是近代《尚書》研究的一部力作，其所釋也只涉及今文，不涉及僞《古文》二十五篇。顧頡剛、劉起釪先生合著《尚書校釋譯論》亦只討論今文二十八篇。該書校勘凡例中説：“迄元學者吴澄、清學者段玉裁等專釋今文二十八篇，確然有據，本書即承吴、段諸家成規，專釋今文二十八篇。”[④] 屈萬里《尚書集釋》是結合出土文獻研究《尚書》的力作，屈先生不僅肯定閻説，他集釋《尚書》亦僅涉今文篇目，《古文》二十五篇只是作爲附録。可見，從戴震至今，《尚書》的新注新疏多不涉二十五篇僞《古文》。可見《疏證》對它之後的《古文尚書》研究的影響。

其次，《疏證》對之後今文《尚書》學的研究亦産生重大影響。

清中期以後，今文經學興起，今文經學家對於《古文尚書》問題的態度則更加激進，其中以魏源爲代表。魏源的《書古微》不僅認可閻若璩今本《古文尚書》之僞的結論，而且還認爲東漢馬、鄭之《古文尚書》亦不存在，這種認識較《疏證》則更進一步。魏源在《書古微》中説：

---

① ［清］戴震：《尚書義考義例》，戴震：《尚書義考》，《續修四庫全書》第45册，上海古籍出版社，2002年，第367頁。

② ［清］段玉裁：《古文尚書撰異自序》，段玉裁：《經韻樓集附補編兩考》補編卷上，鳳凰出版社，2010年，第5頁。

③ 楊樹達先生《曾星笠〈尚書正讀〉序》稱此書在訓詁、辭氣等方面的成就超過高郵王氏。詳見楊樹達：《曾星笠〈尚書正讀〉序》，曾運乾撰，黄曙輝點校《尚書正讀》，華東師範大學出版社，2011年，第2頁。

④ 顧頡剛、劉起釪撰：《尚書校釋譯論》第一册，中華書局，2005年，第1頁。

《書古微》何爲而作也？所以發明西漢《尚書》今文之微言大誼而辟東漢馬鄭古文之鑿空無師傳也。……及東晋僞《古文》晚出，而馬、鄭亦廢。國朝諸儒知攻東晋晚出《古文》之僞，遂以馬、鄭本爲真孔安國本，以馬、鄭説爲真孔安國説，不知馬牛冰炭之不可入，今略舉其不可信者數大端。[①]

龔自珍在其《泰誓答問第二十六》中認爲“東晋僞《古文尚書》乘虚而入”。他説：

自此書盛行，爲名世大儒所疑。於是梅賾始采輯《左氏春秋》《管》《墨》《荀》《孟》所引，塗附成書……雖采輯未完備，而作僞甚工，蓋駕張霸百兩篇而上之矣。[②]

另外，龔自珍在其《中古文説》一文中，對漢成帝命劉向領校的五經秘書本産生懷疑，他説：“成帝命劉向領校中五經秘書，但中古文之説，余所不信。”[③] 在該文中龔氏對中古文之説提出十二條疑問，最後總結説：“予謂：此中文，亦張霸百兩之流亞，成帝不知而誤收之；或即劉歆所自序之言如此，托於其父，並無此事。”[④] 可以説，魏源、龔自珍的疑經思想較閻若璩等人更進一步。龔自珍、魏源皆是今文學者，他們站在今文經學的立場上，當然樂見《古文》之僞，且《疏證》的結論剛好爲他們張目。正如蕭一山説：“今文學家之要點，亦在一個‘疑’字。其精神亦即導源於是時也。夫有懷疑而後有思想，有思想而後有建樹，古今中外，一切學術之革新，未有不自“疑”字始者也。清代經學之昌明，何莫非清初懷疑之賜哉！”[⑤]

民國以後，經學走進了歷史的殿堂，學界對《尚書》則更多地從史學的角度來探討。雖説民國以來對於《尚書》的研究學者相較而言並不太多，但在史學、文字學的研究中，《尚書》則受注目較多。此時期，學界在《古文尚書》的真僞問題上基本觀點一致，且對閻氏《疏證》的成就則肯定的評價居多。梁啓超説“毅然悍然辭而辟之，非天下之大勇，固不能矣”[⑥]，“不能不認爲近三百年學術解放之第一功臣”[⑦]。黄侃説：“今《尚書》除二十八篇之外，皆僞書，已無待論。然亦出自魏人，就文、義而論仍有可取。”[⑧] 王國維説：“僞孔之學，經六朝而專行於唐。……至近世，閻、惠二氏，始證明孔本及《傳》之僞。”[⑨] 陳夢家《尚書通論》認爲僞古文乃東晋孔安國所作，但是對於《古文尚書》之僞

① [清]魏源：《書古微序》，[清]王先謙編：《皇清經解續編》第五册卷一二八〇，上海書店，1988年，第600頁。
② [清]龔自珍：《龔自珍全集》，上海人民出版社，1975年，第77頁。
③ [清]龔自珍：《龔自珍全集》，第125頁。
④ [清]龔自珍：《龔自珍全集》，第125—126頁。
⑤ 蕭一山：《清代通史》，華東師範大學出版社，2010年，第760頁。
⑥ 梁啓超：《清代學術概論》，第14頁。
⑦ 梁啓超：《中國近三百年學術史》，天津古籍出版社，2003年，第79頁。
⑧ 黄侃：《黄侃論學雜著》，中華書局，1964年，第442頁。
⑨ 楊筠如：《尚書覈詁》，陝西人民出版社，2005年，第1頁。

的結論並不懷疑。錢穆稱閻氏爲“陋儒”[①]，但對《疏證》則持肯定態度，他說：“攻古文《尚書》之僞一案……絡續有人，然考據精詳，後來居上，則必首推潛邱。”[②] 至於當時影響甚大的古史辨派，對清初辨僞學成就更是持肯定態度，而對閻若璩的《疏證》亦自然持肯定態度。胡適説《疏證》“遂定了僞古文《尚書》的鐵案”[③]。胡氏還認閻若璩辨僞是有着科學精密的方法，爲“亭林、百詩之風，造成了三百年的樸學”[④]。顧頡剛認爲閻氏的辨僞精神“注定了我畢生的治學的命運。”[⑤] 張蔭麟認爲：“僞《古文尚書》大略出現於東晋初元帝時，爲梅賾所奏上。其以前之歷史則不可考。”[⑥]

如果説閻若璩《疏證》辨今本《古文》二十五篇及孔《傳》乃晋人僞作，魏源則認爲馬、鄭古文《尚書》在漢代並無師傳，那麼五四之後的古史辨派則在《尚書》的研究上較閻氏和魏源等更爲大膽和激進。古史辨派不僅認同閻若璩《古文尚書》之僞的結論，而且他們將矛頭還直接對準了《今文尚書》，認爲今文二十八篇亦不可靠，顧頡剛在《古史辨》第一册中說：“先生（胡適）讓我重提《尚書》的公案，指出今文《尚書》的不可信，這事我頗想作，前天把二十八篇分成三組。”[⑦] 顧頡剛將今文《尚書》二十八篇分成三組，第一組十三篇，包括《盤庚》《大誥》《秦誓》等，認爲這十三篇從文字、思想上都可信爲真。第二組十二篇，包括《甘誓》《顧命》等，認爲這一組文字平順，不似古文，人治觀念濃厚，絶不是東周時作品，認爲是後世的僞作，或史官的追記，或是經過後人的翻譯。第三組三篇，包括《皋陶謨》《堯典》《禹貢》，認爲是戰國至秦漢間的僞作，是擬《書》之作，屈萬里《尚書集釋》中亦是有此主張。錢玄同在《答顧先生書》中説：“現在的二十八篇中，有歷史價值的恐怕没有幾篇，如《堯典》《皋陶漠》《禹貢》《甘誓》等篇，一定是晚周人僞造的。”[⑧] 顧頡剛還在《三皇考・自序》中説：“僞《古文尚書》出於魏、晋，它所引用材料大都存在，容易啓人懷疑，因此，雖有經典的權威，終爲明清學者所打倒。可是《二十八篇》傳於春秋、戰國，編訂於漢初，可供研究的材料太少了，我們雖有好多地方覺得它可疑，但竟有無從下手之苦。將來如能有大批的新

① 錢説本之全祖望。詳見朱鑄禹匯校集注：《全祖望集匯校集注》，上海古籍出版社，2000年，第1275頁。

② 錢穆：《錢賓四全集・中國學術思想史論叢》，（臺北）臺灣聯經出版公司出版，1998年，第265頁。

③ 胡適：《治學的方法與材料》，見《胡適文存》第三集，黄山書社，1996年，第94頁。需要注意的是梁啓超、胡適等人認爲《古文尚書》僞是一事，他們所謂閻若璩《疏證》定了《古文尚書》的“鐵案”“定案”是否屬於歷史事實又是一回事。

④ 胡適：《治學的方法與材料》，見《胡適文存》第三集，第94頁。

⑤ 顧頡剛：《古今僞書考》，顧頡剛主編《古籍考辨叢刊》第一集，中華書局1955年版，第253頁。

⑥ ［美］陳潤成、李欣榮編：《張蔭麟全集》，清華大學出版社，2013年，第1032頁。原載《燕京學報》1929年第5期。

⑦ 顧頡剛：《古史辨》第一册，中華書局，1981年，第201頁。

⑧ 顧頡剛：《古史辨》第一册，第201—202頁。顧頡剛在《古史辨自序》中説：“偶然翻覽《先正事略》，從閻若璩的傳狀裏知道他已把《古文尚書》辨得很明白，是魏、晋間人僞造的。一時就想讀他的《尚書古文疏證》，但覓不到，爲安慰自己的渴望計，即從各家《書》説中輯出駁辨《僞古文》的議論若干條，尋繹他們的説法。哪知一經尋繹之後，不但魏、晋間的古文成問題，就是漢代的古文也成了問題了。”可見《疏證》對於顧頡剛《尚書》研究的影響。詳見顧頡剛：《古史辨自序》，河北教育出版社，2001年，第31頁。

材料出現，解決二十八篇的問題，還解決了五帝問題，那才是史學界的大快事呢。”[①] 王汎森説：“《古史辨》第二册便録閻若璩《古文尚書疏證》，第十七條辨僞方法作爲卷頭語，足證二者關係之濃厚。”[②]

古史辨派對《尚書》的研究是近代《尚書》研究的主要力量。後來劉起釪《尚書學史》、屈萬里《尚書集釋》等對《尚書》的研究無不受到古史辨派的影響，在《古文》真僞問題上，仍是受《疏證》的影響。

四、傳統辨僞學的集大成之作

中國傳統的辨僞學，可謂是歷史悠久。對傳統辨僞方法進行系統歸納的當是始於明代的胡應麟的《四部正譌》。但真正使傳統辨僞方法真正進入成熟階段而集大成者則當屬閻若璩的《疏證》。關於《疏證》在辨僞學史上的意義，林慶彰説：“閻氏《疏證》除於學術思想史有積極的意義外，更拓展辨僞方法的領域，使辨僞書的方法更加細密。清中葉以後辨僞學能更加興盛，清初學者的努力功不可没，而閻氏的《疏證》實應推首功。”[③] 此説指出《疏證》在辨僞方法上的貢獻。容肇祖《閻若璩的考證學》一文歸納閻若璩的考證方法共有十五條，即：實物作證例、實地作證例、由地理沿革考證例、官名證例、時例證例、典禮制度考證例、文字文體考證例、句讀文義考證例、逸文考證及前人引後異後人引前例、訓詁考證例、假設通則例、統計歸納例、繼續追求例、決定不疑例、闕疑例。[④] 孫欽善《古代辨僞學概述》[⑤] 從著録篇卷、佚文文字差異、材料來源、篇章分合、史實典制五個方面歸納了閻若璩的辨僞方法。梁啓超《古書真僞及其年代》對前人的辨僞方法進行了總結，而且還專節介紹《疏證》在辨僞學上的成就。顧頡剛在《崔東壁遺書序》中認爲閻若璩《疏證》辨《古文尚書》之僞是清代辨僞學的主要收穫。[⑥]

當下學界對於《疏證》的辨僞方法的總結論著很多，但大多都就事論事，對《疏證》與它之後的辨僞學之間的關係則略於考察。而這對於我們認識《疏證》的辨僞學意義則尤爲重要。

閻若璩之後的崔述《考信録》在清代辨僞學上影響巨大。而崔氏的這一辨僞思想直接導源於清初的辨僞思潮。崔氏自撰《古文尚書辨僞》一文，考辨今本《古文尚書》之僞。在《古文尚書辨僞》書前録有《四庫全書》的閻若璩《古文尚書疏證提要》及毛奇齡《古文尚書冤詞提要》，可見其思想受清初的《古文尚書》案之影響。崔氏在《考信録

① 顧頡剛：《古史辨自序》，第 211 頁。

② 王汎森：《古史辨運動的興起——一個思想史的分析》，（臺北）允晨文化實業股份有限公司，1987 年，第 53 頁。

③ 林慶彰：《清初群經辨僞學》，華東師範大學出版社，2011 年，第 183 頁。

④ 《容肇祖全集》第七册，3889 頁。原載《嶺南學報》第 1 卷，第 4 期，1930 年。

⑤ 孫欽善：《古代辨僞學概述》，《文獻》1983 年 4 月。

⑥ ［清］崔述撰著，顧頡剛編訂：《崔東壁遺書》，上海古籍出版社，1983 年，第 58 頁。

釋例》中說："然則僞造古書乃昔人之常事，所賴達人君子平心考核，辨其真僞，然後聖人之真可得，豈得盡信以爲實乎！"[①] 又在《考辨古書之方法》中說："僞《尚書》極力摹唐、虞、三代之文，而終不能脱晋之氣，無他，其平日所聞所見皆如是，習以爲常而不自覺，則必有自呈露於忽不經意之時者。少留心以察之，甚易知也。……及僞《書序》既出，而《林注》遂歷歷數之，無他，文必因乎其時故也。所以漢人好談讖緯，則所撰之《泰誓》，'烏流''火覆'，祥瑞先呈；晋人喜尚排偶，則所撰之《泰誓》，'斮脛''剖心'，對待獨巧。"[②] 崔氏主張從語言、引書之内容上考辨古書真僞，其方法並没有超出閻氏《疏證》的範圍。

另外，崔述《考信録》辨《孔子家語》之僞說："《家語》一書本後人所僞撰，其文皆采之於他書而增損改易以飾之：如《相魯篇》采之於《春秋傳》《史記》，《辨物篇》采之於《春秋傳》《國語》……未有一篇無所本者。然取所采之書與《家語》比而觀之，則其所增損改易者文必冗弱，辭必淺陋，遠不如其本書，甚或失其本來之旨，其爲勦襲顯而可按。而世不察，以爲孔氏遺書，亦已惑矣！"[③] 崔述此處從《孔子家語》的史料來源考證《孔子家語》爲僞，與閻若璩從語料來源考證"人心惟危，道心惟微，惟精惟一，允執厥中"十六字心傳的方法可謂如出一轍。又考證《山海經》時說："世傳《山海經》爲禹與益所撰。余按：書中所載，其事荒唐無稽，其文淺弱不振，蓋搜輯諸子小說之言以成書者。其尤顯然可見者，長沙、零陵、桂陽、諸暨等郡縣名，皆秦、漢以後始有之，其爲漢人所撰明甚。甚矣，學者之好奇而不察真僞也！"[④] 崔述從語言風格以及地名考釋《山海經》的年代及作者，其方法與閻氏《疏證》考證"金城郡"的思路若合符節。崔氏雖没有見過閻氏《疏證》一書[⑤]，但其辨僞思想導源於《疏證》，且辨僞方法並没有超越《疏證》的範圍。

另外，《疏證》對清代辨僞的具體影響非僅限於傳世《古文尚書》，而是旁及他經。劉逢禄《左氏春秋考證》認爲《左傳》乃是劉歆僞造。劉氏說："嘗曰：'《春秋左氏傳》則東漢以後之以訛傳訛者矣。此亦可證《尚書序》爲東晋人僞作。'"[⑥] 劉氏《左氏春秋考證》被人稱爲"與閻、惠之辯《古文尚書》等"[⑦]。這種思想一直影響到了後來的康有爲，康氏《新學僞經考》認爲古文經乃是劉歆僞作。康有爲說："梅賾所獻之僞古文，國朝閻氏若璩《古文尚書疏證》攻難不遺。然僞古文實出王肅，唯肅之學乃能爲之。肅既僞

① ［清］崔述撰著，顧頡剛編訂：《崔東壁遺書》，第11頁。

② ［清］崔述撰著，顧頡剛編訂：《崔東壁遺書》，第15頁。

③ ［清］崔述撰著，顧頡剛編訂：《崔東壁遺書》，第264—265頁

④ ［清］崔述撰著，顧頡剛編訂：《崔東壁遺書》，第110頁。

⑤ 陳履和《古文尚書辨僞跋》說："自宋元以來，論辨《尚書》者何啻數十家。前明梅氏，國朝閻氏洋洋大篇，先生皆未之見。"詳見［清］崔述撰著，顧頡剛編訂：《崔東壁遺書》，第608頁。

⑥ ［清］劉逢録著，顧頡剛校點：《左氏春秋考證》，《辨僞叢刊》之一，樸社出版，1933年，第1頁。

⑦ 趙爾巽等撰：《清史稿》第四十三册卷四百八十二，中華書局，1977年，第13267頁。

《書》，又僞《家語》以證之，與劉歆同一心法。”[①] 蕭一山亦説：“試遍清初之著述幾無一不‘多少’帶有懷疑精神，懷疑之成風氣者，以此時爲最著。夫全盛時期學者所以破出傳注重圍，別自創説者，乃懷疑之解放也。”[②] 蕭氏此言正指出了《疏證》辨僞思想的意義。也正如上揭梁啓超的“思想解放”之説，對乾嘉考據學派而論没有觸及根本，但是從整個清代學術史看，梁氏説法還是頗有道理。

至於孫志祖《家語疏證》則直接受《疏證》影響。孫氏《家語疏證》是清代考辨《孔子家語》的力作，該書從材料來源方面來論證《家語》之僞，這種方法顯然是受到《疏證》的影響。孫氏是書取名“疏證”，顯然是受閻氏《古文尚書疏證》之影響，即疏通證明之義。[③] 由此可見《疏證》的辨僞方法與思想對清代辨僞學的影響。而民國時期胡適、顧頡剛、錢玄同、顧實等人的疑古辨僞的思想無不受《疏證》之影響。我們可以説，正是閻氏《疏證》一書，使得中國傳統的辨僞方法進入成熟和總結階段。後來，梁啓超《古書真僞及其年代》、張心澂《僞書通考》等著作對傳統辨僞方法進行總結，但均没有超出《疏證》所用之方法。閻氏《疏證》在傳統辨僞學中，不管是在思想上還是在方法都可謂是集大成之作，對後世影響深遠。

五、小結

如何看待辨僞對於推進學術研究的意義，西方學者波普爾《猜想與反駁》有精彩的論述。波普爾在《猜想與反駁序言》中説：

> 知識，特別是我們的科學知識，是通過未經證明（和不可證明）的預言，通過猜測，通過我們對於問題的嘗試性解決，通過猜想而進步的。……對我們的猜想的批判極爲重要；通過我們的錯誤，使我們理解我們正試圖解決的那個問題的困難。就這樣我們越來越熟悉我們的問題，並可能提出越來越成熟的解決：對一個理論的反駁——即對問題的任何認真的嘗試性解決的反駁——始終是使我們接近真理的前進的一步。正是這樣我們能够從我們的錯誤中學習。[④]

波氏又説：

---

① [清]康有爲:《新學僞經考》,中國戲劇出版社,1999 年,第 106 頁。

② 蕭一山:《清代通史》,華東師範大學出版社,2010 年,第 760 頁。

③ 對於此問題,可參見劉巍:《積疑成僞:〈孔子家語〉僞書之定讞與僞〈古文尚書〉案之關係》,《近代史研究》2014 年第 2 期。

④ [美]波普爾:《猜想與反駁》,中國美術學院出版社,2016 年,序言。波普爾《猜想與反駁》雖然其所舉之例和寫作目的主要是就自然科學領域而言,但這一理論用於乾嘉時期的考據學無疑具有適用性。其實對於乾嘉考據學、辨僞學等人文社科領域,其所用方法與近代自然科學研究方法亦有相通之處,這一點胡適、梁啓超等人早已言及。

> 證僞主義者寧願用大膽的猜想試圖解決有趣的問題，即使（而且尤其是）它迅速被證明爲虛假，而不喜歡重複一大堆無關的老生長談。我們寧願這樣做，因爲我們相信這是我們可以從錯誤中學習的方法；並且在發現我們的猜想爲虛假的過程中我們將學到許多關於真理的東西，並且將更加接近於真理。①

波普爾認爲科學是在嘗試性的解決問題中得到進步，從而更加接近真理。他認爲論辯的雙方在解決這某一問題中是容許出現錯誤的，只要我們能够認識到錯誤，從錯誤中學習，最後才能推動問題的解決。這一理論其實對於我們如何看待《古文尚書》真僞問題提供了一個視角。前人對《古文尚書》真僞的討論，不管證真或是證僞，他們都在嘗試解決這一問題。他們舉證也各有不足，但正是在爭論之中，問題的癥結在凸顯。以閻、毛爲例，他們的舉證都有不足，都互相指出了對方的缺陷。但正是在這一爭論中，雙方的不足之處得到凸顯，也同時爲後人對於這一問題的研究提供了基礎，比如惠棟《古文尚書考》等一系列考辨《古文尚書》的著作正是在《疏證》的基礎上的修正和補充。

另外，隨着一些出土文獻的整理面世，如已經整理的清華簡中就有許多關於《尚書》② 的材料，這些材料的發現與整理對推進《尚書》學的研究無疑是非常有用的。比如清華簡《尹誥》(《咸有一德》) 記載的是湯與伊的對話，孔穎達《正義》説："孔以《咸有一德》次《太甲》後，第四十；鄭以爲在《湯誥》後，第三十二。"③ 可見，就《咸有一德》在《尚書》中的順序，孔《傳》和鄭玄所列次序不同，究其原因乃是對於《咸有一德》之文本解讀有歧義。鄭玄所見之《咸有一德》中伊尹的對話人物是商湯，所以鄭玄將其列入《湯誥》之後，列三十二。今本《咸有一德》中伊尹對話之物件爲太甲，所以将《咸有一德》列《太甲》之後。因《尚書》篇目之順序是以王朝爲序，同一朝代又是以王之世系爲序。這一問題其實是涉及《咸有一德》文本的歷史語境，因而造成二者認識之差異。而在今天的清華簡《尹誥》中伊尹對話人物是商湯④，清華簡與鄭玄之説相符。可見鄭玄所見《咸有一德》與清華簡《咸有一德》至少所述歷史境況及語境有相同之處。這無疑可佐證閻若璩認爲今本《古文尚書》與鄭玄注本並不相同的觀點。

總之，我們在看待《疏證》的時候，要走出真僞對立的二元評價誤區。對於《疏證》的評價不能僅著眼於今本《古文尚書》之真僞，從學術史的角度來看待《疏證》，只有如

① ［美］波普爾：《猜想與反駁》，第 296 頁。

② 清華簡一共六十餘篇，將近三分之一是《尚書》一類文獻。這些文獻無疑對古文《尚書》真僞問題有重要作用。參見李學勤：《夏商周文明研究・清華簡的文獻特色與學術價值》，商務印書館，2015 年，第 51—52 頁。

③ ［汉］孔安國傳，［唐］孔穎達疏，廖名春、陳明整理：《尚書正義》，北京大學出版社，1999 年，第 20 頁。

④ 可參見廖名春：《清華簡與〈尚書〉研究》，《文史哲》2010 年第 6 期，第 120 頁。清華簡整理者亦説："《殷本紀》云'伊尹作《咸有一德》，事在湯踐天子位後，介於《湯誥》《明居》之間，而孔傳本及《書序》則以爲太甲時'。列於《太甲》三篇之下，與《殷本紀》不合。按司馬遷曾問學於孔安國，孔安國親見孔壁《尚書》，所説自屬可信。現在簡文所述，很清楚在湯世，僞《咸有一德》的謬誤明顯。"李學勤主编：《清華大學藏戰國竹簡(壹)》，第 132 頁。

此才能做出相對正確的評價。《疏證》在學術史中的影響，如果今本《古文尚書》爲真，因《疏證》而造成前人對《古文尚書》二十五篇研究不足，這是《疏證》的負面影響。但考察《疏證》接受史，特别是對辨僞學史、清代乾嘉考據學、清代中後期的今文經學以及民國的古史辨派的影響還是比較積極的。它的學術史意義不能一筆抹殺。

On the Influence and Significance of *Shang Shu Gu Wen Shu Zheng*
—From the Tsinghua Bamboo Slips about *Shang Shu*

Yang Qinghua

Abstract: Discovery of Tsinghua Bamboo Slips including some text of *Shang shu* in the past few years led to a rediscussion of the case about *Shang Shu Gu Wen Shu Zheng*. Beacuse Yan Ruo-qu's *Shang Shu Gu Wen Shu Zheng* has a huge impact in this case, some scholars try to deny Yan Ruoqu's *Shang Shu Gu Wen Shu Zheng*. But it (*Shang Shu Gu Wen Shu Zheng*) has a great influence on Qianjia textology, literature discrimination studies and the history of *Shang Shu* research. Its value and significance of academic history should not be obliterated. This article argues that our evaluation of it should go beyond the misunderstanding of the binary opposition of "non-false and true", and that we should have an objective view of its significance in academic history.

Keywords: *Gu Wen Shang Shu*; *Shang Shu Gu Wen Shu Zheng*; Textology; Literature discrimination studies

日月食與朔望晦

徐傳武　張述錚

［摘　要］我國自古非常重視日月食的觀測和記録，朔望晦是與日月運行，特别是與日月食發生的重要的時間節點。籠統地説："日蝕則朔，月蝕則望。"即日食發生於初一日（朔日），月食發生於十五日（望日）。但細究起來，日月食早於或者遲於這個日子也是正常的。本文用大量資料和事實説明這種現象，並以之辨析史籍中的錯訛或欠準確之處，糾正人們認識上的某些偏頗。本文同時論及與日月食相關的"帶食""日月繼食"、日月食的同異之處和日月食的成因及救護等情況。

［關鍵詞］日月食；朔望；晦日；日月食救護

古人云："日蝕則朔，月蝕則望。"[①]籠統地説，這話是對的；但要細説起來，還真有點講究。日食，大多發生於朔日；月食，大多發生於望日。爲何説"大多"？别人此處往往説"必定"；我們覺得説"必定"並不準確，或者説並不符合實際情況。朔日，有人解釋爲農曆月的初一。《説文解字》："朔，月一日始蘇也。"[②]中國農曆將朔日定爲每月的第一天，即初一。在古代，這一天君主須視朝，群臣賀朔。《東周列國志》第二回："明日乃朔日，父王必然視朝。"[③]望日，有人解釋爲農曆月的十五日。《舊唐書・文苑傳上・楊炯》："如意元年七月望日，宫中出盂蘭盆分送佛寺。"望日，因爲采用的定朔法，通常指農曆每月的十五日，但本意卻是指月亮最圓的那一天。清俞樾《茶香室續鈔・望日稱圓日》："《隆興塔磚題記》：隆興二年九月圓日。圓日，月圓之日，猶言望日。"[④]但"十五的月亮十六圓"，真正月亮最圓的那一天，有時不在農曆每月的十五日，而是在農曆每月的十六日；一般説特别是農曆大月的十五日和某些小月的十六日，是真正的月亮最圓的日子；甚至還有可能是農曆的十七日（如2017年中秋節月亮最圓的時間是當年農曆的八月

【作者簡介】徐傳武（1948—　），男，山東寧陽人。山東大學儒學高等研究院教授。研究方向：中國古代文獻、中國古代文學、中國古代文化。張述錚（1936—　），男，山東師範大學文學院教授。研究方向：名物訓詁、古典文獻學。

① 《史記》張守節正義引《説文》。［漢］司馬遷：《史記》，中華書局，1963年，第422頁。

② ［漢］許慎：《説文解字》，中華書局，1963年，第141頁。

③ ［明］馮夢龍：《東周列國志》，人民文學出版社，1973年，第12頁。

④ ［清］俞樾：《春在堂全書》第六册，鳳凰出版社，2010年，第245頁。

十七日淩晨 3 時 05 分，此時月亮最圓）。人們口中和筆下的望日（不是專論天文上的望日），不論大月小月，都把農曆每月的十五日稱爲望日。

朔日亦非如有人想像的只是簡單的每月初一的日子，特别是和日食聯繫在一起談論的時候。當天空中的月球恰好運行至與太陽黄經相等，稱爲朔。月球運行到地球和太陽之間，和太陽幾乎同時出没，在地球上看不到月亮。這一天是農曆每月的初一，稱爲朔日，天空中的月球恰好運行至與太陽黄經相等的時間，有時會提前一天，就是大月的三十日、小月的二十九日，也就是傳統的晦日了。《三國志・魏志》[①]、《宋書・五行志五》[②]《晉書・天文志中》[③] 都記載魏文帝黄初二年六月戊辰晦“日有食（蝕）之”，《晉書・律曆志中》[④] 更明確地説是“六月二十九日”，該月是小月，二十九日也就是傳統的晦日了。可見，發生日食的日子，也可能是朔日之前的晦日。前言三部書都明確記載了魏文帝黄初二年六月戊辰晦“日有食（蝕）之”；但《晉書・律曆志中》也是在此日此時卻説“加時未日食”[⑤]。應該以誰爲準呢？我們覺得，雖然《三國志》《宋書》《晉書》三部書都明確記載了魏文帝黄初二年六月戊辰晦“日有食（蝕）之”，而記載“加時未日食”的僅僅《晉書・律曆志中》一處，所以我們還是比較相信《晉書・律曆志中》的記載更爲準確。前三部書可能是後面的沿襲了前面的錯誤，而《晉書・律曆志中》的確是根據自己掌握的真實史料的準確記録。何況“六月戊辰晦日有食之”的記載，也是根據當時天象預測官員的預推而記録下來的，只是這次日食未能應驗，他們未能記録下後來發生變化未能應驗的結果罷了。但既然天象預測官員的預推在該年的“六月戊辰晦”或者“六月二十九日”應該有日食，説明在晦日出現日食“這個是可以有的”，至少在理論上是這樣。

還有一例，就更有説服力了：還是前言三部書也都明確記載了魏文帝黄初三年十一月庚申晦“日有食（蝕）之”，也還是《晉書・律曆志中》記載了魏文帝黄初三年十一月月二十九日庚申：“加時西南維日蝕。”[⑥] 我們覺得，同樣是《晉書・律曆志中》記載的更爲詳盡準確，更加證明了晦日發生日食是千真萬確、不用質疑的。我國農曆曾以十一月、十二月、正月爲歲首（三正），三正之外，還有以十月爲歲首之説。爲歲首，則該月初一日爲朔日，朔日有以平旦（天剛亮的時刻）、雞鳴、夜半爲開頭的多種演算法，所以農曆每年最早開始的時間，也就有所不同；由於朔日起始點的差異，某些時日算在朔日或者晦日有時可能真的就不太一致了。

《晉書・天文志中》：“孝懷帝永嘉五年三月壬申丙夜，月蝕，既。丁夜又蝕，既。”查驗《中國史曆日和中西曆日對照表》（以下簡稱《中西曆日對照表》），這年三月壬申，

① ［晉］陳壽：《三國志》，中華書局，1964 年，第 78 頁。
② ［南朝梁］沈約：《宋書》，中華書局，1974 年，第 1011 頁。
③ ［唐］房玄齡：《晉書》，中華書局，1974 年，第 337 頁。
④ ［唐］房玄齡：《晉書》，中華書局，1974 年，第 500 頁。
⑤ ［唐］房玄齡：《晉書》，中華書局，1974 年，第 500 頁。
⑥ ［唐］房玄齡：《晉書》，中華書局，1974 年，第 500 頁。

應該是三月十五日[①]，望日，是發生月食的時日；但丙夜、丁夜，猶言三更、四更，大約兩個時辰之内，怎麼會兩次“食既”呢，這個記録應該是有問題的。我們查閲北周武帝建德六年十一月己亥（西元577年12月24日）日食，《周書·武帝紀下》[②]《北史·周本紀》[③]皆曰此日爲“晦”，但查《中西曆日對照表》，此日當爲農曆的十二月初一，仍是朔日，《周書·武帝紀下》和《北史·周本紀》記此日爲“晦”，誤。古籍中這種説是晦日而日食的例證非常豐富，我們初步查閲估計可能有百十條之多。當然有些，我們對照各種記載，再參照天象專家的意見，再查核《中西曆日對照表》，發現是有問題的。如漢孝文帝三年十一月丁卯晦[④]（該月無丁卯）、漢成帝建始四年七月辛未晦[⑤]（該月無辛未。據同書第96頁，應是永始四年）等等。但可以確定是晦日有日食的確實可靠的記録也不少。如漢高祖三年十月甲戌晦[⑥]、漢孝文帝三年十月丁酉晦[⑦]、漢景帝三年二月壬午晦[⑧]、漢景帝七年十一月庚寅晦[⑨]、漢武帝征和四年八月辛酉晦[⑩]、漢成帝河平三年八月乙卯晦[⑪]等等，都被記録於晦日發生日食，通過查驗對比，也未發現可疑之處，而且這種於晦日發生日食的例證絶非孤例、特例，多得幾乎難以盡舉。可見，晦日有日食是確信而可靠的，可以説是鐵證如山的事實。這樣來看，我們好多詞典、專著，甚至有些專門介紹天文天象知識的科普書籍之類説到日食，僅僅説發生於朔日，這是不準確的，也是不符合歷史事實的和天象實況的。發生日食的時間，也應該包含某些晦日。

説月食發生於望日，但並非一定指農曆月的十五日。遍檢各種天文律曆有關月食的記載，當然還是發生在農曆月十五日的居多，除去無確切的發生月日的月食記載之外，發生在農曆月十六日的月食記載也不少，不下數百條之多。如東漢和帝永元十二年正月十六日曾發生一次月食[⑫]，劉宋文帝元嘉十四年十二月十六日也曾發生一次月食[⑬]。甚至還有發生於農曆月的十五日之前的，如民國時期貴州《甕安縣志》卷八記載清德宗光緒二十六年九月癸未“日有食之”[⑭]。天象專家參照其他記載，這次發生的應該是月食，這天是望日，望日絶對不可能發生日食，“日有食之”應當是“月有食之”之誤。[⑮] 九月癸

---

① 方詩銘、方小芬編著:《中國史曆日和中西曆日對照表》,上海辭書出版社,1987年,第316頁。
② [唐]令孤德棻:《周書》,中華書局,1974年,第105頁。
③ [唐]李延壽:《北史》,中華書局,1974年,第370頁。
④ [漢]班固:《漢書》,中華書局,1964年,第119頁。
⑤ [宋]鄭樵:《通志》,中華書局,1987年,第854頁。
⑥ [漢]班固:《漢書》,中華書局,1964年,第39頁。
⑦ [漢]班固:《漢書》,中華書局,1964年,第1501頁。
⑧ [漢]班固:《漢書》,中華書局,1964年,第1501頁。
⑨ [漢]班固:《漢書》,中華書局,1964年,第1501頁。
⑩ [漢]班固:《漢書》,中華書局,1964年,第1503頁。
⑪ [漢]班固:《漢書》,中華書局,1964年,第1505頁。
⑫ [南朝宋]范曄:《後漢書》,中華書局,1973年,第3040頁。
⑬ [南朝梁]沈約:《宋書》,中華書局,1974年,第263頁。
⑭ 《甕安縣志》,成文出版社,1974年,第571頁。
⑮ 北京天文臺主编:《中國古代天象記録總集》,江蘇科學技術出版社,1989年,第346頁。

未，是西曆的1900年11月5日，農曆的九月十四日。因爲無有更確切的月食發生的具體時刻記載，會不會是上半夜深夜，已經接近九月十五日了？還是由於歲差等原因，時間和天象對應的已經不太準確了呢？難以準確論斷，但月食發生在農曆的某月十四日，是完全可能的。《魏書·天象志二》記載，北魏莊帝永安三年“五月甲申望前，月蝕於午”[①]。甲申，爲當年農曆的五月初十日。月食不會發生在“望前初十日”這個早於望日好幾天的日子，但發生於“望前”應當是有可能的。原因仍然可能是前面提到的那兩點。但指月亮最圓的那一天的望日，仍然是農曆大月的十五日和農曆小月的十六日，或者可能是農曆的十七日，但不會提前到農曆初十日，《魏書·天象志二》記載應該有錯謬之處。

根據以上原理，我們可以檢查歷史上日食月食記載的不準確或錯謬之處。除去前面提到的《甕安縣志》所載“日有食之”應當是“月有食之”之誤外，再如：《史記·孝文本紀》二年“十二月望，日又食”[②]，“十二月望”爲望日，不會發生日食，當系“月又食”之誤。《舊唐書·文宗紀下》記載唐文宗開成元年正月“丙辰望，日有蝕之”[③]，丙辰是十六日，同書《天文志下》記載本年本月十五日“日有蝕之”[④]。而日食應該發生在朔日，這兩處的“日有蝕之”都説望日，則都應該是“月有蝕之”之誤[⑤]。又《舊唐書·代宗紀》記載，大曆四年正月“甲申，日有蝕之”[⑥]。該月甲申爲十五日，乃望日，而該月庚午爲朔日，所以，天文專家認爲這裏的“日有蝕之”也應當是“月有蝕之”之誤[⑦]。《舊五代史·天文志》[⑧]和《新五代史·司天考二》[⑨]都記載後唐莊宗同光三年九月甲辰的月食，因爲“甲辰”非望日，而本月甲寅爲望日，天文專家疑“甲辰”係爲“甲寅”之誤[⑩]。我們認爲還是有道理的。同理，《宋史·哲宗紀二》記載，元符二年十月甲寅“日有食之”[⑪]，甲寅爲望日，此處“日有食之”也應當是“月有食之”之誤[⑫]。《宋史·天文志五》記載宋徽宗政和三年“十月甲午，月食”[⑬]，該年的“十月甲午”非望日，專家疑

---

① ［北齊］魏收：《魏書》，中華書局，1974年，第2381頁。

② ［漢］司馬遷：《史記》，中華書局，1963年，第422頁。

③ ［後晋］劉昫等：《舊唐書》，中華書局，1975年，第564頁。

④ ［後晋］劉昫等：《舊唐書》，中華書局，1975年，第1333頁。

⑤ 北京天文臺主编：《中國古代天象記録總集》，江蘇科學技術出版社，1989年，第176、238頁。

⑥ ［後晋］劉昫等：《舊唐書》，中華書局，1975年，第291頁。

⑦ 北京天文臺主编：《中國古代天象記録總集》，江蘇科學技術出版社，1989年，第278頁。按：《中國古代天象記録總集》此處誤爲“唐明宗大曆四年正月甲申”，大曆爲唐代宗年號，核《舊唐書·代宗紀》等，應爲“唐代宗大曆四年正月甲申”。

⑧ ［宋］薛居正等：《舊五代史》，中華書局，1976年，第1849頁。

⑨ ［宋］歐陽修：《新五代史》，中華書局，1974年，第707頁。

⑩ 北京天文臺主编：《中國古代天象記録總集》，江蘇科學技術出版社，1989年，第278頁。

⑪ ［元］脱脱：《宋史》，中華書局，1977年，第353頁。

⑫ 北京天文臺主编：《中國古代天象記録總集》，江蘇科學技術出版社，1989年，第285頁。

⑬ ［元］脱脱：《宋史》，中華書局，1977年，第1097頁。

“十月”當係“七月”之誤，如果是該年“七月甲午”就是望日了，十、七，形近而訛[①]。《續文獻通考》卷二一二記載，宋度宗咸淳二年六月丁丑月食[②]，該年“六月丁丑”亦非望日。天文專家疑“咸淳二年六月丁丑”當係“咸淳二年五月丁未”之誤，如果是該年“五月丁未”，就是望日了，發生月食就自然有理了[③]。《宋史·天文志五》記載，宋度宗咸淳“四年七月癸亥，月食”，天文專家疑“七月”當係“九月”之誤，七、九，亦形近而訛[④]。明萬曆《宣府鎮志》卷五記載，宋度宗咸淳五年“十月丙寅朔，日食在尾”[⑤]。天文專家指出該月癸酉爲朔日，無丙寅之日，懷疑此次記載的準確性，因而將這次記載列入“不確定類”的日食記載[⑥]。

日食都是發生在白天，因爲太陽夜晚落入地下，人們看不到了。如果在地平綫下發生了一部分，帶着被食的部分從地平綫下升起，或者下午發生了日食，還未結束，帶着被食的部分落入地下，這兩種情況都叫“帶食”。《舊五代史·天文志》：“天福二年正月乙卯……是日太陽虧，十分内蝕三分，在尾宿十七度。日出東方，以帶蝕三分，漸生，至卯時復滿。”[⑦]《清朝文獻通考》卷二百六十三：“（雍正）九年十二月庚寅朔，日食，在斗宿初度二十六分，食九分十一秒，卯正三刻八分初虧，辰初一刻十分帶食，六分四十秒出地平，辰初三刻四分食甚，巳初初刻五分復圓。”[⑧] 這種情況就是“太陽帶食而出”。《清朝文獻通考》卷二百六十三：“（乾隆）二十三年十二月癸丑朔，日食，在斗宿一度五十一分，食八分五十一秒，申初初刻五分初虧，申正一刻五分食甚，申正二刻六分帶食七分二十三秒入地平。”[⑨]《清朝文獻通考》卷二百六十三：“（乾隆）二十七年九月庚申朔，日食，在角宿三度二十六分，食五分四十秒，申正三刻五分初虧，酉初一刻十三分帶食五分四十秒入地平。”[⑩] 入地平帶食，指太陽落入地平綫之後日食繼續，有人稱之爲“太陽帶食而落”。

月亮也有這種這種“帶食”的情況。《魏書·天象志》：“（延昌三年）四月癸巳，月在尾，從地下蝕出，十五分蝕十四。”[⑪]《清朝文獻通考》卷二百六十四：“（乾隆）十八年九月戊辰望，月食在奎宿初度二十一分，食四分十六秒。申初二刻五分初虧，申正三刻四分食既，酉初二刻五分帶食，二分二十九秒出地平，酉正初刻三分復圓。”[⑫] 這種情況

---

① 北京天文臺主编：《中國古代天象記録總集》，江蘇科學技術出版社，1989年，第286頁。
② ［明］王圻：《續文獻通考》，《萬有文庫·十通第八種》，商務印書館，1936年，第4520頁。
③ 北京天文臺主编：《中國古代天象記録總集》，江蘇科學技術出版社，1989年，第294頁。
④ 北京天文臺主编：《中國古代天象記録總集》，江蘇科學技術出版社，1989年，第294頁。
⑤ 《宣府鎮志》，成文出版社，1970年，第45頁。
⑥ 北京天文臺主编：《中國古代天象記録總集》，江蘇科學技術出版社，1989年，第260頁。
⑦ ［宋］薛居正等：《舊五代史》，中華書局，1976年，第1848頁。
⑧ ［清］張廷玉等：《清朝文獻通考》，《萬有文庫·十通第九種》，商務印書館，1936年，第7218頁。
⑨ ［清］張廷玉等：《清朝文獻通考》，《萬有文庫·十通第九種》，商務印書館，1936年，第7219頁。
⑩ ［清］張廷玉等：《清朝文獻通考》，《萬有文庫·十通第九種》，商務印書館，1936年，第7219頁。
⑪ ［北齊］魏收：《魏書》，中華書局，1974年，第2375頁。
⑫ ［清］張廷玉等：《清朝文獻通考》，《萬有文庫·十通第九種》，商務印書館，1936年，第7239頁。

就是“月亮帶食而出”。《清朝文獻通考》卷二百六十四：“（乾隆）五年十一月壬申望，月食在井宿十度三分，食五分十九秒。卯正初刻十分初虧，辰初一刻八分帶食，五分十五秒入地平。”①《清朝文獻通考》卷二百六十四：“（乾隆）九年三月癸巳望，月食在亢宿五度五十八分，食六分五十七秒。丑正三刻九分初虧，寅正一刻八分食甚，卯初初刻十二分帶食，四分二十二秒入地平。”② 這種情況就是“月亮帶食而入”。嘉慶《馬邊廳志略》卷一：“（乾隆三十八年）三月十六日月食，各省縣在地平不見食。”③ 這種情況應當是月食的過程由於全部在地平綫之下，或者説月亮升起露出地平綫之前月食已經發生完畢，或者落入地平綫之後月食方才發生，所以人們没有機會看到。

日食都是發生在白天，因爲太陽只有白天才在地平綫之上，所以日食夜晚看不到，但月亮卻是一天十二個時辰時時都可能在地面之上的，所以月食是一天十二個時辰時時都可能發生的。《宋書・律曆志》：“（元嘉）十四年十二月十六日望月蝕，加時在戌之半，到二更四唱，亥末，始蝕，到三更一唱，食既，在井三十八度。”④ 戌，指 19 時至 21 時，戌之半，指 20 時；二更四唱，指 23 時；亥指 21 時至 23 時，亥末，接近 23 時；三更一唱，指 23 時 30 分。《南齊書・天文志》：“（永明）十年十二月丁酉，月蝕在柳度，加時在酉之少弱，到亥時月蝕起東角七分之二，至子時光色還復。”⑤ 酉，指 17 時至 19 時；亥，指 21 時至 23 時；子，指 23 時至 1 時。《清朝文獻通考》卷二百六十四：“（順治）五年閏四月己酉望，月食在尾宿四度五十分，食三分五十三秒。酉正三刻三分初虧，戌初三刻十四分食甚，亥初初刻十分復圓。”⑥ 古代一晝夜或分作十二辰，每辰又分作初、正二小時。古代一晝夜或分作一百刻，清初至今爲一晝夜分作九十六刻，每刻 15 分鐘。酉，指 17 時至 19 時；酉正，指 18 時；酉正三刻三分，指 18 時 48 分。戌，指 19 時至 21 時；戌初，指 19 時；戌初三刻十四分，指 19 時 59 分。亥，指 21 時至 23 時；亥初，指 21 時；亥初初刻十分，指 21 時 10 分。這幾例則可以説都是“深夜月食”。《明英宗實録》卷一百八十七：“（景泰元年正月辛卯）是日早，月食當在卯正三刻，欽天監官以爲辰初初刻，致失救護。”⑦ 卯，指 5 時至 7 時；卯正，指 6 時；卯正三刻，指 6 時 45 分。辰，7 時至 9 時；辰初，指 7 時；辰初初刻，指 7 時 0 分。《國榷》卷三十三：“（天順四年閏十一月）戊午，曉刻，月食四分有奇。”⑧《清朝文獻通考》卷二百六十四：“（康熙）二十一年正月甲子望，月食在張宿二度三十八分，食十六分四十六秒。寅正三刻十一分初虧，卯初三

---

① ［清］張廷玉等：《清朝文獻通考》，《萬有文庫・十通第九種》，商務印書館，1936 年，第 7238 頁。
② ［清］張廷玉等：《清朝文獻通考》，《萬有文庫・十通第九種》，商務印書館，1936 年，第 7239 頁。
③ 《中國地方志集成・馬邊廳志略》，巴蜀書社，1992 年，第 419 頁。
④ ［南朝梁］沈約：《宋書》，中華書局，1974 年，第 263 頁。
⑤ ［南朝梁］蕭子顯：《南齊書》，中華書局，1974 年，第 206 頁。
⑥ ［清］張廷玉等：《清朝文獻通考》，《萬有文庫・十通第九種》，商務印書館，1936 年，第 7235 頁。
⑦ 《明英宗實録》，臺灣歷史語言研究所，1962 年，第 3784 頁。
⑧ ［明］談遷：《國榷》，中華書局，1958 年，第 2113 頁。

刻四分食既，卯正三刻五分食甚，辰初三刻七分生光，辰正三刻復圓。”[①] 寅，3 時至 5 時；寅正，指 4 時；寅正三刻十一分，指 4 時 56 分。卯，指 5 時至 7 時；卯初，指 5 時；卯初三刻四分，指 5 時 49 分。卯正，指 6 時；卯正三刻五分，指 6 時 50 分。辰，7 時至 9 時；辰初，指 7 時；辰初三刻七分，指 7 時 52 分。這都可以説是“曉晨月食”。《清朝文獻通考》卷二百六十四：“（康熙）十八年三月辛亥望，月食在亢宿五度五十一分，食四分三十七秒。卯初初刻十一分初虧，卯正二刻三分食甚，辰初三刻九分復圓。”[②] 卯初，指 5 時；卯初初刻十一分，指 5 時 11 分。卯正，指 6 時；卯正二刻三分，指 6 時 33 分。辰初，指 7 時；辰初三刻九分，指 7 時 54 分。《清朝文獻通考》卷二百六十四：“（乾隆）二十三年十二月丁卯望，月食在井宿二十度五十八分，食五分二十八秒。未正一刻十一分初虧，申初三刻三分食甚，申正二刻十三分帶食，二分四十二秒出地平，酉初初刻九分復圓。”[③] 未，13 時至 15 時；未正，指 14 時；未正一刻十一分，指 14 時 26 分。申，15 時至 17 時；申初，指 15 時；申初三刻三分，指 15 時 48 分。酉，17 時至 19 時；酉初，指 17 時；酉初初刻九分，指 17 時 9 分。這都可以説是“白晝月食”。全食發生時，天色昏暗，白晝如夜，如清初孫之騄《二申野録》卷八所言：“（崇禎辛巳）十月辛卯朔，日有食之，既，白晝如夜，星斗盡見，百鳥飛鳴，牛羊雞犬皆驚逐。”[④] 景象是很恐怖的。因月食較日食爲常見，古人或把月之盈虧誤認爲月食現象，所以月食發生時驚恐度就小一些，月偏食發生時，月亮或呈一半白色，一半古銅色。月全食時整個月面呈現赤紅色，或者古銅色。《南齊書・天文志》：“永泰元年四月癸亥，月蝕，色赤如血。”[⑤] 光緒《曹縣志》卷十八：“（道光十八年）八月十五日，月食，盡，色赤。”[⑥] 日光經過地球大氣層時發生折射，紅光偏折程度最大，再加大氣層的灰塵及雲的含量與位置不同，因此月全食時的月球是暗紅、紅銅或橙色的。天文教育專家趙之珩説：“此時從地球上看去，月亮並不是從空中消失，而是呈現難得一見的古銅色，也就是平常所説的‘紅月亮’。”他認爲：“月全食最好看。”[⑦]

如果農曆某月，月初發生了日食，月中發生了月食，這種現象叫“日月連食”或“日月繼食”。《史記・六國年表》記載秦躁公八年就發生過“日月食”[⑧]，就是“日月連食”。萬曆《嘉定縣志》記載明世宗嘉靖三十三年十一月“日月繼食”[⑨]。《清史稿・聖祖本紀二》載：“（康熙二十四年十一月）乙酉，詔曰：日蝕於月朔，越十六日，月蝕。”説

---

① ［清］張廷玉等:《清朝文獻通考》,《萬有文庫・十通第九種》,商務印書館,1936 年,第 7236 頁。
② ［清］張廷玉等:《清朝文獻通考》,《萬有文庫・十通第九種》,商務印書館,1936 年,第 7236 頁。
③ ［清］張廷玉等:《清朝文獻通考》,《萬有文庫・十通第九種》,商務印書館,1936 年,第 7239 頁。
④ 《四庫全書存目叢書》史部第 56 册,齊魯書社,1996 年,第 795 頁。
⑤ ［南朝梁］蕭子顯:《南齊書》,中華書局,1974 年,第 206 頁。
⑥ 《中國地方志集成・曹縣志》,鳳凰出版社 2004 年,第 553 頁。
⑦ 見“浙江綫上”之“嘉興頻道”,2014 年 10 月 07 日《明天可觀賞罕見“紅月亮”》。
⑧ ［漢］司馬遷:《史記》,中華書局 1963 年,第 701 頁。
⑨ 《嘉定縣志》,成文出版社 1983 年,第 1075 頁。

到的也是一種“日月連食”的現象。日食一般生於朔，月食一般生於望，但並非逢朔望皆生日月食。日月必在“黄白交點”，方生日食；月入地之陰影，方生月食。有些日食、月食即便發生了，由於各種原因，人們也未必觀察得到，“日月連食”的機會就更少一些了。日食發生於黄白交點，月食發生於月入地影。有時理論和資料推算無誤，但預推日月食的結果卻有誤差，這時候往往是我們依據的曆法出了較大的問題。由於歲差的緣故（歲歲有差），一部曆法使用久了，往往出現較大的偏差，這就需要改曆——古代制定新的曆法：也往往是從預推和觀測日月食有了誤差開始的。

我們的古人把日食、月食當成上天對人間的懲罰，非常重視。《國榷》卷三十二記載明英宗天順二年二月甲辰云：“昏刻，月食於翼宿，遂犯右執法星。”[①] 這個天空發生了月食，古人認爲侵犯了右執法星，對人間的執法官不利。朝廷專門設置了天文機構和專門的官員，觀察和預測日食月食。同治《漢川縣志》卷十四云：“日月之食，本可預推，而異常者則爲災。”[②] 就提到這種“預推日月食”的情況，大多數情況下都與實際情況相符，但有時候也有細小的差别，或者差别很大，或者完全不符。比如如果預測某年月日時有日食月食，届時無有；或者根本未“預推有日月食”，届時偏偏發生了，就都屬於這種完全不符的情況。《宋會要輯稿》“瑞異類”二之四：“政和三年三月一日，太史局奏太陽當局，至未時七刻後日體圓明，全不虧食……先是太史局前期定到三月一日壬子朔午時八刻後太陽當食，從西北起，蝕及三分。”[③] 本來太史局預推當有日食，結果届時“日體圓明，全不虧食”。這次推奏就屬於這種“説有實無”的情況。如果預測不准，甚至記録有誤，相關人員就是失職，有的甚至還會受到懲罰。《尚書·胤征篇》載，仲康王時羲和因爲貪杯耽誤了日食預測，引起國人驚慌，羲和被處死。《史記·十二諸侯年表》云：“（魯桓公十七年）日食不書日，官失之。”[④] 也是一種失職行爲。

日全食時或幾幾盡食時，白晝如晦，六畜驚怖。嘉靖《石埭縣志》卷八：“（嘉靖）十九年七月朔日食，午後特甚。初然天色昏黄，六畜驚走，漸加晦暗如黑夜，雖道路人不相見。”[⑤] 民國《英山縣志》卷十四：“日食無光，六畜驚走，漸暝暗如黑夜，行人莫辨。”[⑥] 景象是很令人惊恐害怕的。古人把日食、月食當成天狗吞噬日月，發生日食、月食時，從官府到百姓，往往都非常恐懼。每逢朔日，君主須視朝，群臣賀朔。但如果恰逢日食，朝野爲之震驚慌亂，甚至“以日食免朝賀”。有時預測有日食發生，届時未出現，古人或認爲是上天免除了對人間的懲罰，是值得慶賀的喜事。（此事發生於元世祖至元二十九年正月甲午朔，見《元史·天文志一》。）《舊五代史·天文志》記載，後晋高祖

① ［明］談遷：《國榷》，中華書局，1958 年，第 2063 頁。
② 《中國地方志集成·漢川縣志》，江蘇古籍出版社，2004 年，第 325 頁。
③ 《宋會要輯稿》，中華書局，1957 年，第 2083 頁。
④ 《史記》，中華書局，1963 年，第 563 頁。
⑤ 《石埭縣志》，成文出版社，1983 年，第 572 頁。
⑥ 《中國地方志集成·英山縣志》，江蘇古籍出版社，2001 年，第 469 頁。

天福三年正月戊甲朔："司天先奏，其日日食，至是日不食，内外稱賀。"①

中國古人以日食、月食爲不吉，凡遇有日食、月食現象，例行救護。二者多有相似之處，月食救護的觀念及禮儀，比日食救護稍遜，但仍然是十分莊嚴肅穆、激情蕩漾的。中國古代日食或月食出現時，上至統治者下至平民百姓都要施行相應的"救護"儀式或措施，用以救護日月，這一傳統禮制和行爲從周代一直延續至清末。由於古人對日的崇拜遠高於月，因此，這種認知上的差異導致了救護日食、月食禮儀上的不同。在周代，救護日月的儀式相同點在《周禮·地官·鼓人》中有明確記載："救日月，則詔王鼓。"②又《秋官·庭氏》鄭玄注"救日用枉矢，則救月以恒矢可知也。"③ 雖然救護日月的工具都爲弓箭，但是其中"枉矢" "恒矢"還是有些區别的。漢代的日食救護"割羊以祠社"④，月食救護則較爲簡單，多爲"擊鏡""擊杖"⑤ 等民間常用方法。明末日食救護時，"百官具朝服"到"禮部儀門及正堂"舉行，月食時百官只須"便服於都督府"進行⑥，對地方官署不作交食救護要求。清代的日食救護較之明代更加嚴格、複雜。設香案、進、跪、叩、尸等禮儀都體現了清代日食救護之禮最爲隆重，月食救護與日食救護儀式相比，就比較寬鬆、隨便了一些。新中國成立前發生日月食時，我村百姓也曾敲鑼打鼓、舞槍弄刀，驅趕天狗，救護日神月神。

早在漢朝時張衡就説："夫日譬猶火，月譬猶水，火則外光，水則含景。故月光生於日之所照，魄生於日之所蔽，當日則光盈，就日則光盡也。衆星被耀，因水轉光。當日之衝，光常不合者，蔽於地也，是謂闇虚。在星星微，月過則食。"⑦ 已經指出月亮本身並不發光，月光是反射的日光，認爲是地球走到月亮的前面，把日光擋住的月食部分原理。但可惜這條探索科學的路子始終被壓制、限制，始終未能充分發展。如今，人類利用現代科學技術，已能準確預測日月食發生的時間，誤差不超過一秒。人們，特别是科學工作者借助日月食可以更好地研究各種天體，更多的人們可以帶着觀奇覽勝的心態看待日月食這個充滿奇趣的自然天象。

Solar and Lunar Eclipses, Syzygy and the Last Day of a Lunar Month

Xu Chuanwu　Zhang Shuzheng

Abstract: Since ancient times, China has attached great importance to the observation and recording of eclipses. Syzygy and the last day of a lunar month are the time points for

① [宋]薛居正等:《舊五代史》,中華書局,1976年,第1848頁。
② [清]孫詒讓:《周禮正義》,中華書局,1987年,第908頁。
③ [清]孫詒讓:《周禮正義》,中華書局,1987年,第2940頁。
④ [南朝宋]范曄:《後漢書》,中華書局,1973年,第3101頁。
⑤ [清]陳立:《白虎通疏證》,中華書局,1994年,第275頁。
⑥ [清]張廷玉:《明史》,中華書局,1974年,第1441—1442頁。
⑦ [漢]張衡:《靈憲》,見[南朝宋]范曄:《後漢書》,中華書局,1973年,第3216頁。

the movements of the sun and moon, especially for the appearance of the eclipses. In general, "the solar eclipse occurs on the first day of the lunar month, while the lunar eclipse occurs on the fifteenth day of the lunar month". However, it is normal for the eclipses to be earlier or later than this date. In this paper, large amount of information and facts are used to explain this phenomenon, to correct the errors or inaccuracies in history records, and to correct some biases in people's cognition. At the same time, this paper not only distinguishes the similarities and differences between the solar eclipse and lunar eclipse, but also argues the causes and the ceremony rescue of the eclipse, discusses "the eclipse at sunrise", deals with "the solar eclipse following lunar eclipse", and so forth.

Keywords: eclipses; Syzygy; the last day of a lunar month; the rescue ceremony of the eclipse

黄宗羲與蕺山學的塑造*

吴海蘭

[摘　要] 劉宗周身殉國難後，弟子們對其學説的理解産生了較大的分歧，導致蕺山之學分化嚴重。黄宗羲在這種情形下異軍突起，通過否定惲日初的《劉子節要》、撰寫《子劉子行狀》《蕺山學案》及參與重編《劉子全書》，重塑了蕺山學，結束了蕺山學的分裂，並獲得了陳之問、董瑒、姜希轍諸同門的支持。黄宗羲重塑蕺山學，主要有兩個原因：一與其在劉門地位的上升有關，二是其試圖借此表明自己作爲蕺山學道統傳人的身份。黄宗羲通過重塑蕺山學，不僅實現了奪取蕺山道統傳人的目標，而且對於蕺山學的傳播，也産生了深遠的影響。

[關鍵詞] 黄宗羲；明儒學案；劉子全書；劉子節要；道統

黄宗羲師承於明末大儒蕺山先生劉宗周，對蕺山之學，"終身奉爲依歸"①，不僅撰寫《子劉子學言》《子劉子行狀》，而且通過《明儒學案》一書，彰顯了劉宗周作爲宋明理學殿軍②的學術地位。這似乎表明黄宗羲已成爲劉宗周身後學術思想的代言人，那麼，當時的實際情況是否如此呢？黄宗羲的用意又何在？對於蕺山之學又有怎樣的影響？本文將一一解答這些問題。

一、蕺山學分裂的概況

晚明以來，鑒於王學風行天下卻於國事無補、且流弊日甚，部分有識之士開始對王學進行批判和反思，探索新的思想出路。劉宗周試圖對王學予以修正補充，走出一條存亡

【作者簡介】吴海蘭(1976—　)，女，湖北麻城人。厦門大學人文學院歷史系副教授，碩士生導師。研究方向：中國史學史、歷史文獻學。

*　基金項目：中央高校基本科研業務費專項資金資助項目(20720151025)。

①　梁啓超：《中國近三百年學術史》，東方出版社，2012年，第53頁。

②　誰是理學殿軍？有學者提出今存三個答案：劉宗周、黄宗羲、王夫之。(王煜：《港臺朱學研究述評》，《朱子學刊》第一輯，黄山書社，1988年，第113頁。)但以劉宗周爲理學殿軍的看法占絶對優勢，观点出自劉述先，具体参見《理學殿軍——黄宗羲》，《浙江學刊》1995年第5期。

繼絶之路。其所開創的蕺山學派[①]，影響頗大，風行於大江南北，梁啓超曾提出“明清嬗代之際，王門下惟蕺山一派獨盛，學風已漸趨健實”[②]。實爲中肯之論。與此同時，隨着王學遭受普遍質疑，程朱理學重新抬頭，學術界出現由王返朱的新浪潮。此外，還有經世實學、諸子學、經學的興起。這樣一種衆説紛紜的局面，對蕺山弟子産生了不同程度的影響。

順治二年（1645），劉宗周身殉國難。其子劉汋遵循父訓，息交絶游，整理遺書。到順治十年（1653）左右，劉汋對父親遺書的整理已初具規模，於是蕺山弟子中對此有了較多的談論、商討和訂正。[③] 二月三日，同門四十多人集會於劉宗周昔日講學地山陰古小學，舉行春祭。祭畢，諸同門討論交流先師學術思想。這次本是爲了統一蕺山學而召開的山陰之會，導引出日後諸弟子對蕺山學理解方面的種種分歧和爭議。[④]

王汎森提出劉宗周死後，弟子詮釋其宗旨大約可分爲三派：以劉汋、張履祥、吴蕃昌[⑤]爲主的傾向程朱派、别樹一幟的陳確派及以黄宗羲爲代表的陸王派[⑥]，此乃卓識。劉宗周的學説體系中，本身存在内部矛盾[⑦]，加上明末清初各種思潮的興起，因此在劉宗周殉國後，弟子們對其學説的理解産生較大的分歧，學派發生嚴重的分裂，也就不足爲奇了。對於這種狀況，黄宗羲與張履祥這兩個學術傾向迥異的同門竟然得出了類似的認識。張履祥説：“昔之嘗及先生門者，多隨世故以變，其有不變者，死亡略盡。未死者，非流於異端，則傲辟放恣，於師門之指不復顧也。其能尊所聞，不至喪敗者，要不數人。其數人又不復相見，論其指趣，與其所得，與其所至之淺深遠邇。”[⑧] 黄宗羲也指出刘宗周

① 蕺山學派是當今流行甚廣的説法，被學術界普遍接受，但這實際是後起的概念。如何俊、尹曉甯著《劉宗周與蕺山學派》（中國人民大學出版社，2009 年，第 218 頁）中承認“當時尚没有‘蕺山學派’這樣的説法”。筆者發現黄宗羲的弟子們當時已有對這個學派的認識，但名稱並不統一，如李鄴嗣將其與王陽明一起合稱爲“姚江山陰學派”（[清]李鄴嗣著，張道勤校點：《杲堂詩文鈔》卷四《上梨洲先生書》，《杲堂詩文集》，浙江古籍出版社，1988 年，第 466 頁）；而萬斯同則直呼曰“劉氏學派”（[清]萬斯同著：《儒林宗派》卷十五，方祖猷主編：《萬斯同全集》5，寧波出版社，2013 年，第 173—74 頁）。至於“蕺山學派”的名稱何時出現，目前尚不清楚。

② 梁啓超：《中國近三百年學術史》，第 47 頁。

③ [清]陳確：《陳確集》文集卷十《别劉伯繩序》，中華書局，1979 年，第 235 頁。另如文集卷一《寄張奠夫劉伯繩兩兄書》、文集卷一《寄劉伯繩世兄書》、文集卷十七《書山陰語抄後》、别集卷十七《寄劉伯繩書》等；[清]張履祥著，陳祖武點校：《楊園先生全集》（中華書局，2002 年）卷三《與吴仲木》二、三、八、九，卷二十二《告先師文》，卷二十四《答吴仲木》九等。

④ 李紀祥：《清初浙東劉門的分化及劉學的解釋權之爭》，《道學與儒林》，（臺灣）唐山出版社，2004 年，第 374 頁。本文原收入《第二屆國際華學研究會議論文集》，文化大學出版部，1992 年。

⑤ 筆者按：王汎森文中吴蕃昌誤作“吴蕃”，參見氏著《清初思想趨向與〈劉子節要〉——兼論清初蕺山學派的分裂》，《晚明清初思想十論》，復旦大學出版社，2004 年，第 261、264 頁。該文原刊於《“中央”研究院歷史語言研究所集刊》第六十八本第二分，1997 年 2 月。

⑥ 王汎森：《清初思想趨向與〈劉子節要〉——兼論清初蕺山學派的分裂》，《晚明清初思想十論》，第 267 頁。筆者按：衷爾鉅《蕺山學派哲學思想》（山東教育出版社，1993 年，第 226 頁）提出蕺山學派後期發生了分化，形成以張履祥爲代表的楊園學派和黄宗羲開創的梨洲學派（或稱南雷學派、浙東學派）。陳確雖未形成學派，但他是一位有獨立思想的學者。王汎森在注釋中有提到衷爾鉅一書，大概受其啓發和影響，但經王汎森重申與進一步闡釋後，影響更大，被學術界廣泛接受。

⑦ 何俊、尹曉寧：《劉宗周與蕺山學派》，第 221 頁。

⑧ [清]張履祥著，陳祖武點校：《楊園先生全集》卷十六《寄贈葉靜遠序》，第 483 頁。

集明代學术之大成，但“子劉子既没，宗旨復裂。”[①] 在衆説紛紜中，劉宗周的兒子劉汋、孫子劉士林和他的弟子都試圖做出自己的詮釋，黄宗羲也是其中的一員。

詮釋蕺山學，遺書的整理可謂其中最基本的一個環節。順治十年前後，陳確、吴蕃昌、張履祥、惲日初等人都有參與劉汋整理蕺山遺書及年譜的活動，因爲劉汋對蕺山遺書與年譜的編撰過程中，曾廣泛參考同門意見。如劉汋“就確之愚瞽而問焉：‘於年譜，有可以益損者乎，遺集之闕誤而未訂者有之乎。’”[②] 另如張履祥曾在收到劉汋的《年譜》后説：“初聞疑其太繁，讀之俱不可少，《文集》之外，竟可自爲一書，單行於天下後世。……冬春之間，其稿本原約寄來，尚得同兄及乾兄參酌之。”[③] 張履祥没有參加山陰大會[④]，所以未能獲得蕺山遺書，於是多次向吴蕃昌借書。吴蕃昌轉借予其閲讀，並希望對方能提供删訂意見。[⑤] 順治十三年（1656），吴蕃昌去世後，張履祥還試圖完成其未竟之業：“先師集，仲兄有志成之而竟不及，今年秋冬，擬約朗兄努力一爲山陰之行，以卒此事。”[⑥] 在閲讀蕺山遺書的過程中，張履祥已表現出對師説的不盡認同。順治十年（1653）左右，他告訴吴蕃昌：“先師平日文字中，多有釋氏字面，不爲避忌，想此種書亦不禁絶也，弟習而忘之。近得邱季心切責，始瞿然有省。季心爲天下後世慮至深遠……或亦以爲先師之直臣也。”[⑦] 因此，他向吴蕃昌建議：“先師著述極富，不忍不傳，然亦不必盡傳。要當擇其精要者先行，其餘則存乎力與夫事勢而已。”[⑧]

順治十一至十二年（1654—1655）間，張履祥對吴蕃昌説：

> 《年譜》領到，當謹藏之，以爲儀鵠，非一二深交之友，不敢出以同看。禍亂以來，憂患良切，向有《先師奏疏》一部，亦未嘗多以示人，其中於時無所忌諱，但道學二字已爲舉世唾罵之資，可以讀此書者幾人哉?[⑨]

張履祥竟然表示他不敢將老師的文集與年譜公示於人，因爲道學已成爲舉世唾罵的對象，他擔心根本不會有人閲讀。吴蕃昌的思想傾向程朱：“嘗師山陰劉先生念臺。癸巳（順治十年，1653）以後，益友先生之門人，與諸昆弟講求程朱正學，務見諸躬行。”[⑩] 與張履

① ［清］黄宗羲著，沈善洪主編：《劉伯繩先生墓志銘》，《黄宗羲全集》第十册，第 314 頁。

② ［清］陳確：《陳確集》文集卷十《别劉伯繩序》，第 236 頁。

③ ［清］張履祥著，陳祖武點校：《楊園先生全集》卷三《與吴仲木》二，第 43 頁。

④ ［清］張履祥著，陳祖武點校：《楊園先生全集》卷三《答吴仲木》八，第 54 頁。張履祥在順治十年寫信給吴蕃昌，詢問其在山陰大會中是否見到王暗如和劉君一，可見其本人未去。

⑤ ［清］張履祥著，陳祖武點校：《楊園先生全集》卷二十四《答吴仲木》二，第 670 頁。

⑥ ［清］張履祥著，陳祖武點校：《楊園先生全集》卷十《與吴裒仲》十，第 295 頁。

⑦ ［清］張履祥著，陳祖武點校：《楊園先生全集》卷三《答吴仲木》六，第 50 頁。

⑧ ［清］張履祥著，陳祖武點校：《楊園先生全集》卷三《答吴仲木》八，第 54 頁。同卷《答吴仲木》五作於癸巳（順治十年），《答吴仲木》九作於甲午（順治十一年），那麼介於二文之間的《答吴仲木》八，當在癸巳、甲午之間。

⑨ ［清］張履祥著，陳祖武點校：《楊園先生全集》卷二十四《答吴仲木》九，第 677 頁。

⑩ ［清］張履祥著，陳祖武點校：《楊園先生全集》卷二十一《吴子仲木墓志銘》，第 621 頁。

祥接近，自然是贊成張説。而且，張氏的意見還被回饋給劉汋，並被采納，因爲陳確曾寫信給劉汋和張履祥，對他們隨意删減先師文字的做法提出了批評："至於《遺集》言理之書，或去或留，正未易言。……與我見合者留之，不合者去之，然則豈復爲先生之學乎？"[①]

作爲劉汋整理蕺山遺書時十分倚重的人物，張履祥在順治十二年（1655）左右就公開表示："去冬所論'喜怒哀樂未發以前'一段疑義，弟初于《先師語録》聞其説而悦之，已而證之朱夫子《與湖南諸公》一書，深誨前時所見之失。"[②] 到康熙三年（1664）左右，他宣稱劉宗周的慎獨學説對自己毫無促進之功："昔者，先師常以'慎獨'之旨示訓矣，每以自省自考旦晝之所爲，多至梏亡，夫夜氣物交之牽引，多有小者奪其大者。此所以屢前屢卻，而學問日負其初心，至於去日苦多，而駸駸乎下流之趨之憂也。"[③] 儘管如此，張履祥卻並不認爲自己背離師門，反而表現出積極傳承師説的態度。康熙六年（1667），他曾提出因爲師門衆説紛紜，擔心師説失傳，於是將老師的"爲學之方，用力之功，與所親炙儀刑而不忘者"，進行了總結。張履祥提出劉宗周倡導的治學之方是居敬窮理，秉持的是程朱之教，目的在於糾王學良知之弊，維護名教，敦勵風俗，但這並非劉宗周思想的本貌。張履祥還鼓勵同門葉敦艮應敦信程朱，不要徘徊於兩可之間，認爲此乃"有耀師門"[④] 的行動。張履祥明明已改换門庭，卻仍以己説充當師説，真令人惘然。

陳確將蕺山書稿借回閲讀後，曾爲劉汋提供了一些建議，并做了增補工作，如順治十一年（1654）六月間，曾搜集到劉宗周的一通手書，論及祝淵出獄一事，主張補入集中。[⑤] 劉汋曾表示自己雖然竭盡全力保存和搜集父親的各類文章、書信，但佚文仍然很多[⑥]，因此，陳確最初也試圖儘量彌補缺憾。但數年後，他的看法改變，認爲先師遺書並非搜集越多越好，而應大力删減，選擇最爲精當者。如順治十四年（1657），他説："念先生遺集，每不去心。鄙意只欲少之又少，以行其至精至當者爲佳。"[⑦] 陳確於順治十二年（1655）開始輯《山陰先生語録》，次年因吴蕃昌去世而半途終止。其另著有《大學辨》，没有收録劉宗周對《大學》之誠意、《中庸》之已發未發等的闡發，遭人質疑，陳確解釋説自己確實有些心疑，不敢輕易動筆："非疑先生之言，疑《學》《庸》之言也。"[⑧] "弟于先生，無言不悦，惟誠意、已發、未發之説雖極精純，然弟意欲且存而不論。蓋

---

① ［清］陳確：《陳確集》文集卷一《寄張奠夫劉伯繩兩兄書》，第 76—77 頁。
② ［清］張履祥著，陳祖武點校：《楊園先生全集》卷四《與沈上襄》，第 81 頁。
③ ［清］張履祥著，陳祖武點校：《楊園先生全集》卷四《與沈石長》，第 89 頁。
④ ［清］張履祥著，陳祖武點校：《楊園先生全集》卷十六《寄贈葉静遠序》，第 483—485 頁。
⑤ ［清］陳確：《陳確集》文集卷一《寄劉伯繩世兄書》，第 88 頁。
⑥ ［清］陳確：《陳確集》文集卷十《别劉伯繩序》，第 236 頁。
⑦ ［清］陳確：《陳確集》文集卷二《寄劉伯繩書》，第 112 頁。
⑧ ［清］陳確：《陳確集》文集卷十七《書山陰語抄後》，第 396 頁。

《大學》斷是僞書，而《中庸》所言尚多出入。亦猶陽明之説格致，合知行，可謂切實不誣，然遂欲以發明《大學》之教則不可。此又弟一寸血誠所必欲瀝之先聖先師者也。”[①]雖然陳確表示不敢懷疑老師的學説，但既然作爲根基的《大學》與《中庸》本身不可靠，那麽由此引發的觀點也自然值得懷疑。因此，《大學辨》面世後，陳確遭到衆同門，特别是那些傾向於程朱學派的同門的責難。如吴蕃昌稱其“不能發明師説，而又忽爲新論，以駕出其上”[②]，陳確與張履祥之間曾爲此展開多次激烈的辯論，由於缺乏同調，陳確不得不向九泉下的祝淵訴苦，並希望能獲得其支持，表示自己並未背叛師説：“妄作《大學辨》一篇，同人皆以爲罪。兄之明知，雖死猶生，必能爲弟精别是非。若確言誣罔，其上告我山陰先生，立賜幽譴，以正無知妄作、謗古惑衆之罪。此孔門鳴鼓之義，于兄所必不能辭者。若猶有愚夫之一得，其亦大啓我死後諸賢毋俾世迷，使聖學復大明于世，兄之惠也。”[③]

在蕺山學呈現分裂局面後，陳確基本屬於孤身奮戰，無人支持；而轉向程朱學派的張履祥得到了衆多同門的回應，如劉汋、劉士林父子、吴蕃昌、吴謙牧（字裒仲）兄弟、惲日初等等，他們與陳確之間曾展開多次辯論，但都未能説服彼此。這兩個派别都在不同程度上背離了蕺山學，但都宣稱自己是蕺山學的傳人。黄宗羲稍後崛起，重塑蕺山學，並獲得了陳之問、董瑒、姜希轍諸同門的支持，奪取了蕺山學的解釋權，從而結束了蕺山學的分裂。

二、黄宗羲對蕺山學分裂的終結

當順治十年前後劉汋與諸同門整理總結蕺山遺書與思想時，黄宗羲還游離於這個核心團體之外。他對老師生平與學説的總結，最早大約是康熙四年（1665）的《子劉子行狀》。[④] 黄宗羲在《行狀》中不僅詳細記録了劉宗周的生平經歷，且從四個方面總結了其學術思想的創新，並指出其與王陽明心學的關係是“始而疑，中而信，終而辨難不遺餘力，而新建之旨複顯”[⑤]。康熙五年（1666），黄宗羲委托同門姜希轍刻印《子劉子學言》與劉宗周的《聖學宗要》。[⑥] 同年爲劉汋所撰寫的墓志銘中，黄宗羲一方面肯定劉汋堅守蕺山學的功績：“山陰慎獨宗旨，暴白於天下，不爲越中之舊説所亂者，先生有摧陷廓清之功焉。”同時也不無微詞：“二十年以來，一輩學人，悉皆凋謝，子劉子宗旨雖若滅若没。”[⑦] 批評劉汋僅知墨守、不求創新，導致二十餘年來，蕺山之學未能發揚光大。康熙

① ［清］陳確：《陳確集》别集卷五《與劉伯繩書》，第 471 頁。
② ［清］陳確：《陳確集》别集卷十五《答吴仲木》，第 571 頁。
③ ［清］陳確：《陳確集》文集卷十四《送祝開美藏管山祭文》，第 331 頁。
④ 徐定寶主編：《黄宗羲年譜》，華東師範大學出版社，1995 年，第 168 頁。
⑤ ［清］黄宗羲著，沈善洪主編：《子劉子行狀》卷下，《黄宗羲全集》第一册，第 254 頁。
⑥ 徐定寶主編：《黄宗羲年譜》，第 174 頁。
⑦ ［清］黄宗羲著，沈善洪主編：《劉伯繩先生墓志銘》，《黄宗羲全集》第十册，第 314 頁。

六年（1667），黄宗羲與姜希轍恢復中斷近二十年的紹興證人書院講會，並邀請在老師身邊游學最久的張應鼇主持教學。① 這次講會至少持續了五年之久②，而且影響頗大："余姚黄梨洲、晦木、華亭蔣大鴻、蕭山毛西河皆挈其弟子，自遠而至。值督學使者按越下縣，會者近千人，越中士習復蒸蒸起矣。"③ 康熙七年（1668）④，黄宗羲説自己讀《劉子遺書》數年後，初步瞭解了先師的宗旨所在，於是完成《孟子師説》七卷。⑤ 此後還撰寫《蕺山學案》。這些都表明，黄宗羲已有意識地去總結、繼承與發揚師門學説。

黄宗羲曾多次表達對師説後繼乏人的焦慮之情。⑥ 由"海内遂無知其學者""門人之得其傳者寡也"等評語來看，黄宗羲對於張履祥、劉汋、陳確等人都不太滿意。張履祥在黄宗羲的文集中幾乎未見提及，似乎没有其人存在，不妨認爲大有深意⑦，值得思量。黄宗羲對陳確有所肯定。在陳確去世後，黄宗羲爲其撰寫墓志銘，四易其稿，初稱其於先師之學十得之四五，最終則改爲十得之二三，且在銘文中評其"北面未深"⑧，可見也不是蕺山學的合格傳人。

惲日初（字仲昇）因其《劉子節要》一書，與黄宗羲交涉頗多。康熙七年（1668），黄宗羲去山陰弔唁劉汋，遇見惲日初，與之晝夜暢談，惲氏展示其所有的撰著，黄宗羲稱其"格物之解多先儒所未發"⑨。二人都在山陰住了半年，在此期間，惲日初開始編寫《劉子節要》。⑩ 臨别之際，惲日初向黄宗羲提出二人對師説要達成一致的看法。惲日初自恃甚高，但仍希望獲得黄宗羲的支持，主動要求黄宗羲對老師"意爲心之所存"的看法要稍作通融，未能成功。但他並不死心，五年後在《劉子節要》刊刻前夕，再次致書黄宗羲，説卷首將刊同門姓氏，自己知之不詳，希望黄宗羲能參酌其間的關係；并强调"老師之學，同門中惟吾兄能言之。或作序，或書後，惟尊意。吾兄所爲《狀》，欲采入

---

① ［清］邵廷采：《思復堂文集》卷三《東池董無休先生傳》（浙江古籍出版社，1987年，第178頁）中説董瑒也有參與組織此事，講學者除了張應鼇外，還有蕺山弟子徐澤蘊、趙甸。

② ［清］黄宗羲著，沈善洪主編：《壽張奠夫八十序》，《黄宗羲全集》第十册，第673頁。

③ 邵廷采：《思復堂文集》卷三《東池董無休先生傳》，第178頁。

④ 吴光：《黄宗羲遺著考（一）》，黄宗羲著，沈善洪主編：《黄宗羲全集》第一册，第435頁。該文中認爲《孟子師説》約成於康熙七年。而鄭宗義：《論黄宗羲與陳確的學術因緣》（吴光等主編：《黄梨洲三百年祭》，當代中國出版社，1997年，第124頁）提出至少1680年前後黄宗羲曾改訂過該書。

⑤ ［清］黄宗羲著，沈善洪主編：《黄宗羲全集》第一册《孟子師説·題辭》，第48頁。

⑥ 參見［清］黄宗羲著，沈善洪主編：《姜定庵先生小傳》，《黄宗羲全集》第十册，第626頁。［清］黄宗羲著，沈善洪主編：《移史館吏部侍郎章格庵先生行狀》，《黄宗羲全集》第十册，第552頁。

⑦ 趙園：《劉門師弟子》，汕頭大學新國學研究中心編：《新國學研究》第1輯，人民文學出版社，2005年，第197頁。

⑧ ［清］黄宗羲著，沈善洪主編：《陳乾初先生墓志銘》二稿、改本（四稿），《黄宗羲全集》第十册，第362、374、376頁。

⑨ ［清］黄宗羲著，沈善洪主編：《惲仲昇文集序》，《黄宗羲全集》第十册，第5頁。

⑩ 董瑒在《劉子全書鈔述》（［明］劉宗周著，吴光主編：《劉宗周全集》第六册，浙江古籍出版社，2007年，第689頁）稱其書仿高攀龍的《朱子節要》。據張夏《洛閩源流録》卷十七記載，可知該書曾附劉宗周《年譜》行於世。此外，阮元《文選樓藏書記》卷二記載其有抄本傳世，但今未見，大約已佚。高廷珍《東林書院志》卷二十二、鄒鐘泉《道南淵源録》卷十二有記載惲氏《劉子節要序》及少量内容。

附録中，並望惠教。《節要》中有可商榷處，更希一一昭示”[①]。信中，惲日初比以前低調，稱黄宗羲對於師説最有發言權，表示欲將黄宗羲的《子劉子行狀》作爲附録收入，希望他能作序或跋。可見，惲日初爲求得黄宗羲的認可，已是儘量委曲求全。

但黄宗羲仍然没有同意，在回信中提出先師的宗旨正體現於慎獨，慎獨之功，全在“意爲心之主宰”一語，是先師一生辛苦體驗所得。惲日初對其不予認可，隨意删削，無法體現先師宗旨：“今《節要》所載董、史問答，去其根柢而留其枝葉，使學者觀之，茫然不得其歸著之處。”另外，《人譜》也是劉宗周十分重要的作品，而《劉子節要》中竟然没有涉及，因此，黄宗羲毫不客氣地批評道：“今先師手筆粹然無疑，而老兄于删節接續之際，往往以己言代之，庸詎知不以先師之語，遷就老兄之意乎？……以劉子之《節要》，而節惲子之文，寧有是體乎？”可見，黄宗羲認爲《劉子節要》體現的只是惲日初的個人觀點，而非老師劉宗周學術思想的本來面貌。他也希望惲日初能與自己達成一致意見：“陽明身後，學其學者遍天下，先師夢奠以來，未及三十年，知其學者不過一二人，則所藉以爲存亡者，惟此遺書耳！使此書而復失其宗旨，則老兄所謂明季大儒惟有高、劉二先生者，將何所是寄乎？且也，陽明及門之士亦多矛盾，以其學之者之衆也，有離者即有合者；先師門下，使老兄而稍有不合，則無復望矣。”[②] 黄宗羲説蕺山學傳人“不過一二”，言下之意，就是惲氏與自己，倘若不能達成一致的看法，顯然不利於老師學説的傳播。

惲日初治學傾向於程朱，人稱“時念臺弟子實繁有徒，而浚恒求深，流弊不少；惟（惲日初）先生踐履篤實、出處皓然，與錢塘沈蘭先甸華、西安（浙江西安）葉静遠敦良、桐鄉張考夫履祥並稱劉氏功臣云”[③]。可見，他與張履祥實乃同調，与黄宗羲则立場迥異。二人未能説服彼此，惲氏轉而向同門董瑒尋求支持。大約在康熙十五年（1676）左右[④]，他數次寫信給董瑒，表達自己傳承蕺山學的苦心孤詣，希望得到理解與幫助。

惲日初没有接受黄宗羲對自己的批評，宣稱自己力求反映先師學说的原貌，他表示“不敢求知於天下”，就是説黄宗羲不認同没有關係，只要董瑒能够站在自己這一邊，就足够了。但惲日初的希望落空了，因爲董瑒支持黄宗羲，在《劉子全書》整理的過程中，黄氏對師説的詮釋得到了董瑒的認同和貫徹落實。

學術界以爲，黄宗羲大量獲得蕺山遺書，來自其女婿、劉汋長子劉茂林。[⑤] 劉茂林作

---

① [清]黄宗羲著，沈善洪主编：《交游尺牘·惲仲昇》，《黄宗羲全集》第十一册，第 378 頁。黄宗羲《答惲仲昇論子〈劉子節要〉書》（黄宗羲著，沈善洪主编：《黄宗羲全集》第十册，第 223—225 頁）中引用該段文字，略有删節。

② [清]黄宗羲著，沈善洪主编：《答惲仲昇論子劉子節要書》，《黄宗羲全集》第十册，第 225 頁。

③ [清]湯修業：《惲先生日初傳》，錢儀吉纂，靳斯標點：《碑傳集》卷一二七《理學上》，中華書局，1993 年，第 3762 頁。

④ 方祖猷编：《黄宗羲長傳》，浙江大學出版社，2011 年，第 227 頁。

⑤ 如王汎森：《晚明清初思想十論》，第 281 頁、方祖猷编《黄宗羲長傳》，第 155 頁。何俊、尹曉寧：《劉宗周與蕺山學派》，第 256 頁。

爲劉汋長子，在父親去世後掌管祖父遺書，確實順理成章。張履祥與陳確都分別對其表達過繼承家學的期望。[①] 不過，其弟劉士林提到父親劉汋"守此遺編（即蕺山遺書），哀思逾節，成疾而歿。臨終，檢付士林珍藏"[②]。説明劉士林手中也有遺書。

劉茂林所保管的是劉宗周的底本手稿，而劉士林手中的則是劉汋編訂後的録本，"底本、録本互有闕佚，録本有小異底本者，底本亦有間入録本者"[③]。二人爲何各持異本？劉茂林、士林兄弟之間關係不好，陳確文集中對此有所提及。[④] 劉氏兄弟之間的具體矛盾我們並不清楚，但二人學術傾向的差異較大。劉汋將録本交由劉士林保管，大概是因爲次子才與其思想傾向比較一致，這在劉士林的《蕺山先生行實》中有很明顯的體現。[⑤]

康熙五年，黄宗羲曾委托姜希轍刻印劉宗周的遺書，被吕留良指出乃是删定後的文稿，内容不全："且中述太沖語云：'近日劉氏於廢簏中又得《學言》若干，比今刻不止十倍。'某雖不知今得之何如，然則所刻之爲人删定，而非其全體可知矣。"[⑥] 説明此時，黄宗羲尚未得到劉茂林手中收藏的底本。這删削的文稿，大概出自劉汋之手。早在順治十年，陳確就曾對劉汋隨意删減先師文字的做法有所批評："與我見合者留之，不合者去之，然則豈復爲先生之學乎？"[⑦] 但也就在《學言》諸書刊印後的兩三年間，蕺山其餘著述逐漸爲黄宗羲所掌握。李鄴嗣在賀黄宗羲六十壽（康熙八年，1669）的文中説劉宗周殉國後，黄氏"抱蕺山之遺書，伏而不出，更二十餘年，而乃與吾黨二三子重論其學，而子劉子之遺書亦以次漸出，使吾道復顯於世。"[⑧] 同年，萬斯同赴會稽，授經於姜希轍家[⑨]，李鄴嗣爲其作序，也稱劉子遺書初出。[⑩] 雖然後來黄宗羲手中已握有比較全面的蕺山遺書，但直至康熙二十五年（1686）[⑪]，才有對遺書的全面整理，這與督學王掞願意出資刊印劉宗周遺書有直接的關係："王顓庵先生視學兩浙，以天下不得睹先師之大全爲恨，捐俸刻之。東浙門人之在者，羲與董瑒、姜希轍三人耳。於是依伯繩原本，取其家

① [清]張履祥著，陳祖武點校：《楊園先生全集》卷十六《贈劉子本序》，第469—470頁。《陳確集》文集卷三《與劉子本書》，第134頁。

② [清]劉士林：《蕺山先生行實》，[明]劉宗周著，吴光主編：《劉宗周全集》第六册，第608頁。

③ [清]董瑒：《劉子全書鈔述》，[明]劉宗周著，吴光主編：《劉宗周全集》第六册，第656、657頁。

④ [清]陳確：《陳確集》卷三《復張考夫書》，第131頁。《陳確集》卷三《與劉子本書》，第134頁。

⑤ 王汎森：《晚明清初思想十論》，第281—282頁。

⑥ [清]吕留良著，徐正等點校：《晚村文集》卷二《復姜汝高書》，《吕留良詩文集》，浙江古籍出版社，2011年，第40—41頁。

⑦ [清]陳確：《陳確集》文集卷一《寄張奠夫劉伯繩兩兄書》，第76—77頁。

⑧ [清]李鄴嗣著，張道勤校點：《杲堂文鈔》卷三《黄先生六十序》，《杲堂詩文集》，浙江古籍出版社，1988年，第435頁。

⑨ 朱端強：《萬斯同與〈明史〉修纂紀年》，中華書局，2004年，第64頁。

⑩ [清]李鄴嗣著，張道勤校點：《杲堂文鈔》卷三《送萬季野授經會稽序》，《杲堂詩文集》，第451頁。

⑪ 董瑒在《劉子全書鈔述》（《劉宗周全集》第六册，第684頁）中説劉宗周辭世四十一年後，其著述的全面整理才剛剛開始。劉宗周於順治二年（1645）離世，四十一年後，即爲康熙二十五年（1686）。因此，道光年間會稽後學吴傑説劉宗周的遺書，自康熙乙丑（二十四年，1685）、丙寅（二十五年）間太倉王公掞始刊刻於山陰的説法是可信的。（[明]劉宗周著，吴光主編：《劉宗周全集》第六册，第654頁。）而黄炳垕系之於康熙二十六年（《黄梨洲先生年譜》，黄宗羲著，沈善洪主編：《黄宗羲全集》第十二册，第51頁），應該是有所滯後。

藏底草，逐一校勘，有數本不同者，必以手迹爲據，不敢不慎也。”[①]

在這次整理活動中，黄宗羲、董瑒等人也發現“當伯繩輯遺書之時，其言有與雒、閩齟齬者，相與移書，請刪削之，若惟恐先師失言，爲後來所指摘。”[②] 具體負責校對工作的董瑒對此有比較詳細的説明：如語録類《孔孟合璧》《五子連珠》《聖學吃緊三關》，録本中未見；語録類學言部分，底本五百七十餘條，録本缺二百餘條；語録類《會約》《會録》，録本佚失六十四條。具體語句的刪削更多。[③] 蕺山遺書被刪減的情況，還有其他文獻爲證：“沈氏《黄黎洲先生傳》論曰：蕺山遺書皆嗣君伯繩所綴輯，於蕺山之言，有與洛閩齟齬者，輒加竄改，而其孫子志（筆者注：子志即劉士林）又甚之。予嘗親見藏稿本三人之手迹畫然，則伯繩父子不得爲無過矣。”[④] 劉士林也參與到刪減篡改蕺山遺書的活動中，甚至比其父更有過之而無不及。在具體的校勘工作中，董瑒所使用的版本有底本、録本、私抄本、鋟本、零刻本、繕本等數種，一般以底本爲准，但也會按具體情況做出選擇，如《文編》“今抄本竄抹，不一其手；屬詞比事，轉多曼㴦，概從鋟本”。《文編》中《丁長孺先生表》，“改文與底文互有短長，從子親筆，而以雜筆作注”。總的來説，董氏秉持的宗旨是“中有闕篇、闕字，亦俟采補，總不敢妄改竄入一字”“旨趣所在，一絲不使淆亂，一毫不使模糊，則得句知歸，聞言析義，自無迷謬矣”[⑤]。董瑒仿照《二程全書》與《陽明全書》，將整理後的蕺山遺書命名曰《全書》，黄宗羲則稱其爲“文集”。[⑥] 黄氏撰寫的《先師蕺山先生文集序》，后被收入《劉子全書》卷首，但名字改爲《劉子全書序》[⑦]，雖不知爲誰所改，但應可以説明黄宗羲所説的“文集”就是“全書”。

文本整理工作雖由董瑒具體負責，但其中所貫穿的對蕺山學術宗旨的理解，正與黄宗羲一致。如黄宗羲與惲日初爭論的焦點“意爲心之所存”，董瑒顯然是支持黄宗羲的。[⑧] 劉宗周“意爲心之所存，非所發”的觀點，在當時就已引起弟子的質疑，董瑒傾向於贊同師説，但没有明確的證據。在老師辭世三十八年後，即康熙二十一年（1682），董瑒發現泰州學派傳人王棟早已有類似看法，可見“意爲心之所存”絶非創論，而有其思想源頭。《明儒學案》中對此也有記載，該書卷三十二《泰州學案一》中，黄宗羲總結王棟的學問，稱其大端有二，一則秉師門格物之旨而洗發之，二則不以意爲心之所發。“先師蕺山曰：‘人心徑寸耳，而空中四達，有太虚之象。虚故生靈，靈生覺，覺有主，是曰意。’故以意爲心之所發爲非是，而門下亦且齗齗而不信。於是有答董標《心意十問》，答史孝

① [清]黄宗羲著，沈善洪主編：《先師蕺山先生文集序》，《黄宗羲全集》第十册，第 55 頁。

② [清]黄宗羲著，沈善洪主編：《先師蕺山先生文集序》，《黄宗羲全集》第十册，第 55 頁。

③ [清]董瑒：《劉子全書鈔述》，[明]劉宗周著，吴光主編：《劉宗周全集》第六册《附録四》，第 667—668 頁。

④ [清]李慈銘：《越縵堂文集》卷六《書沈清玉先生〈冰壺集〉殘本後五首》，李慈銘著，劉再華校點：《越縵堂詩文集》，上海古籍出版社，2012 年，第 995 頁。

⑤ [清]董瑒：《劉子全書鈔述》，[明]劉宗周著，吴光主編：《劉宗周全集》第六册，第 659、664、686、668 頁。

⑥ [清]董瑒：《劉子全書鈔述》，[明]劉宗周著，吴光主編：《劉宗周全集》第六册，第 687 頁。

⑦ [明]劉宗周著，吴光主編：《劉宗周全集》第六册《附録五》，第 652 頁。

⑧ 參見[清]董瑒：《劉子全書鈔述》，[明]劉宗周著，吴光主編：《劉宗周全集》第六册，第 661、662 頁。

複《商疑》。逮夢奠之後，惲日初爲《劉子節要》，尚將先師言意所在節去之，真索解人而不得。豈知一庵先生所論，若合符節。”[①] 因爲《明儒學案》的成書時間，目前學術界未能統一看法[②]，所以我們並不清楚到底是黄宗羲還是董瑒最先發現，但二人之間有密切交流，而且形成了一致看法，則是毫無疑問的。因此，董瑒對於劉汋等“以己見删增原本”的做法，如“《學言》中有云‘動而無動，静而無静，神也，性之所以爲性也；動而無静，静而無動，物也，心之所以爲心也’，上數語俱用周元公，而删本已刻者作‘動而無動，静而無静，性之所以爲性也；性之所以爲性，即心之所以爲心也’，微特子之意旨全失，即元公語句在《連珠》中，未經檢對”等，都做了更正，並依據底本補存九十二條，訂正十二條。“並證以一庵氏之説，使知‘意之所存’一語標揭尼山秘旨於二千一百餘年之後，又有遥相契合者，非爲異説，子之苦心庶不終晦。”[③]

另外，雖然《劉子全書》附録中收入劉汋寫的《年譜》，但也做了一些修改。因爲劉汋死後，年譜有兩個版本，一爲《先君子蕺山先生年譜》，“中多竄抹，傳自學人不會‘誠意’宗旨者爲之，至不可認”；一爲《劉忠正公年譜》，與前本大同小異。於是董瑒以《忠正譜》爲正，與《先君子譜》中不同的部分則予以注明，“間有一二隱而未揭、散而無紀者，小爲訂之”。《劉子全書》中還附收了黄宗羲的《子劉子行狀》，以之代替此前劉士林“録本”中的惲日初《行狀》。[④] 關於惲《狀》，全祖望説“最詳盡。惟言意爲心之所存，則遜庵（惲日初號）有不盡守師説者。故梨洲别撰《行狀》一篇。然遜庵所叙，間有梨洲之所未及者，當並存而不廢也”[⑤]。可見，惲《狀》並非不及黄宗羲的《子劉子行狀》，只是因爲牽涉“意爲心之所存”，惲氏没有恪守師説，於是被淘汰。不僅如此，董瑒還在《劉子全書鈔述》最後部分收録了其爲黄宗羲《劉子學案》（當即《蕺山學案》）所寫的序，稱“黄子于生平所得，合之《全書》，精討而約收之，總以標挈斯旨，此真先師不絶之微言也”[⑥]。

雖然董瑒編訂的《劉子全書》在當時流傳不廣，但後來嘉慶十三年（1808）陳默齋校刊本、道光二年（1822）王宗炎校刻本及道光十五年（1835）吴傑重刻本，都是以董瑒本爲底本[⑦]，這是後人了解蕺山學的依據，黄宗羲對蕺山學的詮釋與重塑由此而流傳後世。相反，劉汋等人删改的本子則很可能已失傳，因此，要瞭解劉宗周的思想，誰也無

① 黄宗羲著，沈芝盈點校：《明儒學案》卷三十二《泰州學案一》，第 732 頁。

② 陳祖武：《中國學案史》（東方出版中心，2008 年，第 103—108 頁）提出在康熙二十三至二十四年，吴光（《黄宗羲遺著考（四）》，《黄宗羲全集》第八册《附録》，第 1004—1007 頁）則提出在康熙十七至十八年間，朱鴻林在《〈明儒學案〉選講》（生活·讀書·新知三聯書店，2012 年，第 10 頁）中支持吴光的看法。

③ ［清］董瑒：《劉子全書鈔述》，［明］劉宗周著，吴光主編：《劉宗周全集》第六册，第 663、678 頁。

④ ［清］董瑒：《劉子全書鈔述》，［明］劉宗周著，吴光主編：《劉宗周全集》第六册，第 673—674、672 頁。

⑤ ［清］全祖望著，朱鑄禹匯校集注：《鮚埼亭集外編》卷三十《題惲氏劉忠正公行實後》，《全祖望集匯校集注》，上海古籍出版社，2000 年，第 1351 頁。全祖望稱惲《狀》或名《子劉子行實》。

⑥ ［清］董瑒：《劉子全書鈔述》，［明］劉宗周著，吴光主編：《劉宗周全集》第六册，第 691 頁。

⑦ 吴光：《劉宗周著述考》，［明］劉宗周著，吴光主編：《劉宗周全集》第六册《附録六》，第 747—749 頁。

法繞開黄宗羲參與整理的《劉子全書》，以及其撰寫的《子劉子行狀》《蕺山學案》等。以此爲標志，我們認爲黄宗羲結束了蕺山學的分裂局面，蕺山學因爲有黄宗羲等人的維護而保持了原貌，並被黄氏塑造爲有自身特色與獨特價值的明晰學説。

三、黄宗羲重塑蕺山學的原因

黄宗羲爲何要重塑蕺山學，筆者以爲主要有兩個原因：一與其在劉門地位的上升有關，二是黄宗羲試圖借此表明自己作爲蕺山學道統傳人的身份。下文將分而述之。

（一）黄宗羲在劉門地位的上升

黄宗羲作爲劉宗周死後蕺山學派的三大弟子之一，其實是後來居上，其在劉門弟子中的地位，有一個逐步提高的歷程。

黄宗羲拜入劉氏門下的時間甚早，天啓六年（1626），年僅十七歲的黄宗羲即受父命從學於劉宗周，比另外兩大弟子張履祥、陳確早了十幾年，張履祥與陳確分别遲至崇禎十六年（1643）、十七年（1644）才受業於劉氏。但黄宗羲在早期幾乎没有引起劉門其他弟子的注意，雖然一方面大概是因爲蕺山弟子衆多，有云“執贄稱弟子者，海内不下千人”[①]，黄宗羲自己考察的同門人數達 376 人[②]，董瑒在《劉子全書》卷首列姓名可考者 80 人[③]。但更重要的原因則在於黄宗羲早期對蕺山之學没有下工夫，更談不上領悟，難以有突出的表現，甚至還曾令老師不大滿意。如他在投入劉氏門下八年後的甲戌（崇禎七年，1634），“隨先師至嘉禾，陳幾亭以遺書爲饋，先師在舟中閲之，每至禪門路徑，指以示弟，弟是時茫然”[④]。因此，黄宗羲毫不諱言早期的學無所獲，称自己彼时志在舉業，未有心得，仅能称作蕺山門人而已。[⑤] 所以，同門中人早期的著作中幾乎不見提及他。萬斯同的好友温睿臨曾總結黄宗羲人生道路的變化。温氏指出崇禎年間，黄宗羲沉湎於詩文盟會，四处交游，確爲事實，即使到順治年間，黄宗羲的主要精力也是集中於抗清鬥爭，這是温睿臨不敢説的。直至順治十一年（1654），永曆政權的張名振仍遣密使與黄宗羲聯絡，但张在天臺被清軍抓獲，黄宗羲也因此遭清廷懸賞通缉。但在艱苦的抗清鬥爭與兇險的避難生涯中，黄宗羲已開始進行學術研究，如順治四年（1647）他避居化安山中，開始進行天文曆算工作，並撰寫相關著述[⑥]，此後陸續撰寫《日本乞師記》（順治六年，1649）[⑦]、《留書》（順治十年，1653）、《弘光實録鈔》（順治十五年，1658）等史書。與此同時，他也開始了對蕺山之學的探究。如他在康熙七年（1668）的《惲仲昇文集序》

① ［清］劉士林：《蕺山先生行實》，［明］劉宗周著，吴光主編：《劉宗周全集》第六册，第 608 頁。
② ［清］黄宗羲著，沈善洪主編：《蕺山同志考序》，《黄宗羲全集》第十一册，第 58 頁。
③ ［清］董瑒：《蕺山弟子籍》，［明］劉宗周著，吴光主編：《劉宗周全集》第六册，第 719—721 頁。
④ ［清］黄宗羲著，沈善洪主編：《與顧梁芬書》，《黄宗羲全集》第十册，第 211—212 頁。
⑤ ［清］黄宗羲著，沈善洪主編：《惲仲昇文集序》，《黄宗羲全集》第十册，第 4—5 頁。
⑥ 徐定寶主編：《黄宗羲年譜》，第 91 頁。
⑦ 吴光：《黄宗羲遺著考》（二），黄宗羲著，沈善洪主編：《黄宗羲全集》第二册附録，第 570 頁。

中説“天移地轉，殭餓深山，盡發藏書而讀之，近二十年，胸中窒礙解剝，始知曩日之孤負爲不可贖也”[①]。“二十年”之前，也就是順治五年（1648）左右。

黄宗羲作爲劉門高弟的身份，廣受其他同門關注的時間，筆者以爲大約是在順治末年、康熙早期。順治十八年（1661）與康熙元年（1662），劉汋兩次前來拜訪黄宗羲。[②] 康熙二年（1663）劉汋還向黄宗羲請教音律問題，黄宗羲做了書面解答。[③] 康熙三年（1664），劉汋去世。康熙五年（1666），黄宗羲應約爲劉汋撰寫墓志銘。關於劉汋與自己的交情，黄氏記述劉汋在父親殉國後，長期隱居不出，直至撰寫《儀禮鐘律》，向自己請教，才開始有往來，但不久就離世了。[④] 可見，劉宗周死後至順治十八年之前，劉汋與黄宗羲幾乎没有什麽往來。因此，順治十年，劉汋所主持的編校蕺山遺書與探討蕺山之學的兩次山陰之會，黄宗羲都很可能未能參加。但到劉汋離世後，其子竟請求黄宗羲撰寫墓志銘，雖然可能有姻親（劉汋長子劉茂林爲黄宗羲女婿）關係的緣故，但更重要的原因是黄宗羲個人影響與學術地位的上升，劉汋主動與其交往和請教本身就説明了這一點。

在劉汋去世後的數年間，黄宗羲也開始了對劉宗周學術思想的總結、闡發和宣傳。如康熙四年（1665）撰寫《子劉子行狀》，總結了劉宗周學術思想中的創新；康熙五年（1666）批評劉汋墨守家學、忽視創新，未能發揚光大蕺山學；康熙六年（1667），恢復紹興證人書院講會；康熙七年（1667），完成《孟子師説》；此後還撰寫《蕺山學案》。黄宗羲除了發揚師説外，還與多年未見的陳確、惲日初等其他劉門弟子展開交往。如康熙五年登門拜訪陳確[⑤]，康熙六年爲趙甸的《倆心寺志》作序[⑥]，康熙七年，惲日初渡江前來弔唁劉汋，黄宗羲與其晝夜暢談，並爲其文集作序。

在展開一系列活動後，黄宗羲逐漸獲得了一些劉門弟子的認可。如康熙七年，惲日初拜别黄宗羲之際，稱“知先師之學者，今無人矣，吾二人宗旨不可不同”[⑦]。陳確叔父陳之問（字令升）本是劉宗周弟子，黄宗羲宣導師説後，就一直追隨[⑧]，他高度評價黄宗羲道：“黄子於蕺山門爲晚出，獨能疏通其微言，證明其大義，推離還源，以合於先聖不傳之旨，然後蕺山之學如日中天。……黄子之學，所謂魯國而儒者一人耳。”[⑨] 陳確雖然與黄宗羲存在學術觀點的分歧，仍於康熙十五年（1676）承認黄宗羲“以碩德宏才，擴

---

① ［清］黄宗羲:《惲仲昇文集序》戊申（康熙七年，1668），《黄宗羲全集》第十册，第4—5頁。
② 徐定寶主編:《黄宗羲年譜》，第137、142頁。
③ ［清］黄宗羲著，沈善洪主編:《答劉伯繩問律吕》，《黄宗羲全集》第十册，第172頁。
④ ［清］黄宗羲著，沈善洪主編:《劉伯繩先生墓志銘》，《黄宗羲全集》第十册，第313、316頁。
⑤ ［清］黄宗羲著，沈善洪主編:《思舊録·陳確》，《黄宗羲全集》第一册，第394頁。
⑥ 徐定寶主編:《黄宗羲年譜》，第178頁。
⑦ ［清］黄宗羲著，沈芝盈點校:《明儒學案》卷六十二《蕺山學案》，第1509頁。
⑧ ［清］方苞著，劉季高校點:《方苞集》卷十三《禮部尚書陳公神道碑》，上海古籍出版社，2008年，第395頁。
⑨ ［清］黄宗羲著，沈善洪主編:《陳令升先生傳》，《黄宗羲全集》第十册，第600頁。

無類之教，喚醒群迷，吾道幸甚!"[①] 次年（1677）陳確死後，其子請求黄宗羲爲亡父撰寫墓志銘，這也很可能出自陳確本人的授意。

在與同門積極聯絡的同時，黄宗羲還廣收門徒。早在順治末年，萬氏斯大、斯同、斯選等兄弟拜入黄宗羲門下。康熙五年，萬氏與陳錫嘏、陳夔獻、范光陽、董允磷等二十多人在甬上成立策論會。次年正月，策論會成員二十多人前往余姚，拜黄宗羲爲師。五月，黄宗羲在寧波講授蕺山學，策論會改名爲證人之會，後稱五經講會。康熙七年(1668)，黄宗羲至鄞城大會諸子，也命名爲證人之會。[②] 參與人員衆多，姓名可考者達到六十多人，許多是父子相傳、兄弟相繼，共同受業于黄宗羲。[③] 講會持續了近八年，這對提高黄宗羲的個人聲望有十分積極的促進作用：

> 東南文士，翕然附從，皆稱黄門弟子。丁未（康熙六年，1667）舉證人書院，講會於郡城。戊申（康熙七年）移席寧波甬上，遂有講經會。先後主海寧、紹興講席，所造就士湛深經術。其最著者陳紫芝、陳錫嘏、鄭梁、范光陽等皆登甲第，顯仕於朝，及布衣萬斯大、斯同昌明師學，廷臣慕其名，皆願其出。[④]

雖然黄宗羲先後講學於寧波（甬上）、海寧、紹興，但唯有甬上講經會的效果最令黄宗羲滿意。會中的弟子中如陳錫嘏、萬言、范光陽、陳紫芝、陳赤衷、鄭梁、仇兆鼇、萬斯同、董允瑫都曾先後入京，使黄宗羲的學術影響突破了地域的局限，而擴展至京城。如康熙十五年（1676），董允瑫因詩得到侍講學士兼禮部侍郎葉方藹的賞識[⑤]，詢問後知其師承於黄宗羲，於是次年作詩《予久慕浙東黄太沖先生，恨未之見。四明董孝廉過訪，詢知爲太沖門人，于其南行作此送之，並寄黄先生》，托董允瑫返鄉時帶給黄宗羲。該詩對黄宗羲給予了極高評價，並表示希望其能出仕清廷。[⑥] 次年，葉方藹向康熙帝面奏征黄宗羲爲博學鴻儒，並移書吏部，後此事被陳錫嘏勸阻而作罷。康熙十八年（1679），明史館總裁官徐元文提出黄宗羲拒絶了應召就試，或許可以聘來修史，但黄宗羲仍以母年邁、自己老病而婉拒。於是葉方藹請朝廷再次下詔，令浙江督撫謄録黄氏史著送入京師，黄宗羲子百家、弟子萬斯同、萬言參修明史[⑦]，"廟堂之上，鐘吕相宣，顧皆以不能致公爲

---

① [清]黄宗羲著，沈善洪主編：《交游尺牘·陳確》，《黄宗羲全集》第十一册，第379頁。黄宗羲的《與陳乾初論學書》寫於丙辰（康熙十五年），文中提到從陳確之子敬之手中得到陳確的《性解》諸篇，讀後對其觀點不完全苟同，因此有所商榷。陳確的回信中提到"《性解》數篇呈教……重蒙駁正，感極涕零"云云，可見是對黄宗羲來信的答復。

② 徐定寶主編：《黄宗羲年譜》，第166、177、185頁。

③ 金林祥：《黄宗羲甬上學生考》，《寧波大學學報》1990年第2期。

④ [清]温睿臨：《南疆逸史》卷四十三《逸士·黄宗羲》，第324頁。

⑤ 方祖猷：《黄宗羲長傳》，第313頁。

⑥ [清]葉方藹：《讀書齋偶存稿》卷三，文淵閣《四庫全書》第1316册，臺灣商務印書館影印本，1986年，第798—799頁。

⑦ 徐定寶主編：《黄宗羲年譜》，第214、216頁。

恨”[①]。至此，黄宗羲的學術地位已得到清朝廷的承認，這無疑具有十分重要的意義。因爲劉宗周的其他重要弟子，如張履祥、陳確、惲日初分别於康熙十三年、十六年和十七年去世，此後只有黄宗羲獨步於學術界，康熙二十九年（1690），康熙帝向刑部尚書徐乾學詢問遺獻的人選，徐再次推薦黄宗羲，並稱“此外更無其倫”[②]。直至康熙三十四年（1695）逝世，黄宗羲成爲蕺山門下唯一的學術代言人。

（二）黄宗羲對蕺山道統傳人身份的爭奪

關於蕺山的道統傳人，陳確在順治十年（1653）左右曾明確提出應爲劉汋。虽然自堯、舜、禹、湯、文、武、孔、孟及有宋諸儒以來，道統多由門人傳承，很少傳子或孫，“獨我山陰先生之學則不傳其門人而傳其子，且必傳其孫無疑也”。這並非因爲蕺山不傳諸門人，而是門人不肖，“能言先生之學，而或言之而不詳，或詳之而未會其歸，一未有若伯繩之洞源流，徹本末者”[③]。劉汋在劉門弟子中曾享有很高的聲望，“方劉子家居講學，諸弟子聞教未達，輒私于伯繩（劉汋字），伯繩應幾開譬，具有條理，聞者莫不灑然共相欽服”[④]。連黄宗羲本人都説劉汋“能傳先生之學。學者宗之，亞于先生”[⑤]。因此，陳確才有視劉汋爲蕺山道統傳人的想法。不僅如此，陳確還認爲蕺山學不仅傳子，还必傳其孫，因此，在劉汋去世後，勸勉劉茂林説：“祖父相承道統擔子，在子本一人身上，切勿自非薄爲禱!”[⑥] 但這也僅是陳確早期的想法，後來其在學術上獨樹一幟，並堅稱是繼承師説，顯然是另有想法了。

劉汋曾著有《道統説》總結其父生平學術大旨[⑦]，但今已不可見。不過，《蕺山劉子年譜》文末有涉及道統方面的内容，或可窺其大概。劉汋認爲周敦頤、程顥言道，將内外動静合而爲一，朱熹、陸九淵卻予以分化，王陽明雖宣導良知，也實爲偏内而遺外，只有父親劉宗周做到了再次合一。因此，劉汋宣稱“先君子之學，上承濂洛，下貫朱王，間代一人”[⑧]，將劉宗周在道統中的地位抬至無以復加。而且，該年譜雖主要概述劉宗周立朝居身之大略，但也在文末總結了其學術思想：“先君子學聖人之誠者也。始致力於主敬，中操功於慎獨，而晚歸本於誠意。……先君子之學，以誠意爲宗而攝格致於中。”[⑨] 劉汋總結了劉宗周一生的學術道路，稱“誠意”爲其最終學術歸宿，對“慎獨”則不甚關注。

---

① 全祖望著，朱鑄禹匯校集注：《鮚埼亭集》卷十一《梨洲先生神道碑文》，《全祖望集匯校集注》，第 220 頁。

② 全祖望著，朱鑄禹匯校集注：《鮚埼亭集》卷十一《梨洲先生神道碑文》，《全祖望集匯校集注》，第 220 頁。

③ ［清］陳確：《陳確集》文集卷十《别劉伯繩序》，第 235—237 頁。

④ ［清］彭紹升：《二林居集》卷十九《儒行述》，《續修四庫全書》第 1461 册，上海古籍出版社影印本，1995 年，第 457—458 頁。

⑤ ［清］黄宗羲著，沈善洪主編：《子劉子行狀》卷下，《黄宗羲全集》第一册，第 249 頁。

⑥ ［清］陳確：《陳確集》文集卷三《與劉子本書》，第 134 頁。

⑦ 《蕺山劉子年譜》中劉汋提到將父親生平學説大旨概括爲《道統説》。見《劉宗周全集》第六册《附録二》，第 175 頁。

⑧ ［清］劉汋：《蕺山劉子年譜・序》，［明］劉宗周著，吴光主編：《劉宗周全集》第六册，第 51 頁。

⑨ ［清］劉汋：《蕺山劉子年譜》，［明］劉宗周著，吴光主編：《劉宗周全集》第六册，第 174—175 頁。

不過，劉汋本人並未敢言及自己是蕺山道統的傳人。劉汋去世較早，次子劉士林的學術傾向與其一致，因此劉士林的看法值得關注。劉士林生於崇禎十三年（1640），劉宗周去世（1645）時，劉士林僅6歲，其後來對祖父學術思想的認識，自當主要受父親劉汋的影響。劉士林的《蕺山先生行實》也闡述了劉宗周在道統中的地位，但與父親劉汋已有所不同。他提出宋以後的道統系譜包括周敦頤、程顥、朱熹、王陽明，將陸九淵排除在外，稱王陽明摧陷廓清，對道統承繼的功勞甚大，但是弟子不能周知其意，導致後學“竟以參悟爲宗旨，認識爲工夫，懸空想像，索吾道於虚無影響之間”，良知説陷入困境，劉宗周在這種局勢下崛起，倡言“誠意之學”。劉士林將“誠意之學”看作對王陽明良知説的補偏救弊，同時又與朱熹的格物致知糅合在一起，稱“格物致知爲誠意之功，非誠意之先又有所謂格致之功也”。在内外、動静、體用等方面，“同朱子之窮理而守其約，合陽明子之良知而舉其全”[①]，可謂兼宗程朱陸王。但在《劉念臺先生像贊》中，劉士林則完全拋棄了陸王一系，而只講程朱，稱許祖父“濂洛並峙，關、閩爲侶。守道之真，通道之篤。繼往開來，如綫斯續。……朱門親炙，霽月光風。後人景仰，北斗岱宗”[②]。劉宗周似乎成了朱子傳人。至於劉宗周之後呢，劉士林毫不客氣地説“先生門下士甚衆，而卒能守其道而傳之者，惟我考一人而已”[③]。

惲日初的《劉子節要》是在劉汋去世三四年後開始撰寫，顯然有意接過蕺山學道統傳人的重擔，並試圖爭取黄宗羲的認可，前文已有論及，此處不贅。黄宗羲的《蕺山學案》乃至整個《明儒學案》的撰寫動機之一，正是來自惲日初《劉子節要》的刺激，除了《明儒學案·自序》與《蕺山學案序》，還有其他旁證。黄宗羲所保存的交游尺牘中，有一封來自施博的信。信中施博説自己對蕺山先生嚮往已久，可惜未曾登門親炙，“惟承貴同門諸兄下交者十數，述先生言行，不無詳略。……先生殁已三十年，責在後死，今日任發明之重者，非黄先生而誰？昔年惲仲昇兄便道過訪同門張考夫兄，博幸與聞謦咳，且得誦所作先生傳，詳盡有體，正可相與共肩師傳，以尊兄與仲昇兄，如孔門之曾、閔，或非餘子可望耳”[④]。蕺山“先生殁已三十年”，説明該信寫於康熙十三年（1674）左右。據信可知施博與黄宗羲的同門多有往來，對黄氏言行事迹有所瞭解，“任發明之重者，非黄先生而誰”，有可能就是其他同門對黄宗羲的評價或期待，這自然是黄宗羲樂於接受的。但是信中又將惲日初與黄氏並列，在經歷與惲日初的爭論而未能達成一致意見後，黄宗羲對這樣的提法很可能不以爲然。因此，他撰寫《蕺山學案》，在小序中提及與惲日初的爭論，説惲氏並未真正瞭解先師的思想，所以不願爲《劉子節要》作序。他表示《蕺山學案》中所收録先師的著述比較完備，足够體現蕺山學術的精髓。可見黄宗羲雖自

① ［清］劉士林:《蕺山先生行實》,［明］劉宗周著,吴光主編:《劉宗周全集》第六册,第608—609頁。
② ［清］劉士林:《劉念臺先生像贊》,［明］劉宗周著,吴光主編:《劉宗周全集》第六册,第619—619頁。
③ ［清］劉士林:《蕺山先生行實》,［明］劉宗周著,吴光主編:《劉宗周全集》第六册,第611頁。
④ ［清］黄宗羲著,沈善洪主編:《交游尺牘·施博》,《黄宗羲全集》第十一册,第377—378頁。

謙“羲豈能知先師之學者”，也不過是門面之辭。

在《孟子師説》中，黄宗羲已明顯表現出自視爲蕺山道統傳人的思想。他在吴澄（學者稱草廬先生）道統系譜的基礎上做了發揮，調整了元亨利貞所分别對應的學者，增加了陸九淵、王陽明與劉宗周，並模仿吴澄，再次以“貞下之元”設問，意圖十分明顯，他是以“貞下之元”自期並自許。① 相比而言，《明儒學案》不僅在體例的安排上頗具深意：以《師説》作開端，以《蕺山學案》殿後，而且在該學案劉宗周傳記末尾也體現出濃厚的道統色彩：“識者謂五星聚奎，濂、洛、關、閩出焉；五星聚室，陽明子之説昌；五星聚張，子劉子之道通，豈非天哉！豈非天哉！”② 將五星連珠的天象與學術興盛相連，並不是黄宗羲的發明。朱熹首倡周敦頤上接孟子，開啓宋代理學先河的道統譜系，並以之與宋初發生的五星聚奎天文現象相附會，將道統提升到天命的高度，此後士人代復一代熱衷於談論此道統復續之祥瑞，更强化了這個道統復續的天命依據，也激發了他們繼往聖絶學的責任感與榮譽感③，黄宗羲也是如此。

黄百家對父親“貞下之元”的抱負心領神會，他提出劉宗周的慎獨學説解決了“千古未决之疑”“有宋以來所未有”，但弟子間詮釋不一，爭論重重，“然向非府君冥心妙悟，推陷而廓清之，則子劉子已收之鏡，已得之珠，幾何而不復墜乎！”④ 只有父親黄宗羲廓清迷霧，使蕺山學昌明於天下，因此同門陳之問才會在給黄宗羲的壽序中，贊其能疏通蕺山微言，證明其大義，使蕺山之學如日中天。黄宗羲在篇幅並不長的《陳令升（陳之問字令升）傳》⑤ 中特意引用此段文字，顯然也是隱含深意於其中。黄百家再次摘録該文，並表示“先生與府君同門素心，故知之深，言之切也”，自然是認同他的看法。⑥ 不僅如此，黄百家還在該文最後作結語道：“府君作《蕺山傳》：‘五星聚奎，濂洛關閩出焉；五星聚室，陽明子之説昌；五星聚張，子劉子之道通，豈非天哉！豈非天哉！’府君於丙辰歲著《明儒學案》成，而五星聚牛女。不孝百家竊謂亦豈非天哉！豈非天哉！”⑦ 可見，《明儒學案》的撰寫，正是黄宗羲自覺傳承道統的重要體現。

黄宗羲作爲蕺山道統傳人的身份得到了董瑒的認可。黄榦（号勉齋）是朱熹四大門人，以繼志傳道爲己任，積極弘揚其講學傳道之遺風，最得朱子學真諦，被視爲朱熹道統的繼承人。董瑒評價黄宗羲“有功於師門也，蓋不在勉齋下矣”，正是對其蕺山學正宗傳人地位的肯定。

---

① 吴海蘭:《黄宗羲與吴澄——以道統論爲中心的考察》,《淮北煤炭師範學院學報》2009 年第 2 期。

② [清]黄宗羲著,沈芝盈點校:《明儒學案》卷六十二《蕺山學案》,第 1514—1515 頁。

③ 韋兵:《五星聚天象與道統天命》,朱瑞熙主編:《宋史研究論文集》第 11 輯,巴蜀書社,2006 年,第 538—546 頁。

④ [清]黄百家:《先遺獻文孝公梨洲府君行略》,黄宗羲著,沈善洪主編:《黄宗羲全集》第十一册,第 406—407 頁。

⑤ [清]黄宗羲著,沈善洪主編:《陳令升先生傳》,《黄宗羲全集》第十册,第 600 頁。

⑥ [清]黄百家:《先遺獻文孝公梨洲府君行略》,黄宗羲著,沈善洪主編:《黄宗羲全集》第十一册,第 407 頁。按,黄百家所引陳之問的話節略的内容達一半以上。且文中有誤字,如“以合於先聖不而之旨”,“而”當爲“傳”;“魯□而儒者一人”,“□”爲“國”字,據《陳令升先生傳》(《黄宗羲全集》第十册,第 600 頁)改。

⑦ [清]黄百家:《先遺獻文孝公梨洲府君行略》,黄宗羲著,沈善洪主編:《黄宗羲全集》第十一册,第 418 頁。

隨着自身在劉門弟子中地位的提高，黄宗羲通過重塑蕺山學，試圖奪取蕺山學道統傳人身份的行動，應該説取得了較大的成功，除了董瑒、陳之問、姜希轍等同門支持外，也獲得了其他學者的認可。如湯斌説“太沖力任師傳，海内人士宗之”[①]，黄虞稷説“越水斯文在，姚江道統歸”[②]，孫洤説“世仰如泰斗，真傳自蕺山”[③]，全祖望説“念臺之學得以發明者，皆其功也”[④]，及温睿臨説“言劉氏學者皆宗之”[⑤]，都表明了這一點。

當然，我們也需要指出，黄宗羲蕺山道統傳人的身份，並非毫無爭議，傾向程朱理學的劉士林就説“（蕺山）先生門下士甚衆，而卒能守其道而傳之者，惟我考一人而已”。劉士林曾列舉一份向祖父“以學業請益”並“以學行名節著稱”的名單，共35人，傾向于程朱的惲日初、張履祥、張應鼇、沈昀等有收録，但没有黄宗羲[⑥]，這或可進一步表明他的態度。但是，劉士林畢竟在學術圈没有什麽影響力，且其囿於門户之見，無視客觀現實，根本改變不了黄宗羲已有的學術地位。

四、餘論

劉宗周身殉國難後，經歷明亡清興的桑海之變，弟子們或殉節盡忠，或隱居不出，或改换門庭、未守師説，導致蕺山之學分化嚴重，大有没落之勢。黄宗羲在這種情形下異軍突起，通過撰寫《子劉子行狀》《蕺山學案》及參與整理《劉子全書》等，保持了蕺山學的原貌，並重塑了蕺山學，使蕺山學成爲明晰的、一以貫之的學説，不僅避免了被人爲製造成與程朱學派合流的命運，而且還突顯了蕺山在明代學術史上的獨特地位：“有明學術，白沙開其端，至姚江而始大明。……逮及先師蕺山，學術流弊，救正殆盡。向無姚江，則學脈中絶；向無蕺山，則流弊充塞。”[⑦] 通過與其他學派對比，我們更能看出黄宗羲重塑蕺山學的意義。如清初北學在孫奇逢時尚可維持王學門面，到孫氏弟子這一輩，也發生了學術走向上的分化，主陸、王者固然有人，主程朱者、主經世實學及其他各學者，也大有人在。[⑧] 但孫奇逢的弟子中缺乏黄宗羲這樣能重振師門的人物，因此迅速衰落，一蹶不振。

黄宗羲通過重塑蕺山學，不僅實現了成爲蕺山道統傳人的目標，對於蕺山學的傳播，也産生了深遠的影響。從黄宗羲至其弟子、後學都大力宣傳、弘揚蕺山學，從而形成源

---

① ［清］湯斌：《湯子遺書》卷三《蕺山劉先生文録序》，湯斌著，范志亭、范哲輯校：《湯斌集》，中州古籍出版社，2003年，第93、94頁。

② ［清］黄宗羲著，沈善洪主編：《黄宗羲全集》第十一册，第325頁。

③ ［清］黄宗羲著，沈善洪主編：《黄宗羲全集》第十一册，第327頁。

④ ［清］全祖望著，朱鑄禹匯校集注：《鮚埼亭集外編》卷四十四《答諸生問南雷學術帖子》，《全祖望集匯校集注》，第1695頁。

⑤ ［清］温睿臨：《南疆逸史》卷四十三《黄宗羲》，第324頁。

⑥ ［清］劉士林：《蕺山先生行實》，［明］劉宗周著、吴光主編：《劉宗周全集》第六册，第607頁。

⑦ 黄宗羲著，沈善洪主編：《移史館論不宜立理學傳書》，《黄宗羲全集》第十册，第221頁。

⑧ 龔書鐸主編：《清代理學史》（上卷），廣東教育出版社，2007年，第253頁。

遠流長的學術傳統："梨洲黄氏，出蕺山劉氏之門，而開萬氏弟兄經史之學，以至全氏祖望輩尚存其意，宗陸而不悖于朱者也。"① 雖然由於時代際遇與清廷官方意識形態的壓制，蕺山學已不可能實現"大行於天下"，甚至在黄宗羲去世之後，逐漸被程朱理學所淹没，但對於蕺山學而言，黄宗羲的塑造可以説取得了很大的成功，因爲今天我們要了解劉宗周，顯然無法躲開其參與整理的《劉子全書》及其本人撰寫的《子劉子行狀》《蕺山學案》等。

Huang Zongxi and His Moulding of Liu Zongzhou's Thoughts

Wu Hailan

Abstract: There were many conceptual differences about how to understand doctrines among the disciples after Liu Zongzhou's martyrdom, which led to serious differentiation on Liu Zongzhou's thoughts. Huang Zongxi negatived the book about Liu Zongzhou's thoughts excerpted by Yun Richu and wrote Liu Zongzhou's biography and his thought generalization. At the same time, he participated in compiling Liu Zongzhou's complete works. Huang Zongxi reshaped Liu Zongzhou's thoughts by these activities, and he got the support of many fellow disciples. Huang Zongxi aimed at declaring his identity as the orthodoxy heir of Liu Zongzhou's thoughts. Huang Zongxi achieved the goal as the heir of Liu Zongzhou's thoughts, and his action exerted profound influences on the spread of Liu Zongzhou's thoughts.

Keywords: Huang Zongxi; the *Academic Biographies of the Ming Confucian Scholars*; Liu Zongzhou's complete works; Liu Zongzhou's thoughts excerpted by Yun Richu; orthodoxy

① ［清］章學誠著，葉瑛校注：《文史通義》卷五内篇五《浙東學術》，中華書局，1994 年，第 523 頁。

中國古代士人與商業出版關係研究述評

何朝暉

［摘　要］中國古代士人群體與商業出版活動之間關係密切，對這一關係的探討，有助於深化對中國古代士人群體和商業出版的研究。論文從古代士人研究與出版史研究兩個方面對現有的相關研究成果進行了梳理，指出歷史學界對古代士人群體的研究較少涉及從事商業出版活動的士人；出版史研究方面的相關成果相對較多，但多集中於少數典型人物，缺乏整體性的考察。對這一課題的研究亟待拓展和深入。

［關鍵詞］士人；商業出版；社會史；出版史

中國古代士人與商業出版之間，存在着緊密而又曖昧的關係。一方面，士人群體爲商業出版提供了重要的人力資源、稿源和書籍市場。不同於其他的商業活動，商業出版的經營者需要具備相當的文化素養，以便從事選題策劃、組稿約稿、文字編輯以至於撰稿活動。事實上有不少書坊主親自從事文字的編校工作，也有少數書坊主能够編撰類書、小説等作品。正因爲如此，士人群體是書坊主的一個重要來源。相當一部分書坊主在身爲商人的同時，也具有士人身份。書坊主還雇傭了不少下層文人從事書籍的編輯、校勘、寫樣等工作。除了書坊主之外，宋代以後一些官員、在野士人出於經濟上的考慮，也在一定程度上捲入商業性出版活動。商業出版的稿源無疑來自於士人的創作，進而至遲到晚明時期，已經出現了專門爲書坊和市場寫作的文人。在書籍消費群體中，士人更是當仁不讓的主體。另一方面，由於中國古代的士大夫群體羞於言利，對從事商業性的出版活動諱莫如深，這方面的相關史料留存十分稀少，使得長期以來中國古代士人從事商業出版活動的面貌模糊不清，學界也缺乏應有的重視。

對士人與商業出版關係的研究，不僅可以揭示從事商業出版活動的士人群體的生存狀態，推動對中國古代士人的研究，同時通過探討士人群體在商業出版發展中的作用，有

【作者簡介】何朝暉(1970—　)，男，廣西博白人，山東大學儒學高等研究院教授，博士生導師。研究方向：明史、書籍史、版本目録學。

助於深化對古代商業出版的研究。此前學界雖尚未對古代士人與商業出版的關係作過集中探討，但在若干論著中已從不同角度、不同程度地涉及這個問題。兹就學界已有的相關研究加以回顧和梳理，以便爲進一步的研究提供基礎。

一、古代士人研究中的相關成果

根據目前掌握的資料，唐代後期已經產生了民間印刷出版業，最初的出版物以佛經和曆書、蒙學讀物、醫書、陰陽算命等坊刻讀物居多。因而士人與商業出版之間的關係，最早應可追溯到唐代。對唐宋以來士人的研究，近年成果頗多。黄雲鶴的《唐宋下層士人研究》，辟有“唐宋下層士人的經濟來源”“唐宋下層士人的文化貢獻”兩章，提到唐宋時期下層士人有賣文、傭書爲生的，但没有涉及下層士人的商業出版活動；在分析唐宋下層士人的著述動機時，列出了以著述爲事業、隱逸生活的一部分、作爲入仕手段、獲得社會聲望、作爲社會交往手段等，也未提到通過著述謀利。① 葉燁《北宋文人的經濟生活》，在“北宋文人入仕前的收入來源”一節，提到傭書與經商兩個來源，但未論及商業出版；在“北宋文官在貶謫、守制與退職期間的經濟狀況”一章，談到官員以潤筆補貼用度；在“仕途以外文人的經濟生活”一節，談到教學、耕作、賣詩文、經商等幾種自給求食方式，但其中並未包括從事商業出版活動。② 臺灣學者梁庚堯《宋代社會經濟史論集》收有《南宋城居官户與士人的經濟來源》一文，列舉了田業基礎、商業經營、俸禄與束脩、其他來源等收入來源，在商業經營部分提到臨安陳起、陳續芸父子的陳宅書籍鋪和唐仲友在婺州開的書坊，在其他來源中提到代作、潤筆和編寫話本、劇本的書會才人，但均一筆帶過而未展開，亦未將士人的商業出版活動作爲一個單獨的方面看待。③ 幺書儀的《元代文人心態》，在“失去了莊嚴感之後——飄浮在社會下層的吏和書會才人們”一節，對入元以後失去仕途前景的士大夫與勾欄瓦肆結合而成的書會才人的心態有細緻的描繪，但没有對雜劇劇本在演出之外是否用於出版進行探討。④

相較於唐宋元三代，關於明代士人的研究成果要多得多。主要可以分爲以下幾個方面：（1）對明代士人心態的研究，如羅宗強《明代後期士人心態研究》、左東嶺《王學與中晚明士人心態》、周明初《晚明士人心態及文學個案》等等⑤；（2）對士人交往、結社的研究，如徐林《明代中晚期江南士人社會交往研究》、何宗美《明末清初文人結社研究》《明末清初

① 黄雲鶴：《唐宋下層士人研究》，河北人民出版社，2006 年，第 95—144 頁。

② 葉燁：《北宋文人的經濟生活》，百花州文藝出版社，2008 年，第 16—27、131—140、149—163 頁。

③ 梁庚堯：《南宋城居官户與士人的經濟來源》，《宋代社會經濟史論集》下，允晨文化實業股份有限公司，1997 年，第 219—321 頁。

④ 幺書儀：《元代文人心態》，《中國古典文學研究叢書》，人民文學出版社，2013 年，第 158—171 頁。

⑤ 羅宗強：《明代後期士人心態研究》，南開大學出版社，2006 年；左東嶺：《王學與中晚明士人心態》，商務印書館，2014 年；周明初：《晚明士人心態及文學個案》，東方出版社，1997 年。

文人結社研究續編》《文人結社與明代文學的演進》、李玉栓《明代文人結社考》等等[①]；（3）對士人生存狀態的研究，如劉曉東《明代士人生存狀態研究》、劉曉東《明代的塾師與基層社會》、周榆華《晚明文人以文治生研究》等等[②]；（4）對明代生員和山人的研究，著作有陳寶良《明代儒學生員與地方社會》、張德建《明代山人文學研究》，代表性論文有金文京《晚明山人的活動及其來源》、陳寶良《晚明生員的棄巾之風及其山人化》、趙佚峰《山人與晚明社會》、方志遠《“山人”與晚明政局》、馮保善《山人小史——兼論明清山人知識群體的生成》等等[③]；（5）對明清易代之際士人心態與活動的研究，如趙園《明清之際士大夫研究》、《制度·言論·心態——〈明清之際士大夫研究〉續編》等等[④]。與士人與商業出版關係直接相關的，主要是關於生員、山人等下層士人的研究和關於士人生存狀態的研究。陳寶良《明代儒學生員與地方社會》第六章“生員的社會職業流動”中列舉了訓蒙、游幕、業醫、經商、訟師及棄巾成爲山人等選擇，其中没有提到從事出版活動。該書第九章還論述了生員的經濟地位和貧困化。[⑤] 陳寶良的另一部著作《明代社會生活史》第一章“上層社會及其生活”中談到了明代中葉以後士紳階層出現分化和生員的貧困化，在第二章“社會下層衆生相”中談到了士人的棄儒就賈之風。[⑥] 張德建的《明代山人文學研究》第二章“山人的生存方式與文化品格”第二節“山人的賣文筆耕與文化經營活動”，其中的“文化經營活動”指的就是出版活動。此節以張鳳翼、梅鼎祚、陳繼儒、童佩[⑦]等人爲例，説明一部分山人依靠出版謀生。[⑧] 劉曉東的《明代士人生存狀態研究》是第一部系統研究明代士人治生途徑及生活狀況的專著，在士人的經濟來源中，列舉了教學、游幕、賣文、耕作、醫卜雜藝、從事工商業等各種選擇，没有把從事商業出版作爲一種治生方式加以論述，僅在賣文部分簡短地提及士人選編時文的活動，在論述明代士人的經濟人格時談到陸雲龍、馮夢龍、淩濛初在晚明文學藝術商品化的趨勢下從事通俗文學創作。周榆華《晚明文人以文治生研究》專注於晚明文人靠詩文（不涉及小説戲曲）寫作技藝謀生的情況，作者主要關注文人“作文受謝”、换取潤筆的事

① 徐林：《明代中晚期江南士人社會交往研究》，上海古籍出版社，2006年；徐林：《明末清初文人結社研究》，南開大學出版社，2003年；何宗美：《明末清初文人結社研究續編》，中華書局，2006年；何宗美：《文人結社與明代文學的演進》，人民出版社，2011年；李玉栓：《明代文人結社考》，中華書局，2013年。

② 劉曉東：《明代士人生存狀態研究》，吉林文史出版社，2002年；劉曉東：《明代的塾師與基層社會》，商務印書館，2010年；周榆華：《晚明文人以文治生研究》，廣東高等教育出版社，2010年。

③ 陳寶良：《明代儒學生員與地方社會》，中國社會科學出版社，2005年；張德建：《明代山人文學研究》，湖南人民出版社，2005年；[日]金文京：《晚明山人之活動及其來源》，《中國典籍與文化》，1997年第1期；陳寶良：《晚明生員的棄巾之風及其山人化》，《史學集刊》，2000年第2期；趙佚峰：《山人與晚明社會》，《東北師大學報》（哲學社會科學版），2001年第1期；方志遠：《“山人”與晚明政局》，《中國社會科學》2010年第1期；馮保善：《山人小史——兼論明清山人知識群體的生成，《尋根》2005年第4期。

④ 趙園：《明清之際士大夫研究》，北京大學出版社，1999年；趙園：《制度·言論·心態——〈明清之際士大夫研究〉續編》，北京大學出版社，2006年。

⑤ 陳寶良：《明代儒學生員與地方社會》，第296—357、413—423頁。

⑥ 陳寶良：《明代社會生活史》，中國社會科學出版社，2004年，第56—66、110—118頁。

⑦ 童佩賣書自資，不附權門，是否應歸入山人，容有疑義。

⑧ 張德建：《明代山人文學研究》，湖南人民出版社社，2005年，第113—132頁。

例，在“其他謀生方式”一節，論及文人編纂、梓行、售賣書稿的活動，以張鳳翼編刻圖書的活動作爲例子，並提及陳繼儒和馮夢龍。但這部分篇幅不足一頁，因而難稱詳盡。

在歷史學界，對從事商業出版活動的士人群體普遍缺乏足够的重視。在關於士人職業選擇與生存狀態的研究中，僅有零星的關注，没有把從事商業出版活動作爲士人的一項重要職業選擇來看待，對這一士人群體的規模、影響認識不足。

二、出版史研究中的相關成果

在出版史研究方面，各種通論性的印刷史、出版史著作，如張秀民、韓琦《中國印刷史》，肖東發等主編的九卷本《中國出版通史》，吴永貴主編的《中國出版史》，肖東發著《中國圖書出版印刷史論》《中國編輯出版史》等等；各種斷代出版史，如宿白《唐宋時期的雕版印刷》、肖占鵬《唐代編輯出版史》、周寶榮《宋代出版史研究》《走向大衆——宋代的出版轉型》、楊玲《宋代出版文化》、田建平《宋代出版史》《元代出版史》、繆詠和《明代出版史稿》等等，均在論述各個時代的出版業狀況時介紹了主要的出版人物。[①] 井上進《中國出版文化史》是一部體例特别的著作，它在很多方面的論述系統性不强，但卻以跳躍的、隨感式的筆調提出許多令人耳目一新的觀點，給讀者帶來啓發。他在第八、九、十四章都談到涉及商業出版活動的士人，但受限於著作體例，對士人商業出版活動的揭示難稱系統完整。[②]

對於士人與商業出版關係揭示更深入的是各種專題研究著作。魏希德在《義旨之爭：南宋科舉規範之折衝》中，討論了舉業書的出版對南宋科舉考試標準的影響，其中涉及到吕祖謙、陳傅良、朱熹等士人的圖書編刻活動。[③] 甲斐雄一《南宋的文人與出版文化：圍繞王十朋與陸游的研究》第三章圍繞《王狀元集百家注東坡先生詩》分析了王十朋與建陽書坊之間的關係。[④] 朱迎平的《宋代刻書産業與文學》第八章通過幾個個案論述宋代文人對出版的參與，其中涉及商業出版的是朱熹。[⑤] 宫紀子《蒙古時代的出版文化》重在探討元代官方和上層士大夫與書籍出版之間的關係，較少涉及商業出版。[⑥] 就明代而言，大木康《明末江南的出版文化》第四章“明末江南的出版人”，以陳繼儒和馮夢龍爲個案

---

① 張秀民、韓琦：《中國印刷史》，浙江古籍出版社，2006年；肖東發等主編：《中國出版通史》，中國書籍出版社，2008年；吴永貴主編：《中國出版史》，湖南大學出版社，2008年；肖東發：《中國圖書出版印刷史論》，北京大學出版社，2001年；肖東發：《中國編輯出版史》，遼寧教育出版社，1996年；宿白：《唐宋時期的雕版印刷》，文物出版社，1999年；肖占鵬：《唐代編輯出版史》，南開大學出版社，2009年；周寶榮：《宋代出版史研究》，中州古籍出版社，2003年；楊玲：《宋代出版文化》，文物出版社，2012年；田建平：《宋代出版史》，人民出版社，2017年；田建平：《元代出版史》，河北人民出版社，2003年；繆詠和：《明代出版史稿》，江蘇人民出版社，2000年。

② ［日］井上進著，李俄憲譯：《中國出版文化史》，華中師範大學出版社，2015年。

③ ［比］魏希德著，胡永光譯：《義旨之爭：南宋科舉規範之折衝》，浙江大學出版社，2015年。

④ ［日］甲斐雄一：《南宋の文人と出版文化：王十朋と陸游をめぐって》，九州大學出版會，2016年。

⑤ 朱迎平：《宋代刻書産業與文學》，上海古籍出版社，2008年，第224—266頁。

⑥ ［日］宫紀子：《モンゴル時代の出版文化》，名古屋大學出版會，2006年。

解剖了“因出版業興隆而產生的新型知識份子”的活動。該書第三章“明末江南出版文化諸相”第一節“李卓吾思想的流行”談到晚明被坊賈冒名甚多的李贄及托名者葉晝，第五章“《儒林外史》反映的出版活動”第一節“士人與出版”分析了小説中描寫的時文選家。賈晋珠（Lucille Chia）在《爲利而印：11至17世紀的福建建陽坊賈》中，對明代建陽的書坊主以及爲書坊主編校圖書的下層文人進行了深入研究。[①] 周啓榮（Kai-wing Chow）《早期近代中國的出版、文化與權力》一書在“商業化寫作、考試和出版”一章中，討論了晚明士人介入商業出版的各種活動。有應書賈之請作序或掛名以推銷圖書的，也有圖書的作者和出版者。他區分了“士商”出版者和作者的各種類型，如以陳仁錫爲代表的士人文化出版者，以馮夢龍爲代表的娛樂文化出版者，以許自昌爲代表的出版資助者，以孫鑛、鐘惺爲代表的點評者，以及徐奮鵬、李贄、焦竑、袁宏道等當時受讀者追捧的作家。周啓榮運用“場域”“象徵性資本”“副文本”（paratext）等理論工具來分析晚明的商業出版活動，對士人參與商業出版的方式作出了許多精闢的分析，給後來的研究者帶來諸多啓發。[②] 周紹明的《書籍的社會史——中華帝國晚期的書籍與士人文化》在第三章“書籍發行與士人文化”的“士人”一節中，討論了中國古代士人在書籍生産和傳播中扮演的角色。他提到的涉及商業出版活動的士人有張鳳翼、艾南英、毛晋、陳繼儒、顧元慶、殷仲春、童佩等。周紹明的著作在分析文人藏書活動與書籍流通的關係方面獨闢蹊徑，但他對士人參與商業出版的討論並不深入。[③] 郭孟良《晚明商業出版》在第二部分“‘書客’群落：職業出版傳播者的成長”集中討論了作者、出版者、寫工、畫工、刻工、印工等出版從業者。[④] 他認爲職業化的出版傳播隊伍在宋代初步出現，在明代發展壯大。他將晚明的作者分爲官紳作者群、山人墨客作者群和書坊作者群；以鄧志謨、吴還初、郭偉爲例，討論了爲書坊工作的下層文人編輯；把書坊主分爲文人書坊主、以徽商爲代表的商人出身的書坊主、刻工出身的書坊主，文人書坊主又分爲科場失意者、有一定功名者、有仕宦身份者。他分別以余象斗爲出版家兼作家、馮夢龍爲編輯家兼作家、陳繼儒爲策劃兼批評家，進行了個案分析。郭孟良對於晚明參與商業出版活動的士人作了迄今爲止最爲系統的分析，但總的來看，他在理論建構上的貢獻大於實證的研究。張獻忠《從精英文化到大衆傳播——明代商業出版研究》並未有專門部分論述商業出版的從業人員，但他在一系列文章中討論了士人與商業出版的關係，如《袁黄與科舉考試用書的編纂——兼談明代科舉考試的兩個問題》《科舉競爭壓力下底層文人的職業選擇及其生存境遇——以晚明職業出版人群體形成爲中心》《晚明底層文人的生存狀態——以南京王世茂車書樓爲中心的考察》《文

① Lucille Chia, *Printing for Profit: The Commercial of Jianyang, Fujian* (11th-17th *Centuries*)(《爲利而印：11至17世紀的福建建陽坊賈》), Harvard University Asia Center, 2002.

② Kai-wing Chow, *Publishing, Culture and Power in Early Modern China* (《早期近代中國的出版、文化與權力》), Stanford University Press, 2004.

③ [美]周紹明著，何朝暉譯：《書籍的社會史——中華帝國晚期的書籍與士人文化》，北京大學出版社，2009年。

④ 郭孟良：《晚明商業出版》，中國書籍出版社，2010年。

社、書坊與話語權力——晚明商業出版與公共空間的興起》等。[①] 除了舉業書編纂者袁黄之外，張獻忠的關注點主要是充當書坊主、職業編輯、職業作者等角色的下層士人。王煒的《明代八股文選家考論》以徐一夔、黎淳、蔡清、林希元、歸有光、黄汝亨、張溥、艾南英爲重點，考察了有明一代時文選集編纂者身份的演變、選文活動及其影響。時文選是一種重要的舉業書類型，該書是近年來少有的對涉足商業出版的某個士人群體所作的深入研究。[②] 聶付生《晚明文人的文化傳播研究》第六章以馮夢龍、淩濛初、毛晋爲個案探討了通俗文學和經典文化的傳承。[③]

在對宋代以來各種商業出版物的研究中，涉及對參與商業出版的士人的研究。劉祥光的《時文稿：科舉時代的考生必讀》《宋代的時文刊本與考試文化》，沈俊平的《元代坊刻考試用書的生産活動》《舉業津梁：明中葉以後坊刻制舉用書的生産與流通》，以及前述周啓榮著作中對晚明舉業讀物的研究，都談到舉業書編刻活動中文人的參與。[④] 對日用類書的研究，主要有酒井忠夫《中國日用類書史研究》、小川陽一《日用類書與明清小説研究》、吴蕙芳《萬寶全書：明清時期的民間生活實録》《明清以來民間生活知識的建構與傳遞》、王正華：《生活、知識與文化商品：晚明福建版“日用類書”與其書畫門》、劉天振《明代通俗類書研究》、尤陳俊《法律知識的文字傳播：明清日用類書與社會日常生活》等等。[⑤] 民間日用類書的作者多無法詳考，這些研究著作的重點在於書籍及其反映的社會文化，因而對士人作者在其中扮演的角色較少探討。對於小説、戲曲作者的研究相對較多。方志遠《明代城市與市民文學》第四章“明代市民文學的創作者”從社會身份和地域分布兩方面對科舉時文、小説、戲曲、説唱文學的作者進行了分析。[⑥] 陳大康《明代小説史》、程國賦《明代書坊與小説研究》、紀德君《明清通俗小説編創方式研究》，都對書坊主和文人參與小説創作、評點進行了討論。[⑦] 何予明的《家與世界：16、17世紀的刻本中對“大明”的編寫》討論了晚明坊

---

① 張獻忠:《袁黄與科舉考試用書的編纂——兼談明代科舉考試的兩個問題》,《西南大學學報》(人文社會科學版)2010年第3期;《科舉競爭壓力下底層文人的職業選擇及其生存境遇——以晚明職業出版人群體形成爲中心》,《社會科學研究》2015年第3期;《晚明底層文人的生存狀態——以南京王世茂車書樓爲中心的考察》,《安徽史學》2015年第4期;《文社、書坊與話語權力——晚明商業出版與公共空間的興起》,《學術研究》2015年第9期。

② 王煒:《明代八股文選家考論》,武漢大學出版社,2015年。

③ 聶付生:《晚明文人的文化傳播研究》,電子科技大學出版社,2014年,第185—196頁。

④ 劉祥光:《時文稿:科舉時代的考生必讀》,《近代中國史研究通訊》,1996年第22期;劉祥光:《宋代的時文刊本與考試文化》,《臺大文史哲學報》2011年第75期;沈俊平:《元代坊刻考試用書的生産活動》,《書目季刊》2010年第2期;沈俊平:《舉業津梁:明中葉以後坊刻制舉用書的生産與流通》,學生書局,2009年。

⑤ [日]酒井忠夫:《中國日用類書史の研究》,國書刊行會,2011年;[日]小川陽一:《日用類書による明清小説の研究》,研文出版,1995年;吴蕙芳:《萬寶全書:明清時期的民間生活實録》,花木蘭文化出版社,2005年;吴蕙芳:《明清以來民間生活知識的建構與傳遞》,學生書局,2007年;王正華:《生活、知識與文化商品:晚明福建版“日用類書”與其書畫門》,《近代史研究所集刊》2003年第41期;劉天振:《明代通俗類書研究》,齊魯書社,2006年;尤陳俊:《法律知識的文字傳播:明清日用類書與社會日常生活》,上海人民出版社,2013年。

⑥ 方志遠:《明代城市與市民文學》,中華書局,2004年,第220—273頁。

⑦ 陳大康:《明代小説史》,人民文學出版社,2007年;程國賦:《明代書坊與小説研究》,中華書局,2008年;紀德君:《明清通俗小説編創方式研究》,社會科學文獻出版社,2012年。

刻讀物對經典著作的移用、編輯和改造，揭示了晚明獨特的商業出版文化，她關注的重點在於出版物而不是出版人物。①

此外，還有不少對於參與商業出版活動的晚明士人的個案研究。如陸樹侖、聶付生、龔篤清對馮夢龍的研究，金文京對湯賓尹、俞安期的研究，高明對陳繼儒的研究，章宏偉、周彦文等對毛晋的研究，周興陸、趙紅娟、表野和江等對吴興閔、淩二氏的研究，賈晋珠對吴勉學的研究，林麗江對程大約、方于魯、汪廷訥等徽州出版商的研究，董捷和毛茸茸對汪廷訥的研究，馬孟晶對胡正言的研究，向志柱對胡文焕的研究，葉俊慶、戴欣慈對周履靖的研究，肖東發對余象斗的研究，井玉貴對陸人龍、陸雲龍兄弟的研究，筆者對梅鼎祚和俞安期的研究等等。②

儘管近年來學術界在唐宋以來的士人研究與商業出版研究方面著力甚多，湧現出了不少成果，但對於士人的商業出版活動仍然重視不足。在歷史學界對於士人謀生手段和生存狀態的研究中，從事商業出版活動作爲士人的一種治生途徑，尚未納入許多研究者的視野。相對而言，研究出版史的學者對於參與商業出版的士人討論較多，但多集中於陳繼儒、馮夢龍等少數典型人物，整體性的研究較爲缺乏。對個案的研究逐漸增多，然而相對於涉足商業出版的龐大士人數量來説仍顯嚴重不足，士人參與商業出版活動的情况還遠未得到充分揭示，認識上還存在不少盲點，且存在研究零散、不系統的問題，亟待整合，以形成關於中國古代士人參與商業出版活動的完整認識。

---

① Yuming He, *Home and the World: Editing the "Glorious Ming" in Woodblock-Printed Books of the Sixteenth and Seventeenth Centuries*(《家與世界：16、17世紀的刻本中對"大明"的編寫》), Harvard University Asia Center, 2013.

② 陸樹侖：《馮夢龍研究》，復旦大學出版社，1987年；聶付生：《馮夢龍研究》，學林出版社，2002年；龔篤清：《馮夢龍新論》，湖南人民出版社，2002年；金文京：《湯賓尹與晚明商業出版》，收入胡曉真主編《世變與維新——晚明與晚清的文學藝術》；[日]金文京：《晚明山人俞安期的活動》，收入復旦大學文史研究院編《都市繁華：一千五百年來的東亞城市生活史》，中華書局，2010年；高明：《陳繼儒研究：歷史與文獻》，花木蘭文化出版社，2014年；章宏偉：《毛晋刻書活動考論》，收入氏著《十六—十九世紀中國出版研究》，上海人民出版社，2011年；周彦文：《毛晋汲古閣刻書考》，花木蘭出版社，2006年；周興陸：《明代吴興刻書家閔、淩二姓世系考》，《浙江社會科學》2008年第7期；趙紅娟：《晚明江南望族的編刊活動與晚明都市——以淩、閔、茅、臧四大望族爲中心》，《浙江社會科學》2014年第12期；趙紅娟：《五位著名閔板刻書家考述》，《江蘇圖書館學報》2000年第5期；[日]表野和江：《明末吴興淩氏刻書活動考——淩濛初和出版》，《中國典籍與文化》2003年第3期；[美]賈晋珠：《吴勉學與明朝的刻書世界》，《法國漢學》第13輯，《徽州：書業與地域文化》，中華書局，2010年；林麗江：《晚明徽州墨商程君房與方於魯墨業的開展與競爭》，《法國漢學》第13輯，《徽州：書業與地域文化》，中華書局，2010年；Li-chiang Lin"Wang Tingne Unveiled through the Study of the Late Ming Woodblock-printed Book Renjing Yangqiu," *Bulletin De L'École Française D'Extrême-Orient*, 95—96 (2008—2009), pp. 291—329. 董捷：《燕雲讀書劄記——晚明版畫史文獻新證二則》，《新美術》2011年第4期；毛茸茸：《人間未可辭：〈環翠堂園景圖〉新考》，中國美術學院出版社，2014年；馬孟晶：《文人雅趣與商業書坊——十竹齋書畫譜和箋譜的刊印與胡正言的出版事業》，《新史學》1999年第3期，第1—37頁；向志柱：《胡文焕〈胡氏粹編〉研究》，中華書局，2008年；葉俊慶《隱逸・山人・園居——周履靖及其〈夷門廣牘〉研究》，"國立"清華大學歷史研究所碩士論文，2015年；戴欣慈：《萬曆南京外地書商周履靖與〈夷門廣牘〉的出版歷程》，清華大學歷史研究所碩士學位論文，2015年；肖東發：《建陽余氏刻書考略》上、中、下，《文獻》1984年第3、4期，1985年第1期；井玉貴：《陸人龍、陸雲龍小説創作研究》，中國社會科學出版社，2008年；何朝暉：《晚明落第士人的著述出版活動——以梅鼎祚爲例》，《第十三屆明史國際學術研討會論文集》，湖南人民出版社，2011年；何朝暉：《山人與出版：俞安期生平、著述與刻書活動考》，《古典文獻研究》第15輯，鳳凰出版社，2012年。

A Survey of Studies on Relationship between Literati and Commercial Publishing in Premodern China

He Zhaohui

Abstract: The literati group and commercial publishing in premodern China were closely related. The investigation of their relationship will enhance the research of the literati group and the study of publishing history. The paper surveys the existing works on this topic, which can be divided into two categories: those by scholars dealing with literati group and those by scholars studying publishing history. While the former neglected the literati involved in the commercial publishing activities in most of their studies, the latter only paid attention to a few outstanding figures without taking a broader view. This field calls for more intensive and expansive research.

Keywords: Literati; Commercial Publishing; Social History; Publishing History

士紳文化傳統的流衍與吕碧城的人生拓境

——以吕鳳岐《石柱山農行年録》爲考察中心*

束　莉

［摘　要］對吕鳳岐的自撰年譜《石柱山農行年録》展開考察，可知他與其女吕碧城在人生軌迹上有頗多暗合之處。這一現象的産生，既得益於清末民初男女平權思想逐步興起的大環境，更與吕鳳岐、嚴士瑜的跨圈層聯姻和特殊的子女培養方式有直接關聯。受惠於這一獨特機緣，吕碧城及其姐妹們有幸獲得了士紳文化傳統的薰陶，從而具有了不同於傳統閨秀的人生志趣，極大地拓展了人生境界，最終成爲女性覺醒的先行者。

［關鍵詞］士紳文化；閨秀傳統；吕碧城；吕鳳岐；石柱山農行年録

晚清民初文壇上，吕碧城（1883—1943）是最爲特立獨行的女性作者之一。她年少成名，以報刊爲媒介，文采聳動京津文化圈；提倡女子教育，被譽爲“北洋女學界的哥倫布”；中年涉足商戰，“諳陶朱之術”，富甲一方；終生未婚，獨立周游歐美各國十餘年；暮年敬奉佛教，護生戒殺，成爲享譽中外的慈善人士。其入世的機敏堅韌，以及超塵脱俗的生活理念、價值觀念，均與傳統女性大相徑庭。她初入世途，便一鳴驚人，原生家庭的培育、塑造之功自不可小覷。前賢對此已有專論，但仔細研讀，似尚有未盡之處，主要的問題有二：一是討論的重點均爲文學功底的陶鑄，尚未涉及更爲豐富的層面；二是將其父系、母系親屬合併論述，而未留意到雙方各自的文化特質及不同影響。近年，吕碧城之父吕鳳岐的自撰年譜《石柱山農行年録》得到整理並附録於《吕碧城集》[①]出版，爲以上問題的深入研究提供了契機。該録對吕鳳岐的一生行迹有着詳細記述，筆墨常帶感情，透露出撰著者的性情、趣味。而若將它與吕碧城的生平進行對照，會發現父女二人在人生軌迹上存在着有趣的代際呼應，值得細加評述。

【作者簡介】束莉（1982—　），女，安徽舒城人。安徽大學古籍整理出版辦公室編輯。研究方向：中國古代女性文學。

*　本文係安徽大學博士科研啓動經費資助項目階段性成果。

①　李保民整理：《吕碧城集》，上海古籍出版社，2015年。

一、吕鳳岐、吕碧城父女人生軌迹的異轅合轍

1. 以教育爲終生志願

光緒三十年春（1904）起，吕碧城三姐妹在京津文化圈中聲名鵲起，所謂“淮南三吕，天下知名”[①]，即是對當時盛況的追憶。最初，她們以文學才華而備受關注，但最終獲得社會名流的尊重與支持，卻緣於她們對女子教育事業的孜孜追求。吕碧城初抵天津，即在《大公報》上連續刊載《論提倡女學之宗旨》《教育爲立國之本》等文。在回憶中，她也自剖彼時心志：“甲辰之歲，北方女學尚當草昧未辟之時，鄙人浪迹津滬，征諸同志，將有創辦女學之舉，恐棉力之難濟也，抒其芻論，假報紙游説於當道。”[②] 半年以後，即1904年11月7日，天津女學堂宣告開學，她出任總教習，主持全校事務。不久，又主持北洋女子公學，直到1912年公學停辦。長姐吕慧如、二姐吕美蓀，也都在碧城辦學之初即往天津與其共事，之後又陸續開創了自己的教育事業。知識女性致力於女子教育，似乎只是她們謀求獨立的一種常見方式，但聯繫到其父親的畢生志願，吕氏姐妹這一不約而同的選擇其實別具深意。

吕鳳岐的前半生，大部分精力都用在了讀書應試上。在同治十三年（1874）考取內閣中書之前，他始終没有固定的職位與收入來源，一直以坐館授徒爲生。同治三年（1864年）中舉以後，志在會試的他，滯留京津數年，依然在親朋家坐館，或追隨熟識的學官，批閱各地的鄉試試卷。這一系列教職，對於吕鳳岐來説僅僅是謀生手段嗎？不然。在《石柱山農行年録》“同治六年丁卯三十一歲”條中，吕鳳岐記録了兩件喜事：一是“二月八日，長子賢銘生”[③]；二是“門人宜昌年十六，回徽應童子試，補博士弟子員，即食廪餼，後以癸酉選拔領鄉薦”。暮年追憶，執教生涯中的“成功案例”尚歷歷如新，可見吕鳳岐的愛才之心。

中進士後不久，吕鳳岐出任山西學政，這無疑是他一生中的巔峰時刻。光緒八年至十一年間（四十六至四十九歲），他馬不停蹄，奔走山西各地，主持考試，精擇賢才，所開各闈，“莫不稱賀得人之盛”[④]。他對歷經喪亂的士子們所遇到的困難頗能體諒，“各棚幸積弊之悉除也”[⑤]。而針對各地舉子在應試中暴露出的地域性短板，他也有深入思考，並積極尋求對策。比如，由於方言差異，山西士子於“韻學，頗少講究，平仄失調者，雖優等生員所在不免”。吕鳳岐“因取《詩韻釋要》一書，重加校訂，參之各書，增減其注，仍以簡明爲率。付刊，於發落生童時，各貽一册。……科考各卷，誤者較少矣”[⑥]。

---

① 《吕碧城集》附録三《雜載評論》，録《甲寅》第一卷第四十三號《巽言》章士釗語，第741頁。
② 《吕碧城集》“文卷二”，《與某先生書》，第509頁。
③ 《吕碧城集》附録五《石柱山農行年録》“（同治）六年丁卯三十一歲”條，第784頁。下條引文同。
④ 《吕碧城集》附録五《石柱山農行年録》“（光緒）十一年乙酉四十九歲”條，第796頁。
⑤ 《吕碧城集》附録五《石柱山農行年録》“（光緒）八年壬午四十六歲”條，第793頁。
⑥ 《吕碧城集》附録五《石柱山農行年録》“（光緒）十一年乙酉四十九歲”條，第796頁。

爲幫助青年學子們克服在音韻學習上的固有劣勢，身爲一省學政的他親自校訂學習用書，拳拳之心，令人感動。更值得一提的是，“吕鳳岐就任山西學政時，正是張之洞在晋勵精圖治的年代。……張曾與吕商議，並‘會銜入奏’，開辦著名的令德書院。‘仍爲傳統書院制，所延聘山長、分校都是對經史古學造詣頗深的儒生’，‘其後通省人才多出於此’”[①]。綜上，在短短四年任期裏，從學校建設、學子培育、解決積弊等各個層面上，吕鳳岐均有建樹。因此，在他離職之際，“當道出郭相送，門人有送至數十里百里外者”[②]，便屬情理中事了。

當吕鳳岐退出官場，回鄉定居後，教育依然是他的心之所系。光緒十六年（五十四歲），他“在州集資於會館，設立覍山文社，月課同邑生童，如故鄉會文故事”[③]。此外，還有不少書院曾邀請他前去執掌，雖然出於各種原因未能成行，但他的社會角色已定格爲教育界資深人士，則無疑義。也正因爲此，吕氏姐妹在步入社會之後，首選教育爲安身立命、報效國家的途徑，並不是一種隨機或從衆的行爲，而是基於對原生家庭所扮演的社會文化角色的體認，所做出的必然選擇。

2. 與政界的微妙關聯

在《石柱山農行年録》的開篇，吕鳳岐惆悵地追述道：“吾族爲旌德之望，科名忝甲一邑，而我先世獨微。自八世祖會俊公爲明季諸生，本朝以來悉貧甚，無操儒業者。”[④]參照該録的其他記載，可知他的祖、父確無功名，以經營當鋪、米肆爲生。到吕鳳岐這一輩，家資稍豐，他和兄弟們才獲得了讀書的機會，並被委以振興家世的使命。然而，他的應舉之路頗爲曲折，甚至給他帶來了連綿的挫敗感。

咸豐三年（1853），太平天國攻占南京、安慶，皖南一帶陷入了長達十餘年的動亂中，該年吕鳳岐十七歲。此後，他不僅在考場上屢戰屢敗，更飽嘗了家破人亡之痛：咸豐十一年（1861），二十五歲的他連續遭受了父親、繼母棄世之痛，“乞貸數處，始得薄具棺奩而浮厝之。……嫂侄等亦皆餓死里中矣”[⑤]；同治十一年（1872），已經中舉的他客居京城，冀得一進士而遲遲無果，忽然得知妻子蔣氏在江西外家去世的消息，他念及“兩兒遠寄，孤客囊空，行止俱難，寸腸欲斷矣”[⑥]。經過兄長、朋友的勸慰，儘管歸心似箭，他還是留在了京城待考。然而經過兩年的苦苦等待，命運又同他開了一個玩笑：同治十三年“會試出闈，以文稿正於子松先生，先生決其必入魁選，乃房考僅於批末加一‘備’字耳”。他不禁感嘆：“嗟乎！待試三年，婦亡不顧，依然故我，何以爲懷？蓋求售

① 傅瑛：《關於吕碧城研究的幾個問題》，《安徽文獻研究集刊》2004 年第 1 期。

② 《吕碧城集》附録五《石柱山農行年録》“（光緒）十一年乙酉四十九歲”條，第 796 頁。

③ 《吕碧城集》附録五《石柱山農行年録》“（光緒）十六年乙酉五十四歲”條，第 796 頁。

④ 《吕碧城集》附録五《石柱山農行年録》引言，第 771 頁。

⑤ 《吕碧城集》附録五《石柱山農行年録》“（咸豐）十一年辛酉二十五歲”條，第 779 頁。

⑥ 《吕碧城集》附録五《石柱山農行年録》“（光緒）十一年壬申三十六歲”條，第 787 頁。下段引文同。

之心，爲稍博宦資，謀喪亂後一家數十柩之窀穸耳。”[①] 至此，灰心喪氣，已達頂點。

然而不久以後，事情卻出現了轉機。第二年，即光緒元年（1873），蹉跎多年的吕鳳岐突然走上了仕途“快車道”：八月，“充國史館校對官，兼管理誥敕房”[②]；次年，“補中書實缺，奏充玉牒館幫纂修官”[③]；又次年，中進士，“引見養心殿，改翰院庶吉士。六月，充國史協修官”。在經歷了數年的京官生活後，他最終被選任山西學政，走上了仕途的巔峰。

此一人生逆襲的背後，有没有人爲因素呢？在《行年録》中，吕鳳岐並未掩飾他與清朝末年蒸蒸日上的“淮軍”之間的聯繫。在得任國史館校對官的前半年，他經過考試，獲得内閣中書一職。隨後，“黄楚薌同年邀游津門，謁李師相。後同至新城周新如軍門營中，盤桓數日”[④]。這是吕鳳岐與李鴻章的第一次見面。而在《行年録》“光緒三年”條中，他記叙了自己中進士之事，旋即寫道：“李師相致書曉譚云：‘瑞田（吕鳳岐字）寫作並佳，僅得朝元，深爲可惜。’……師相並函致筱荃世丈（即李瀚章）、劉仲良（即劉秉璋）前輩，爲張羅焉。”[⑤] 隨後，他“旋至津門謁李師相，訪周新如軍門於小站，各贈百金”。本年，他即“寓淮軍糧臺度歲”。而他赴任山西，“過保定”，即有“張振軒制軍率同鄉官餞於兩江會館”。作爲皖籍文士，吕鳳岐在中進士、任學政前後，以李鴻章、李瀚章爲首的淮軍領袖不僅爲他多番“張羅”，並給予了生活上的幫助，其間内情不難想像。

二十多年後，吕碧城赴天津探訪女學，後人至今爲她隻身離家的勇氣敬佩不已。但不能忽視的是，吕碧城雖孤身一人，卻並非獨立無依。吕鳳岐與其伯兄吕烈芬（曾任正定府、保定府經歷）當年均長期在京津活動。他所結交的一批政治、文化名流，前者如袁保齡（袁世凱的叔父）、沈葆楨、徐文達、張樹聲，後者如楊士珣、吴汝綸、樊增祥等，有不少依然在京津地區發揮着影響力。吕碧城在赴天津的火車上，即結識天津著名旅舍佛照樓的主婦，依托她而得到安頓；抵達天津初期，又得到英斂之、傅增湘等文化界名人的獎掖、幫助；女學的創辦更得到了袁世凱、唐紹儀等政界人士的重金支持[⑥]；女校解散之後，立刻被袁世凱聘爲總統府機要秘書；其詩文深得時流追捧，以至“京津間聞名來訪者踵相接，與督署諸幕僚詩詞唱和無虚日”[⑦]，形成了“絳帳獨擁人爭羨，到處咸推吕碧城”[⑧] 的熱鬧景象：這一系列的遇合與襄助，很難想像是一個毫無來歷的女子僅靠個人的社交能力能够獲得的。在針對吕碧城的評論中，很多人都提到了她“爲吕提學

---

① 《吕碧城集》附録五《石柱山農行年録》“（咸豐）十三年甲戌三十八歲”條，第 787 頁。

② 《吕碧城集》附録五《石柱山農行年録》“（光緒）元年乙亥三十九歲”條，第 789 頁。

③ 《吕碧城集》附録五《石柱山農行年録》“（光緒）二年丙子四十歲”條，第 789 頁。

④ 《吕碧城集》附録五《石柱山農行年録》“（光緒）元年乙亥三十九歲”條，第 788 頁。

⑤ 《吕碧城集》附録五《石柱山農行年録》“（光緒）三年丁丑四十一歲”條，第 788 頁。本段其他引文同。

⑥ 《吕碧城集》附録二《傳記序跋》，方豪《吕碧城傳略》：“袁世凱撥開辦費千元，海關道唐紹儀允月助百金爲經費。”第 700 頁。

⑦ 《吕碧城集》“文卷一”，《予之宗教觀》，第 441—442 頁。

⑧ 《吕碧城集》附録二《諸家題贈》，繆素筠《題吕碧城集七絶二首》其一，第 732 頁。

季女"[①] 的出身，和"幼育名門，長嫺書史"[②]"皖南望族，家學淵源"[③] 的家學背景，那麼，如果把吕碧城的成名視爲父女兩代的才華、人脉、影響力叠加所構成的良性結果，則更爲合理。

3. 經濟上的著意經營

吕鳳岐一生的經濟狀況，經歷了較大的起伏。早年家境優裕，他得到了較爲優越的讀書機會。隨着局勢動亂，他經歷了家破人亡、半生漂泊的苦痛，而從同治十三年考取内閣中書以後，他的經濟情况明顯好轉，據《行年録》，此後他常有大額開支，其主要項目及經費來源，請參下表：

	開　支	資費來源
同治十三年（三十八歲）	續娶嚴士瑜。	此前兩年，吕鳳岐在順天一帶隨學政夏同善閱卷，小有積蓄。
光緒元年（三十九歲）	寄資助五弟續娶。	此前，吕鳳岐曾與同鄉黄瑞芝"同至新城周新如軍門營中，盤桓數日"，或得其資助。
光緒四年（四十二歲）	赴江西接亡妻蔣氏靈柩，攜二子同回鄉。	先一年，吕鳳岐中進士，李鴻章、周新如等人皆有贈儀，頗爲豐厚，共計約"二千餘金"。
光緒五年（四十三歲）	約集族人，在廟首爲卒於動亂的親黨集中歸葬並進行祭祀。 捐資倡議重建七分支祠饗堂，分恤遺屬。	除上年所獲贈儀，沿途又獲徐仁山等人"厚贈行資"。 同時，吕鳳岐一行抵達南京時，"爲之調停鄉試者，已雲集矣"，這些考生應當有不菲的謝儀。
光緒九年（四十七歲）	爲鄉試房師紀先生後人"寄資爲置田十餘畝"，又寄百金爲已故友人江靄亭爲移柩之費。	當爲任學政期間的薪酬及各方贈儀。
光緒十年（四十八歲）	於六安之東南鄉買一小莊子，距張母橋四里許。	同上。
光緒十一年（四十九歲）	捐千金，爲伯兄加本班，冀可補缺過知縣班也。	同上。
光緒十二年（五十歲）	省墓後，分潤伯叔兩房及鳳臺各五百金，以及親房至戚有差。	同上。
光緒十三年（五十一歲）	倡捐千金，重建里内分七支祠。	當爲任學政期間的積蓄，及田莊收益。

① 《吕碧城集》附録三《雜載評論》，鄭逸梅《味燈漫筆　吕碧城剛愎成性》，第 742 頁。
② 《吕碧城集》附録三《雜載評論》，《大陸》第十四號載光明評語，第 739 頁。
③ 《吕碧城集》附録四《挽辭悼文》，震華《佛教世界學者吕碧城女士逝世感言》，第 768 頁。

續表

	開　支	資費來源
光緒十六年(五十四歲)	在州集資於會館,設立蒐山文社,月課同邑生童,如故鄉會文故事。	同上。
光緒十九年(五十七歲)	以金四百,購六安城南地起屋,而藏書之長恩精舍建於宅之東偏。	同上。

近二十年的時間裏,動輒數百甚至“千金”的花費,數次地産、房産的購置,可見吕鳳岐在熟讀書史之外,亦擅理財之能。而有趣的是,吕碧城在民國初建之時,曾“奉母居滬上,始與西商角逐交易,數年間獲利頗豐”①,此後她一直以豪奢面目示人,直至中年奉佛後,方變爲低調素樸。對於自己何以獲致鉅資,吕碧城曾輕描淡寫地解釋道:“蓋略諳陶朱之學也。”② 但她同時也强調:“先君故後,因析産構家難。惟余錙銖未受,曾憑衆署券。餘習奢華,揮金甚巨,皆所自儲。”其間堂奥,因史料有闕,難以妄斷。不過,儘管歷代女性以己力而致富者時見記載,吕碧城與她們有别的,卻至少有以下兩點:

首先,從方式上來説。傳統閨秀最爲常見的理財方式,便是出售女紅,補貼家用。只有在家庭困難,男性勞動力短缺的情況下,才擴展至其他方式(如出售書法、繪畫,出任閨塾師等)來獲得額外的收入。如吕碧城的外祖母沈善寶年輕時,便曾鬻畫以供養母親、弟妹。像吕碧城這樣“與西商角逐交易”、涉及資本運作的商業行爲,實屬罕見。

其次,從目的上來説,吕碧城奉佛之前,她的所得,除母親在世時部分用於供養外,基本上用於宅邸營造、求學、旅居以及詩酒風流上,這種以滿足個人優裕生活爲目的的經營活動,與中國傳統閨秀的觀念是格格不入的。

那麽,如何理解吕碧城的“逐利”行爲呢?若將其與吕鳳岐的行爲合併觀之,便會發現,父女二人皆在讀書問學之餘,不諱言經營,且精於此道;在獲得資財之後,一方面潤身、潤屋,追求生活品質的提升,一方面又不吝於散財,不僅襄助親友,更積極致力於公益之事(吕鳳岐屢次捐資辦學、修宗祠;吕碧城則在身後,將積蓄盡數捐給佛教協會):這種取捨皆極爲豁達的財富觀念,並非父女二人獨創——實際上,儒、商結合,經歷明清數百年的發展,早已成爲徽州一帶知識人的共同理念。聯繫到吕氏在明清一直從事商業經營的家庭背景,他們具有相通的理財觀念便不足爲奇了。

4. 急流勇退的人生選擇

光緒十一年(1885),時任山西學政的吕鳳岐已逗留外鄉近二十五年了。這一年,四十九歲的他“畫《石柱山村圖》,自題《憶江南》小令四闋”,“蓋鄉曲之思深矣”③。第二年,

---

① 《吕碧城集》附録五《石柱山農行年録》“(光緒)十二年丙戌五十歲”條,第796頁。

② 《吕碧城集》附録六《〈信芳集〉題辭注》,第814頁。下段引文同。

③ 《吕碧城集》附録五《石柱山農行年録》“(光緒)十一年乙酉四十九歲”條,第795頁。

恰逢半百的他“因念家本寒微，一入詞垣，驟膺使命，自維寡德，已屬非分之邀，倘再歷資洊升，益懼弗克負荷，況賦性直傲，恥於苟同於世，亦不相宜，遂決計乞病退休矣”①。

依此自述，吕鳳岐壯年乞休，只是緣於思鄉與倦旅。但多年努力，終於科舉成功、仕途通顯，一朝輕擲，總有些令人不解。若細看他在《行年録》中的記載，可知此中或另有深意。在他乞休的前一年，即光緒十年（1884），他對時局發出了深切的感慨：“時法夷正擾臺灣，基隆失守，閩之船廠被焚，欽差侍讀學士張□□等跣足而遁，何怯乃爾耶！”② 此處的張姓侍讀，即爲張珮綸；這一次的戰事，即著名的中法“馬尾海戰”。本次海戰，暴露了李鴻章著力建設的海軍在管理和戰術上均存在着很大的漏洞。而此戰的首席將領張佩綸，雖兵敗負罪，卻依然得到了李鴻章的撫慰與幫助，從吕鳳岐在《行年録》中的表述來看，至少在這一點上，他對“師相”李鴻章是頗有微詞的。而政見上的分歧，很可能就是導致他在次年回鄉後即謝絶出仕的重要原因。

無獨有偶，他的季女吕碧城退出政治角逐的契機和方式，與其父如出一轍。吕碧城至天津後，曾得到袁世凱的多番照顧，其子袁克文，和她亦結下了深厚情誼。然而 1915 年，籌安會創立，袁世凱稱帝之意逐漸顯露，吕碧城對此十分不滿，毅然辭職。這種堅持開明的政治理想、反對逆歷史潮流而動的氣節，顯然有其父薪火相傳之處。

5. 寄情山水的生活方式

吕鳳岐自號“石柱山農”，緣於他對少年時代讀書生活的一段記憶：咸豐三年，太平天國與清軍在長江一帶展開爭奪，而徽州一帶爲重山複水所屏障，“里中無風鶴之警，安堵如常”。“予從家永言先生於石柱山房，備承教益，六籍三傳之書於以卒業。暇學吟詠，嘗登山頂，坐兩石柱間，嘯歌爲樂。”③ 此後，山水清音便成爲他的興寄所在，在他人生的各個階段，稍有閒暇，則游覽不輟。主要行迹，可參下表：

	游蹤	大事記
咸豐三年（十七歲）	隨吕烈孝先生讀書於石柱山房，賞石柱山之美。	＊太平天國攻占南京、江寧，建江南大營。
咸豐四年（十八歲）	隨吕烈孝先生讀書於多寶寺，賞山寺溪流之美。	＊太平天國攻打青陽、旌德一帶。
咸豐七年（二十一歲）	送資斧至寓居杭州伯兄處，游杭州，觀錢塘潮。	
咸豐八年（二十三歲）	游蘇州、無錫。	◇應江南鄉試，入府學。 ＊天平天國進逼池州、天平。

① 《吕碧城集》附録五《石柱山農行年録》“（光緒）十二年丙戌五十歲”條，第 796 頁。
② 《吕碧城集》附録五《石柱山農行年録》“（光緒）十年甲申四十八歲”條，第 794 頁。
③ 《吕碧城集》附録五《石柱山農行年録》“（咸豐）三年癸丑十七歲”條，第 776 頁。

續表

	游蹤	大事記
同治三年（二十八歲）	游江西鬱孤臺，南京隨園、雨花台等名勝。	◇中舉人。 *太平天國天京陷落，洪秀全去世。
同治四年（二十九歲）	游蘇州、揚州。	
同治十年（三十五歲）	過泰山，游岱廟。	◇入京會試，未中。
同治十一年（三十六歲）	游孤竹城、熱河、昌平、居庸關等地。	*本年五月，得江西蔣氏妻凶問。
光緒三年（四十一歲）	游揚州。	◇本年中進士。
光緒四年（四十二歲）	游南京、蕪湖、安慶、武昌、南昌諸地名勝。	*本年回江西接蔣氏妻靈柩，並攜二子返鄉。
光緒五年（四十三歲）	游黄山湯口，及南京、蘇州、泰安等地。	本年在廟首，爲親族會葬。
光緒八年（四十六歲）	游晋祠。	◇出任山西學政。 *仲兄吕烈茂去世。
光緒十年（四十八歲）	謁明代將領周遇吉墓；游柏林寺、卦山；過風峪，觀北齊《華嚴經碑》。	是年於山西各地主持考務。
光緒十二年（五十歲）	游九華山及六安周邊名勝。	是年辭官，決意定居六安。
光緒十四年（五十二歲）	游流波碹。	*前一年五月，長子賢釗“以翹課受薄責，自經而亡”；七月“塚婦黄氏又卒於母家”。
光緒十五年（五十三歲）	游夔州、宜昌等地，縱觀白帝城、瞿塘峽、東山寺諸景觀，歲暮方歸。	
光緒十六年（五十四歲）	四月初，游霍山，登南嶽之巔，訪漢武帝故迹。	
光緒十八年（五十六歲）	游維揚。	*前一年，次子賢銘病卒。

上表“大事記”一欄，分别用“◇”和“*”符號標示了該年前後吕鳳岐所經歷的重要仕途進展和家庭變故。從中可見，對於他來説，春風得意，固然有助雅興；流離喪亂，亦不廢觀覽。在他晚年歸田期間，幾乎逐年有記。甚至在經歷次子賢釗夭亡的打擊之後，次年（光緒十四年），即“游流波碹，往觀碹眼”[①]；又於次年（光緒十五年）作夔州壯游之行，舟行七百餘里，漫游白帝城、瞿塘峽等地，歲暮方歸。光緒十七年，長子

① 《吕碧城集》附録五《石柱山農行年録》“（光緒）十四年戊子五十二歲”條，第 797 頁。

賢銘又卒，時年五十五歲的他“慟甚，因得眩疾，體氣日以虧虛”①，卻依然於次年有“游維揚”之舉。從中可以看出，吕鳳岐的游歷正是居於憂患、釋放憂思的一種方式。從另一個角度來看，彼時正隨父母鄉居、待字閨中的碧城姐妹，又是以怎樣歆羡的心態、一次次地送別與迎接這位游蹤遍及東西南北的父親呢？吕碧城在二十世紀前半葉獨身漫游各大州的豪邁之舉，至今仍令人佩服不已。然而，如果細覽其父吕鳳岐的生平行迹，便可知曉這份興致也並非無源之水。行走與游覽對於他們父女，已經成爲一種寄托情志、爰適樂土的追求了。

綜上，從目前的記載來看，吕碧城的人生軌迹與傳統閨秀完全不同，而與父親的合轍之處至少有以上五點，即投身於教育、周旋於政界、豁達於財富、超然於進退、寄情於山水，基本上涵蓋了其生命中出彩的要素。那麼，作爲女兒的吕碧城，爲何會對父親的價值觀念如此認同，並在行爲方式上遥相呼應呢？她是通過何種機緣，較深地浸潤了父系的文化傳統呢？這還要從吕鳳岐與嚴士瑜的聯姻説起。

二、吕碧城吸收士紳文化傳統的契機與意義

1. 吕、嚴聯姻的背景與影響

吕碧城姐妹四人的生母嚴士瑜，爲吕鳳岐在北京等待會試期間所娶的續弦，時爲光緒十三年（1887）。當年已三十八歲的吕鳳岐，此前曾有過兩次婚姻。第一段婚姻，締結於他十九歲居鄉讀書期間，由其父作主，娶了一位同鄉之女。婚後不久，吕鳳岐便外出應考，緊接着戰亂紛紜，這位女子再未出現於《行年録》中，也未見有子女的記載，估計是很短時間就去世了。第二段婚姻，締結於他中舉後避亂江西之時，對方爲乾隆年間著名文士蔣士銓的玄孫女，蔣氏爲當地望族。吕鳳岐在《行年録》中予以了詳細記載：“（同治五年）三月十九日，娶鉛山蔣氏婦。氏年二十。贅於進賢門外膠皮巷舊宅，碧山司馬助婚錢焉。”②“隻身走豫章，困苦流離，屢瀕於死”③的吕鳳岐以贅婿身份娶了知書達理的蔣氏女，寄居其家將近兩年，與她先後生育了兩個兒子。然而在他赴京會試期間，蔣氏女卻不幸因病去世，他在京待考無法奔喪，只得任由兩個孩子寄養外家，内疚與牽挂可想而知。

所幸的是，他在京數年，依托同鄉的援引，結交了不少皖籍的在京名流，如兵部侍郎夏同善、禮部侍郎汪鑒、直隸候補道黄瑞蘭、順天學政鮑源深等。文采過人的他，前景深爲諸友人看好，聯姻層次也隨之提升，夏同善等先後欲爲之議婚。最終，經“（翰林院）編修慶華廷同年執柯，續娶同省來安嚴朗軒太守次妹（嚴士瑜）爲繼室”④。數月以

① 《吕碧城集》附録五《石柱山農行年録》“（光緒）十七年辛卯五十五歲”條，第798頁。

② 《吕碧城集》附録五《石柱山農行年録》“（同治）五年丙寅三十歲”條，第783頁。

③ 本段引文皆出自《石柱山農行年録》“十四年戊子五十二歲”條，第797頁。其中空闌當爲避諱字詞。按：吕鳳岐自咸豐九年（1859年）初應鄉試，到光緒三年（1877年）中進士，中國恰好經歷了太平天國起義、第二次鴉片戰爭等一系列内外紛爭。

④ 《吕碧城集》附録五《石柱山農行年録》“（光緒）十三年甲戌三十八歲”條，第788頁。

後，吕鳳岐考中内閣中書，仕途開始有起色。這一聯姻的意義因此大不同於此前：一是他從一位尷尬的贅婿，轉變爲仕途明朗、成家立業的正途官吏；二是從執柯者與聯姻者來看，他正式進入了當時的京津皖籍士人圈中，這對他後續科舉的成功、選官的順利，無疑都有着極大的幫助。

而從這次聯姻的另一位當事人即嚴士瑜的角度來看，她所介入的，恰好是吕鳳岐從累年不遇到仕途亨通的人生後半場。表面看來，文采不凡、折桂可期的“潛力股”吕鳳岐，與已在京津一帶扎下根柢、枝葉繁茂的來安嚴氏的聯姻，是十分般配的。然而，大家閨秀嚴士瑜，與“草根逆襲”的吕鳳岐在文化心理上其實頗有差别。累世在徽州鄉鎮經商的吕氏，充其量只能算是士紳階層。科舉成功的吕鳳岐，其實兼具士大夫和鄉紳兩重身份。相比較歷代任官的士大夫，吕鳳岐與鄉土之間的經濟和精神聯繫依然密切，他的人生選擇，也因此多了一點同中之異。從這個意義上來説，吕、嚴聯姻，實爲一次不同社會階層的文化嫁接。那麽，這一家庭背景，對其子女又産生了什麽樣的影響呢?

2. 特殊家庭形態與吕氏姐妹的文化“逾界”

據記載，在吕碧城五歲那年，父親吕鳳岐曾親試其才：“一日侍父園中，父顧垂柳，以‘春風吹楊柳’五字命對，即應聲曰：‘秋雨打梧桐。’父奇之。時年五歲也。”[①] 這次試才，僅僅是吕鳳岐鄉居無聊的偶然之舉嗎? 並非如此。實際上，在辭官鄉居後，吕鳳岐對子女的教育，經歷了一個由課子爲主到專心訓女的轉折。這一轉折的發生，既有偶然因素，也與他特殊的婚育情况息息相關。

在吕鳳岐辭官歸鄉後，他膝下一度有二子、四女。二子即亡妻蔣氏所生的賢銘、賢釗。在他們的幼年、童年時期，母親早逝，父親遠在京城應考，二人都寄養在外祖家，一直到光緒四年（1878），中進士之後的吕鳳岐才有機會到江西與他們相會。這一年賢銘已十二歲、賢釗十歲。所謂“二兒成童，各不相識”[②]，正説明了他們初次見到父親的陌生和茫然。隨後，二人便離開了自幼居住的江西南昌膠皮巷蔣宅，和父親、繼母以及陸續出生、同父異母的妹妹們住在一起。吕鳳岐對他們的學業頗爲留意，光緒六年（1880）回京後，曾“自課二子”。對於經濟條件已大爲改善的吕鳳岐，不憚勞煩地親自教子，既是爲了儘快提高二子的學養，可能更多地是想培養父子之間的親密關係，彌補多年離散的遺憾。然而這一過程似乎並不順遂。一年多以後，即光緒八年正月，吕鳳岐“便以家事甚煩，延師課子，自攜一僕，假居城南太清觀，習静以待考差”[③]。一個“煩”字，透露出二子與這個新家庭之間，或存在一些磨合上的困難。不久，吕鳳岐出任山西學政，四年中奔波於該省各地主持考試，對於二子的課業只能是督責多於指導了。

① 《吕碧城集》附録一《傳記序跋》載《安徽名媛詩詞征略》卷三，光鐵夫《吕碧城小傳》，第 707 頁。

② 《吕碧城集》附録五《石柱山農行年録》“（光緒）四年戊寅四十二歲”條，第 790 頁。

③ 《吕碧城集》附録五《石柱山農行年録》“（光緒）八年壬午四十六歲”條，第 792 頁。

而從兩個孩子的角度來看，他們幼年孤獨，少年時期又被帶離熟悉的生活環境，與出身富貴的繼母、幼妹們住在一起。父親對於他們滿懷期望，或不免嚴厲；而妹妹們因年紀幼小，所獲關愛自然至備：也就是說，蔣氏二子與吕碧城姐妹雖同居一宅，實際所處的親子關係卻形成了不小的反差。就在吕鳳岐試材五歲的碧城後不久，五月，賢釗“以逃學受薄責，自經而亡，年已十九”[①]。一個成人的自戕，其中緣故與其説是簡單的“受薄責”，不如説是經歷了長期的心理積鬱。吕鳳岐爲此事“痛悔之至。……憂鬱抱病者數月”。四年後，長子賢銘又“以疾歿，先君慟甚，因得眩疾”[②]。遭遇喪子之痛他“無以遣懷，日親督諸女讀”。至此，吕碧城在内的四姐妹，她們的教育便從母教爲主轉變爲由父親正式“接管”。

在吕氏姐妹的追憶中，母親對她們有啓蒙之功。很多研究者都提到了嚴士瑜的家學根柢——她的外祖母即清代著名女性文學領袖沈善寶，而嚴氏本人嫻於詩書，可謂得閨秀詩學之嫡傳者。吕碧城姐妹幼年得其教養，業已具備了較爲優越的問學基礎。這使得吕鳳岐在對女兒進行教授的過程中體會到了别樣的樂趣。他將本該用於課子的嚴格標準用於女兒，確保她們在成長過程的效率與密度。[③] 儘管他爲女兒們圈定的學習内容不脱古典文藝，但可貴的是，在日承庭訓的過程中，他那士紳階層的社會關懷、價值觀念和藝術趣味卻直接傳達給了女兒們。例如，在面對時局滄桑時，他“居恒憂嘆”[④] 的態度，使得其女吕惠如在近二十年後为其續寫年譜時依然記憶如新。在藝術情趣的培養上，有着多年教育經驗的他，也能够觀其才性、拓其堂廡，反映在詩學取向上，則是不囿於閨秀詩學的清新婉秀，鼓勵她們以開放的態度，結合自己的心性、境遇來選擇師法的對象。碧城“七歲能作巨幅山水”、文學風格多様，既有纏綿婉麗者，亦不乏“蒼雄近杜”[⑤] 及臻於“宋人佳境”[⑥] 者，考慮到吕鳳岐對杜詩和宋詩的喜愛[⑦]，父女傳承不容忽視。日後，吕碧城提倡女學，以男女“受同等之學業”，接受無性别差異的教育爲目標[⑧]，當與少年時期親炙父學的經歷息息相關。

餘　論

今天的讀者，已習慣於將吕碧城看作是富於新思想的女權人士了。然而，在同時代的友

---

① 《吕碧城集》附録五《石柱山農行年録》“(光緒)十三年丁亥五十一歲”條，第 797 頁。下條引文同。

② 《吕碧城集》附録五《石柱山農行年録》“(光緒)十七年辛卯五十五歲”條，第 798 頁。下條引文同。

③ 《吕碧城集》附録五《石柱山農行年録》“(光緒)十八年壬辰五十六歲”條，第 799 頁。

④ 《吕碧城集》附録五《石柱山農行年録》“(光緒)二十年甲午五十八歲”條，吕惠如按語，第 799 頁。該年中日甲午戰爭起。

⑤ 《吕碧城集》“詩卷一”，孤雲《評吕碧城女士信芳集》，第 291 頁。吕碧城早年詩歌對杜甫的追摹，請參拙文《知是鷺聲是鳳聲？——吕碧城對杜甫詩歌的追摹與依違》，(2017 年)杜甫研究會第八届年會暨杜甫研究國際學術研討會參會論文。

⑥ 《吕碧城集》“詩卷一”載樊增祥《吕碧城集》(中華書局 1929 年刊本)評語，第 289 頁。

⑦ 吕鳳岐曾在暮年喪子後，游夔州半載，此次壯行，當與他對杜甫的崇仰分不開。另外，據《吕碧城集》附録五《石柱山農行年録》“(光緒)十四年戊子五十二歲”條，第 797 頁，他曾“集陸劍南詩千餘聯爲楹帖”，可見深喜宋詩。

⑧ 參見夏曉虹：《吕碧城的個人完足“女學”論》，《漢語言文學研究》2015 年第 2 期。

人眼中，“碧城故士紳階級中閨秀也”[①]。這一評述，恰如其分地指出了吕碧城兼受士紳與閨秀兩大文化傳統影響的學術淵源。客觀地説，從光緒二十一年（1895）吕鳳岐去世，到光緒三十年（1904）吕碧城在天津成名，中間還有九年的時間，其間她自然会經由其他途徑，接受别様的文化影響，因此原生家庭並非其接受教育的單一來源。但在明清時期，十三歲的少女，已近乎成人，吕碧城在學問與性情養成的關鍵期，主要接受了家庭的影響是無疑的。而如果她和大多數明清閨秀一樣，僅僅接受了女性的代際傳承，那麼她的思想和行爲便難以完成對閨秀傳統的逾越。平心而論，作爲傳統士紳，將教育的重心置於女兒，只能説是吕鳳岐在喪子之後的無奈選擇。但可貴的是，終生從教的他，没有因爲性别差異和功利之心而放棄對女兒的培育，反而以開放的態度，促成了士紳文化傳統對女兒們的薰陶，在培育標準上實現了一定程度的“去閨秀化”，爲吕碧城姐妹設定了一個不同於傳統閨秀的新起點，使得她們得以在最具可塑性的年齡，獲得了最大限度的啓發。何況吕氏小家庭内所發生的這一微觀變故，又恰好與時代的宏觀轉變不謀而合。十餘年後，吕氏姐妹得以以“師者”的角色出現在女性自覺的前列，實屬偶然機緣與必然趨勢的複合結果。

當然，步入社會後的吕碧城，在接觸了現代科學知識之後，對士紳階層的文化特性又進行了根本性的突破：關注點上，從自我與家族拓展至了大千世界；學術結構上，從古典的研讀拓展到了現代科學、哲學、佛教現代化；倫理關係上，則提倡獨身主義，不再以“名父之女、名夫之妻、名子之母”這種依附性身份爲人所認可，而是強調經濟自主和人格獨立。這些，便非這篇小文所能展開論述的了。

The Influence of Bourgeois Culture in Lu Bicheng' Life Path
—With the focus on Lv Fengqi's *Chronology of Farmer in Shizhushan*

Shu Li

Abstract: Through the research of *Chronology of Farmer in Shizhushan*, we know Lv Fengqi and his daughter Lv Bicheng shared similar life path. Two reasons account for this phenomenon: the development of gender equality during late Qing and the early Republic period; the cross-stratum marriage of Lv Fengqi and Yan Shiyu and their unique way to educate their children. As a result, Lv Bicheng and her sisters were exposed to bourgeois culture. Therefore, their aspiration and interest were different from ordinary mimocrys, their realm of life also greatly expanded. Finally, they became the forerunners in the awakening of female.

Keywords: bourgeois culture; cultural tradition of mimocrys; Lv Bicheng; *Chronology of Farmer in Shizhushan*

① 《吕碧城集》附録三《雜載評論》，節選林庚白《孑樓隨筆》，第742頁。

《三朝北盟會編》人名歧異考辨

汪聖鐸　丁建軍

[摘　要] 中國古人的名字，由於避諱或傳抄刊刻訛誤，在不同的書中，甚至在同一部書中，同一個人的名字往往有歧異。《三朝北盟會編》一書中的人名歧異現象就相当突出，通過對這類現象的梳理和比較，考察一些人名歧異的情況，辨析正誤，而對一些難於判斷正誤的人名歧異則謹慎存疑，希望引起文史研究者對中國古代典籍中的人名歧異現象的注意。

[關鍵字]《三朝北盟會編》；人名；歧異；避諱；訛誤

《三朝北盟會編》（以下簡稱“本書”）一書中，有不少人名是存在歧異的，其中包括本書與他書、本書的各版本之間、本書前後文之間的差異。以下擬就選擇一些存在歧異的人名做些考察和分辨，以期給此書讀者、研究使用者提供參考。

張瑴、張覺

“張覺”（“張瑴”）見於本書卷六、一三、一四、一六、一七、一八、一九、二一、二二、二三、二四、二九、三〇、五三、六四、八七、八九。本書明朝湖東精舍抄本（以下簡稱“湖本”）、清光緒四年如皋袁祖安活字本（以下簡稱“袁本”）、文淵閣四庫全書本（以下簡稱“淵本”）均作“張覺”，點校本《宋史》卷二二徽宗紀、卷九〇《地理志》、卷三五二《吴敏傳》、卷三七三《鄭望之傳》、卷四六八《童貫傳》、卷四七二《張覺傳》，《金史》卷一三三《叛臣傳・張覺》都作“張覺”。點校本、文淵閣本《建炎以來繫年要録》中亦均作“張覺”。惟本書清光緒三十四年許涵度刊本（以下簡稱“許本”）除卷六（二次）作“張覺”外，餘均作“張瑴”。許本卷一三作“張瑴”，注：“舊校云：史作覺，按因犯諱，故改覺。”北京圖書館出版社影印本楊仲良《通鑑長編紀事本末》卷

【作者簡介】汪聖鐸(1948—　)，男，北京市人。河北大學宋史研究中心教授、博士生導師。研究方向：宋史、中國古代經濟史、文獻學。丁建軍(1966—　)，男，河北省平山縣人。河北大學宋史研究中心副研究員、碩士生導師。研究方向：宋史、宋代歷史文獻。

一四四《徽宗皇帝・金兵上》作“張瑴”。文淵閣本《九朝編年備要》、中華書局點校本《皇朝編年綱目備要》作“張瑴”。文淵閣本、張其凡等點校本《宋大事記講義》卷二二：“遼張瑴以平州來降……”有注：“瑴犯諱，改名覺。”點校本《遼史》卷二九天祚帝紀（三次）作“張瑴”。彭百川《太平治迹統類》卷二五、岳珂《寶真齋書法贊》卷二等亦作“張瑴”。

按：文獻中“張覺”“張瑴”互出，在《三朝北盟會編》中亦不統一。張瑴之“瑴”音够，與宋高宗趙構的“構”同音，犯宋高宗名諱，故南宋人將其改爲“覺”，即是張瑴死後所改，生前始終作“瑴”。徐夢莘是南宋人，他所用應是“張覺”，但張覺的真實姓名是“張瑴”。

馬彦溥、馬彦輔、馬彦慱、馬彦傳

此人出現於本書卷七、一二七、一三八、一九四、二一八。其中卷七湖本作“馬彦慱”，許本、淵本作“馬彦傳”，袁本作“馬顔傳”。卷一二七湖本作“爲彦輔”，袁本、許本、淵本作“馬彦輔”。卷一三八湖本、許本、淵本均作“馬彦溥”，袁本作“馬彦輔”。卷一九四湖本作“馬彦慱”，袁本、許本作“馬彦輔”，淵本均作“馬彦傳”。卷二一八湖本、袁本、許本、淵本均作“馬彦溥”。

《宋史》卷四七五《姦臣・傳苗》原作“馬彦博”，點校本校改爲“馬彦溥”，稱據《繫年要録》卷二三、《中興聖政》卷五改。

淵本、中華書局點校本《繫年要録》卷二一、二二、二三，淵本周應合《景定建康志》卷四八《忠勳傳・吕頤浩》、《名臣碑傳琬琰集》上卷一三趙雄《韓忠武王世忠中興佐命定國元勳之碑》（明代《吴都文粹續集》卷三八收入同）、王應麟《玉海》卷一八八《兵捷・同簽書樞密院事江淮兩浙制置使傳檄中外》、朱熹《晦庵集》卷九五上《張浚行狀》等均作“馬彦溥”。

淵本《中興小纪》卷六、《宋名臣言行録》别下卷六、佚名《群書會元截江網》卷二一，淵本、中華書局點校《宋宰輔編年録》卷一四，則作“馬彦輔”。國圖藏明姚咨鈔本《建炎復辟記》作“口彦輔”，首字不辨。

按：除本書外，無作“馬彦傳”“馬彦慱”者，故“傳”“慱”較大可能是字訛。而“馬彦溥”“馬彦輔”二者，因《繫年要録》《中興聖政》等作“馬彦溥”，故似作“馬彦溥”近是。

張思政、張思正

此人見於本書卷九、一一、五〇、五一、五三、五七、五九、九九、一〇二、一三四、一三七、一九三。袁本均作“張思正”，許本均作“張思政”，湖本卷五一、五七、五九、一三四作“張思正”，卷九、一一、一〇二、一九三作“張思政”，卷五〇，一

"張思政"，二"張思正"，一"思正"，一"師正"。卷五三，一"張思正"，一"張思政"。淵本卷九、一一、五〇、一〇二、一九三作"張思政"，卷五一、五三、五七、五九、一三四、一三七作"張思正"，卷九九作"張思勝"。另本書卷九九袁本作"張思正"，湖本、許本、淵本均作"張思勝"。許本校："張思政，政誤作勝。"

首先應指出，本書中的張思政（張思正）非一人。其中有幾處，實爲"張師正"之訛，此人在靖康年間被宣撫副使李彌大處斬。此事本書卷五〇有載，袁本誤作"張思正"，許本、淵本誤作"張思政"，湖本誤作"張思正"，另有一"思正"，一"師正"。張師正事又見本書卷四七、六五、二一七、二一八，除卷六五袁本作"張思正"，許本作"張師政"外，其他均作"張師正"。點校本《宋史》卷三六四《韓世忠傳》、卷三八二《李彌大傳》，點校本《皇朝編年綱目備要》卷三〇也述及此事，亦均作"張師正"。淵本《東都事略》卷一二一《宦者傳童貫》、《名臣碑傳琬琰之集》上卷一三趙雄《韩忠武王世忠中興佐命定國元勳之碑》、《靖康要録》卷六、孫覿《鸿庆居士集》卷二七《中書舍後省論胡舜陟不合令分析状》、李綱《梁谿集》卷六二《乞置賞功司劄子》亦述及此事，均作"張師正"。但是，《赤城志》卷三四有《張師正小傳》："大梁人，字子正，宣和中，平寇難於此，官至宜州觀察使、河東都统制。紹興中，寓臨海。事見國史。"此所述既非被斬者，姓名應作"張思正（政）"，不知何以致誤。

本書其他各卷所述"張思政（張思正）"，與張師正曾同在河東前綫，他的官銜却是河東副都統，同樣是武將，同樣打了敗仗，却没有被斬殺，在被處分之後又重新被起用。後隨宋高宗流亡海上。此"張思正（政）"，據《建炎以來繫年要録》卷一五六，死於紹興十七年。"張思政（張思正）"在點校本、淵本《宋史》中也不統一。點校本、淵本《宋史》卷二六《高宗紀》作"張思政"，《宋史》卷二三《欽宗纪》，卷三四八《趙遹傳》、卷四四六《忠義傳·張克戩》作"張思正"。點校本《金史》卷八〇《突合速傳》中作"張思正"。點校本、淵本《建炎以來繫年要録》卷四、六、二〇、三〇、三一、三二、四六、八八、一五六均作"張思正"。點校本《皇朝編年綱目備要》、淵本《九朝編年備要》卷三〇，淵本《靖康要録》卷八、九，《嘉定赤城志》卷二，《寶慶四明志》卷一一，趙彦衛《雲麓漫鈔》卷七、點校本王明清《揮麈後録》卷九、《揮麈三録》卷一，淵本李綱《梁谿集》卷五一、五五、一七三，趙鼎《忠正德文集》卷七，王洋《東牟集》卷八《张思正致仕制》《张思正贈父制》，綦崇禮《北海集》卷三六《祭范丞相》《祭知台州胡端明文》亦均作"張思正"。

按：文獻中作"張思正"者遠多於"張思政"，特别是可靠性較高的《建炎以來繫年要録》及有關的宋人文集都作"張思正"，故作"張思正"近是。

范訥、范納

此人見於本書卷二三、五一、五二、五六、五八、六一、六七、七六、八三、八五、

八九、九〇、九四、九五、九九、一〇三、一〇六、一〇七、一一一、一九九、二一三。大多數都作“范訥”，但淵本卷六七、七八、八九，許本卷六七、八九作“范納”（湖本、袁本卷六七、七八、八九均作“范訥”）。淵本宗澤《宗忠簡集》卷四《與河北河東宣撫范納約入援京城書》，《靖康要録》卷九、卷一二，宋陳均《九朝編年備要》卷二九、卷三〇，也作“范納”（點校本《皇朝編年綱目備要》則均作“范訥”）。

查點校本《宋史》卷二三《欽宗紀》、卷三七五《鄧肅傳》、點校本《繫年要録》卷一至卷六、卷一五四，淵本《靖康要録》卷四及卷一二的另一處，皆作“范訥”。淵本宗澤《宗忠簡集》卷一《奏乞依舊拘留敵使疏》、卷七《遺事》（四次），李綱《梁谿集》卷一七五、一八〇，汪藻《浮溪集》卷九《范訥罷東京留守司降授承宣使淄州居住制》，陳東《少陽集》卷三、歐陽澈《歐陽修撰集》卷三則均作“范訥”。

按：《宋史》《繫年要録》皆作“范訥”，且諸書作“范訥”者遠多於作“范納”者，似作“范訥”是，“范納”乃其形近之訛。

曹曚、曹蒙、曹曚、曹濛

此人出現在本書卷二七、三〇、四五、五五、六三。其中卷二七出現三次，湖本二次作“曹曚”，一次作“曹朦”，袁本、淵本均作“曹曚”。許本均作“曹曚”。卷三〇湖本作“曹曚”，“曚”爲塗改字。袁本、許本作“曹曚”。淵本作“曹蒙”。卷四五湖本、袁本、淵本作“曹曚”，許本作“曹曚”。卷五五湖本、袁本作“曹曚”，許本、淵本作“曹曚”。卷六三湖本、袁本、淵本作“曹曚”，許本作“曹曚”。

點校本、淵本《宋史》卷二三《欽宗紀》作“曹曚”。點校本《续资治通鑑長編》（以下簡稱《長編》）卷五〇一作“曹曚”，卷五一一作“曹曚”。淵本《長編》卷五〇一、五一一均作“曹曚”。黑龍江人民出版社點校本《皇宋通鑑长编纪事本末》卷第一四五《欽宗皇帝》作“曹曚”。點校本《皇朝編年綱目備要》、淵本《九朝綱目備要》卷三〇均作“曹曚”。淵本《靖康要録》卷一、卷二，王偁《東都事略》卷一二《欽宗紀》，佚名《大金弔伐録》卷二，李慶善、金少英《大金弔伐録校補》卷二《宋主遣计议使副書》《又乞放肅王書》均作“曹曚”。淵本李綱《梁谿集》卷一七一、一七三、《行狀上》，劉安上《給事集》卷二《樞密都承旨曹曚提舉崇福宫》，翟汝文《忠惠集》卷一《賜新除汝州觀察使曹曚辭免恩命不允詔》亦均作“曹曚”。淵本《靖康要録》卷五、九，淵本李綱《梁谿集》卷五〇《御筆》作“曹曚”。淵本《景定建康志》卷二六《官守志》作“曹濛”。淵本范公偁《過庭録》作“曹蒙”。

按：在文獻中，此人作“曹曚”者是大多數，作“曹曚”者遠少於作“曹曚”者，作“曹朦”“曹蒙”“曹濛”者是極少數。《宋史》、宋人文集的制書稿中皆作“曹曚”，且從字義看，似作“曚”亦稍優，故此人姓名作“曹曚”近是。

黃唐傅、黃唐傳、黃唐傑、黃唐付

此人見於本書卷四〇、一二一、一二二等三處，有歧異的是卷四〇、卷一二二兩處。本書卷四〇湖本、許本、淵本均作“黃唐傳”，袁本作“黃唐傅”。卷一二一湖本、袁本、許本、淵本均作“黃唐傑”。卷一二二湖本作“黃唐傳”，袁本、許本作“黃唐傑”，淵本作“黃唐付”。

本書卷一二二載：建炎三年二月十八日丁卯，“御史中丞張澂論黃潛善、汪伯彦乞重賜竄黜”，内言“中書舍人黃唐傳（傑、付）行誥詞極口稱美（善），潛善等遽擢唐傳（傑、付）兄唐俊爲鴻臚（寺）少卿”。據《建炎以來繫年要録》，黃唐傳於建炎二年正月至建炎三年三月，任中書舍人，而不載黃唐傑、黃唐付曾任此職。元陸文圭《牆東類稿》卷一〇《跋黃子高先誥》引董弅《閑燕常談》，也述及黃唐傳建炎三年任中書舍人事。據此，“行誥詞”者是黃唐傳的可能性較大，作“黃唐傑”“黃唐付”似誤。

“傳”“傅”字形接近，古人書寫常不規範，經常致誤，本書卷四〇究竟作“傳”、“傅”呢？《宋史》不載“黃唐傳”“黃唐傅”。點校本、淵本《建炎以來繫年要録》卷三、一二、一七、二〇、二一、六三、六四、六六、六七、六八、一七一、一七七，均作“黃唐傳”。但《淳熙三山志》卷二七卻作“黃唐傅”，有小傳：“黃唐傅，唐佐之弟，字堯翁，崇寧元年，開封府解首。歷國子司業、宗正少卿、中書舍人、給事中，以徽猷閣待制、朝議大夫致仕。”顯然與《建炎以來繫年要録》中的“黃唐傳”同是一人。文淵閣四庫全書本《中興小紀》卷四、《靖康要録》卷一二、《景定建康志》卷二七也作“黃唐傅”。所以，“黃唐傳”“黃唐傅”的是非實難判定，只好存疑。

何訢、何忻、何誂

此人見於本書卷五二、一六〇。卷五二，湖本、淵本作“何訢”，袁本、許本作“何誂”。卷一六〇，湖本作“何訢”，袁本、許本作“何忻”。淵本誤作“所訢”。“何訢”又見於點校本、淵本《宋史》卷二四三《后妃·劉貴妃》，點校本陳均《皇朝編年綱目備要》、文淵閣四庫全書本《九朝編年備要》卷二八，王稱《東都事略》卷一四，李心傳《舊聞證誤》卷三，洪邁《容齋三筆》卷一三《政和宫室》，文淵閣四庫全書本慕容彦逢《摛文堂集》卷七《入内文思副使胡宗傑入内西京左藏庫使楊茂昌入内文思使何訢入内左藏庫使榮州刺史陳宥入内東頭供奉官黃訓入内内庭承制鄧忠臣凌德臣可各轉一官制》《入内右騏驥使朱拱之入内左藏庫副使何訢可各轉兩官制》《入内左藏庫副使何訢可轉一官制》，許翰《襄陵文集》卷四《繳盛章詞頭劄子》。“何忻”，僅見於點校本陳均《皇朝編年綱目備要》、文淵閣四庫全書本《九朝編年備要》卷二九。此人又作“何昕”，僅見於文淵閣四庫全書本翟汝文《忠惠集》卷四《内侍何昕除尚衣奉御制》。“何誂”，本書之外，未見他處有。

按：《宋史》、宋人文集中均作“何訢”，當近是，“何忻”“何誂”“何昕”似因音近而誤。

王仲薿、王仲嶷

此人出現在本書卷五二、一三四、一三五、一八〇。湖本卷五二、一三五、一八〇作“王仲薿”，卷一三四作“王仲嶷”。袁本卷五二、一三四、一三五作“王仲嶷”，卷一八〇作“王仲薿”。許本卷五二作“王仲薿”，卷一三四、一三五、一八〇作“王仲嶷”。淵本卷五二、一八〇作“王仲薿”，卷一三四、一三五作“王仲嶷”。

點校本、淵本《宋史》卷二五《高宗紀》作“王仲嶷”，卷九七《河渠志》、卷三八三《辛次膺傳》、卷四四七《陳遘傳》均作“王仲薿”。點校本、淵本《繫年要録》卷二九、八八、一一八作“王仲嶷”，卷三二、三六、五〇、一〇三、一五〇、一七五作“王仲薿”。點校本《舊聞證誤》卷三，《全宋筆記》點校本《揮麈餘話》卷二，點校本、淵本李廌《師友談記》，淵本《會稽志》卷二、一〇、《續志》卷一，《玉海》卷二三，《紫微集》卷一九，綦崇禮《北海集》卷五《降授通议大夫充顯謨閣待制知袁州王仲薿可先次落職放罷制》作“王仲薿”。淵本《玉海》卷六〇，莊綽《雞肋編》卷中，《華陽集》附録、卷一〇《王仲嶷謝賜御篆碑額表》《仲嶷謝給還賜第表》《仲嶷進家集表》作“王仲嶷”。

按：“王仲嶷”“王仲薿”之是非實難判定。點校本宇文懋昭《大金國志》卷五原作“王仲嶷”，校改爲“王仲嶷”。校記謂：“按《三朝北盟會編》卷一三四建炎三年十一月二十三日條記其事作‘嶷’，《建炎以來繫年要録》卷二九建炎三年十一月亦作‘嶷’，并云‘仲山，珪子，仲嶷，仲山兄也’，則從‘山’作‘嶷’無疑，今據改。”所言頗有理，但并非無疑，因“嶷”固有“山”頭，而“山”字卻并非嚴格意义上的帶“山”頭的字。兄弟如此聯名者似也不多見。

劉竧、劉翊、劉靖

本書卷五七記載了一位爲抗金而殉難者的事迹，他的名字各版本間出現了“劉翊”“劉竧”之異。此人事迹也見於《宋史》，點校本《宋史》卷二三《钦宗纪》作“劉竧”，有校記：“編年綱目卷三〇同。本書卷四四七本傳、北盟會編卷五七作‘劉翊’。”點校本《宋史》卷四四七《忠義傳》作“劉翊”，有校記：“北盟會編卷五七引靖康小雅同；本書卷二三钦宗纪、靖康要録卷一〇、宋史全文卷一五作‘劉竧’。”二則校記都不够嚴謹，其講《三朝北盟會編》卷五七引《靖康小雅》作“劉翊”是與事實有出入的，因此書湖本、許本都作“劉竧”（袁本、文淵閣四庫全書本作“劉翊”）。此外，點校本《皇朝編年綱目備要》，文淵閣四庫全書本《九朝編年備要》卷三〇，李綱《梁谿集》卷五二、五四，陳亮《龍川集》卷一三也作“劉竧”，《十朝綱要》卷一九、《宋史全文》卷一五則作“劉靖”。作“劉靖”似誤，“劉翊”“劉竧”二者的是非實難判定，但作“劉竧”的可能性似乎更大。

李彀、李慤、李至道、李志道

此人出現於本書卷六五、六六。本書卷六五"侍御史胡舜陟上言"，言唐恪之罪。其中言及"比召李慤至中書议事，聞慤之言，徐以手握慤之帶曰：至道處置安有錯者"。其中"李慤"是袁本、許本文字，湖本作"李鼓"，淵本作"李懿"。卷六六，湖本、淵本作"李殻"，袁本作"李慤"，許本作"李擢"。據下文可知，"李慤""李殻""李懿"等，均應作"李彀"。

關於李彀即李志道的名字及家世，南宋岳珂記述："欽宗皇帝御押内藏御筆内藏庫支錢一萬貫付李彀，充應副道君皇后修造使用，行書四行，御押。……帖中内臣李某，中興後更名志道，蓋避建炎諱云。"又李心傳《建炎以來繫年要録》卷一一載："［李］志道，憲養子（原注：憲，祥符人，元豐中爲熙河制置使。志道名犯上嫌名，以字行，按志道名彀）。"據此，李志道原名李彀，字志道，因避宋高宗趙構的名諱，以字代名。但文獻中卻多有差異。如，《宋會要輯稿・蕃夷》中此人出現凡三次，二次作"李殻"，一次作"李彀"。文淵閣四庫全書本《宋史全文》卷一三此人作"李穀"。今本宋李心傳《舊聞證誤》此人出現兩次，都作"李穀"（中華書局 1981 年 1 月版點校本第 43 頁）。有些文獻的不同版本用不同的字。如：文淵閣本《長編》卷五一六作"李穀"（點校本已校改），卷五一七、卷五一八卻作"李彀"。宋蘇轍《龍川畧志》卷九《議除張茂則換内侍舊人》中華書局 1982 年 4 月版點校本第 55 頁作"慤"，出校："傳本作'李穀'。"文淵閣四庫全書本此處作"李慤"。文淵閣四庫全書本《九朝編年備要》卷二五作"李慤"，中華書局 2006 年 12 月點校本《皇朝編年綱目備要》下册第 620 頁作"李殻"。李心傳《建炎以來朝野雜記》卷一二《宦官節度使》，中華書局 2000 年 7 月點校本第 240 頁作"李穀"，同書文淵閣四庫全書本卻作"李穀"。有的同一種書的同一版本，前後也不一。如大象出版社"全宋筆記"本 2003 年 10 月版的曾布《曾公遺録》，第 180 頁作"李穀"，第 184 頁以後均作"李彀"。造成這種情況者，一是"彀"字較生僻，二是此字犯宋高宗名諱。然而"彀"字既犯宋高宗名諱，因"穀""殻""慤"三字與"構"不同音，則作"穀"、作"殻"、作"慤"都應是錯訛，作"李彀"應是正確的。《中興小曆》卷一九"李志道"二次，"志"均作"至"（熊克《中興小紀》卷一九，文淵閣四庫全書本、福建人民出版社 1985 年 9 月版點校本第 232 頁）。佚名《靖康要録》卷一〇引靖康元年閏十一月一日，侍御史胡舜陟奏，"志"亦作"至"。儘管作"李志道"處遠比作"李至道"處多，但我們無法證明後者爲誤。

本書卷六六下文"中官李［廟諱］"（袁本、許本、淵本［廟諱］均作空字）應也是此人。

王燮、王瓊、王瓊

王瓊出現在本書卷六五、六八、六九、七一、九六、一〇九、一一一、一二三、一三〇、一三一、一三二、一三六、一四一、一四二、一四五、一五〇、一六一、一六八、一八〇、一九四、二一九中。湖本、袁本、許本除個别特例外，均作“王瓊”（湖本“瓊”或作“瓊”，或作“瓊”，應視作其俗體或異體字）。淵本卷七一、一一一、一二三、一四五、一五〇、一六一、一六八、一八〇（一誤王瓅）、二一九作“王燮”，卷九六、一〇九、一三〇（末尾一次爲“王似”之訛）、一三一、一三二、一三六、一四一、一四二、一九四作“王瓊”。本書之外，淵本《宋史》卷一八七《兵志》、卷三七七《盧法原傳》，《朝野雜記》甲卷一一經制使、《金佗續編》卷二八、《鶴林玉露》卷一四也作“王燮”，但上述各書的中華書局點校本均作“王瓊”。淵本《續宋編年資治通鑑》卷三（前一處，另一處則異）、《宋史全文》卷一五作“王燮”。中華書局點校本亦同。淵本《靖康要録》卷九、一二，《寶慶四明志》卷一一、《景定建康志》卷二六，《象山集》卷二八《葛致政（墓）誌》亦作“王燮”。但是，文獻中作“王瓊”者遠比作“王燮”者更多。特别是點校本《宋史》、點校本《繫年要録》，大抵都作“王瓊”。淵本《中興小紀》、洪邁《容齋五筆》卷六《李彦仙守陜》，《玉海》卷一三三、一三九，《揮麈後録》卷一〇、《三録》卷一，《梁谿集》卷五三、五四、七七、一〇三、一一四、一一六、一一七、一六四、一七五、一七七、一七九、一八〇，汪藻《浮溪集》卷一、卷一四、一五、一六、二六，翟汝文《忠惠集》、趙鼎《忠正德文集》、張綱《華陽集》，王洋《東牟集》等，也都作“王瓊”。由於基本史籍及絶大多數同時代人的文集（含制書）都作“王瓊”，可以斷定，此人姓名應作“王瓊”，作“王燮”是錯的。

在本書卷六五、六八、六九中，又出現了“王瓊”“王瓊”之異。湖本除最後一處作“王瓊”外，均作“王瓊”，如前所述，即都應視作“王瓊”。袁本均作“王瓊”。許本均作“王瓊”，但每卷之後都有校記，説明“王瓊”應作“王瓊”。淵本均作“王瓊”。“王瓊”又出現於點校本、淵本《繫年要録》卷二七及《宋史全文》卷一七。從所述史事看，即“王瓊”事，故也應校改爲“王瓊”。

黄經臣、黄經、黄經國

黄經臣出現在本書卷六九，諸本不異。但此人在《宋史》卷二三《欽宗紀》、淵本作“黄經”，點校本作“黄經國”，有校：“靖康要録卷一三、北盟會編卷一四都作‘黄經臣’。”淵本、點校本《宋史》卷一二八《樂志》、卷三四五《陳瓘傳》、卷三五一《鄭居中傳》、卷三六三《陳禾傳》，《長編》卷三五四、四八九、五一六，徐自明《宋宰輔編年録》卷一二中都作“黄經臣”。在淵本《靖康要録》卷一〇，《曲洧舊聞》卷八，全宋筆記點校本王明清《揮麈後録》卷一、《餘話》卷一，中華書局點校本周煇《清波雜誌别志》卷三中，也均作“黄經臣”。可證本書不誤。

張换、張唤、張焕

此人出現於本書卷七一、七四、七六、七九、八五、九四、一〇三、一一〇、一二九。湖本除卷一一〇作“張焕”外，餘均作“張换”。袁本均作“張换”。許本卷七一、七四、七六、七九、八五作“張�”，卷七六、一一〇、一二九作“張焕”，卷一〇三作“張换”，卷九四中出現二次，一作“張换”，一作“張晚”。淵本本書卷七一、七四、七六、七九作“張晚”，卷八五、九四、一〇三、一二九作“張换”。

《宋史》中不見此人。點校本、淵本《繫年要録》卷三、四、五、七、九均作“張换”。淵本熊克《中興小紀》卷一作“張换”。點校本、淵本《宋史全文》卷一六作“張焕”。淵本李綱《梁谿集》卷五五、一七五、行狀上作“張换”。淵本宗澤《宗忠簡集》卷七《遺事》作“張换”。

因本書諸本中大多數作“張换”，本書以外，除《宋史全文》外，也均作“張换”，故作“張换”近是，其他或因音同致訛。

王偉、王瑋

此人出現於本書卷七七、一七〇。卷七七湖本、袁本有“統制王偉、王萬”，許本作“統制王偉、王方”，淵本作“統制王偉萬”。卷一七〇湖本提綱中作“王瑋”，正文作“王偉”。袁本、許本、淵本卷一七〇作“王偉”。

《宋史》卷三六九《張俊傳》作“王瑋”。點校本、淵本《繫年要録》卷一、四五作“王偉”，卷一五六、一五八作“王瑋”。《景定建康志》卷四三《諸墓·王瑋墓》作“王瑋”。淵本慕容彦逢《摛文堂集》卷七《西京左藏庫副使王偉可轉一官制》，綦崇禮《北海集》卷一六言有“修武郎閤門祗候權河陽安撫使王偉”。淵本《浮溪集》卷二八言及“王瑋”。王洋《東牟集》卷七《王瑋除四廂都指揮使知荆南府（制）》作“王瑋”。

由於此人見於記載次數有限，行迹不甚清楚，其姓名究竟是“王偉”还是“王瑋”難以判定，但一般説，似作“王瑋”可能性較大。

閻瑾、閻僅

此人出現在本書卷九五、一〇九、一二〇、一二一、一二二、一三三、一三九、一四三。湖本卷九五、一〇九、一二〇、一二二作“閻瑾”，卷一二一、一三三、一三九、一四三作“閻僅”。袁本卷九五、一二二作“閻瑾”，卷一〇九、一二〇、一二一、一三九、一四三作“閻僅”，卷一三三，一處作“閻僅”，二處作“閻僅”。許本各卷均作“閻僅”。淵本均作“閻瑾”。

點校本、淵本《宋史》卷四四七《忠義傳趙令㓕》、四五三《忠義傳孫暉》，點校本、淵本《繫年要録》卷六、七、一九、二〇、二五、三三均作“閻瑾”。淵本周必大《文忠集》卷二九《興國太守贈太保王公綯神道碑》、李綱《梁谿集》卷一一二、一七六、一七九，汪藻《浮溪集》卷一〇《閻瑾正任防禦使制》也均作“閻瑾”。本書之外，“閻僅”似僅見於佚名《守城録》卷三。另《宋史》三九九《仇悆傳》有“監押閻僅”，似非此人。

由于《宋史》《繫年要録》及宋人文集中作“閻瑾”，所以作“閻瑾”近是，“閻僅”似爲形近、音近之訛。

鄭紳、鄭伸、鄭仲

此人出現於本書卷九七、一一二。卷九七湖本、袁本、許本、淵本并作“鄭紳”。卷一一二袁本作“鄭紳”，湖本、許本作“鄭伸”，淵本一處作“鄭紳”，一處作“鄭仲”。淵本《靖康要録》卷一，點校本、淵本《老學庵筆記》卷四，作“鄭伸”。

然而，點校本、淵本《宋史》卷二〇、二二《徽宗紀》，卷二三《欽宗紀》，一六一、一六六《職官志》，卷二四三《鄭皇后傳》，《繫年要録》卷五，點校本、淵本《朝野雜記》甲集卷一二《三公備官》、乙集卷一二《中興以來后家建節者》均作“鄭紳”。全宋筆記點校本王明清《玉照新志》卷一、卷四（淵本卷五），淵本《靖康要録》卷四、一一，淵本鄒浩《道鄉集》卷一五《鄭紳可東頭供奉官依舊閤門祇候制》，慕容彦逢《摛文堂集》卷四《福州管内觀察使鄭紳可除安德節度觀察留後制》等，均作“鄭紳”。

因《宋史》《繫年要録》中均作“鄭紳”，且記述鄭紳事迹的《宋史》卷二四三《鄭皇后傳》、王明清《玉照新志》卷一及宋人文集中制書稿也均作“鄭紳”，故作“鄭紳”是，“鄭伸”“鄭仲”爲形近訛。

陳辛、陳新

此人出現在本書卷一一二、一三六。湖本、袁本、許本、淵本均作“陳辛”。然點校本、淵本《宋史》卷二六《高宗紀》，卷二四三《哲宗昭慈孟皇后傳》均作“陳新”。《繫年要録》卷三一亦作“陳新”。“陳辛”“陳新”難判是非，似只能存疑。

歐陽徹、歐陽澈

“歐陽徹”（“歐陽澈”）見於本書卷一一三、一二三、一二九、一六四、一九二、一九九。湖本、許本、淵本除卷一九二作“歐陽澈”外，其餘均作“歐陽徹”。袁本均作“歐陽澈”。點校本、淵本《宋史》卷二四、二五、二七、三八一、四五五、四七三、四七五均作“歐陽澈”，其中含卷四五五《忠義傳歐陽澈》。點校本、淵本《建炎以來繫年要録》卷八、二〇、四〇、八一（有制書）、八二、一二七也均作“歐陽澈”。另外，淵本欧陽澈《欧阳修撰集》，《直齋書録解題》卷一八《欧阳修撰集》，點校本《宋宰輔編年録》卷一四、一五，葉紹翁《四朝聞見録》卷二，陳東《少陽集》，周必大《文忠集》卷二九、三三，《兩宋名賢小集》等也均作“歐陽澈”。

但是，點校本《朱子語類》，王明清《揮塵餘話》卷一、周煇《清波雜誌》卷五（校引宋史，未改字）、淵本岳珂《桯史》卷一五（點校本改“歐陽澈”）、淵本周必大《文忠集》卷五一《跋歐陽徹遺事》却作“歐陽徹”。

據上所引，由於可靠性較强的《建炎以來繫年要録》《宋史》、上海古籍出版社點校本《直齋書録解題》卷一八《欧阳修撰集》等均作“歐陽澈”，故似作“歐陽澈”近是，“歐陽徹”或乃形近訛。

閭勍、閭丘勍、閭邱勍

此人出現於本書卷一一六、一一七、一三二、一三七、一三八、一四四中，“邱”乃清人避孔子諱改“丘”字所出新字，故“閭邱勍”即“閭丘勍”。湖本、袁本、許本、淵本除卷一一七外，均作“閭勍”。本書湖本卷一一七計四處作“閭勍”，一處作“閭丘陞”，一處作“閭丘勍”。許本四處作“閭勍”，一處作“閭邱振”，一處作“閭　勍”（二字中有一字空白）。袁本五處作“閭勍”，一處作“閭邱陞”。淵本四處作“閭勍”，二處作“閭邱勍”。這裏我們必須破例言及本書文津閣四庫全書本的情況，因此人姓名在此本中較異常。此本卷一一六此人姓名誤作“不勍”。在卷一一七中，“閭丘勍”五出，另有一處他本作“閭勍”，津本簡作“勍”。卷一三二作“閭邱勍”。卷一三七作“閭勍”。卷一三八此姓名二出，皆作“吕勍”。在卷一四四中二出，皆作“閭邱勍”。

在《宋史》《繫年要録》《金佗稡編》等書中，此人均作“閭勍”，未見有作“閭丘勍（閭邱勍）”者。但淵本綦崇禮《北海集》卷四卻有《神龍衛四廂都指揮使降授明州觀察使閭丘勍可復保甯軍承宣使制》。

在上引姓名中，“閭丘陞”“閭邱振”“閭邱陞”似可視作文字有誤，惟有“閭丘勍（閭邱勍）”值得重視，因爲“閭丘”乃複姓，較常見。所以，盡管我們難以根據上述情況就斷定此人姓名應作“閭丘勍”，但其疑問卻是難以完全摒除的。

趙士琝、趙士瑗、趙士峻

此人出現於本書卷一二三。湖本作“趙士琝”，許本作“趙士瑗”，袁本、淵本作“趙士峻”。點校本、淵本《宋史》卷二五高宗紀，《繫年要録》卷六、二〇、一一八，《朝野雜記》甲集卷一五麩引錢，《續宋編年（中興）資治通鑑》卷二，《大金國志》卷五，淵本《浮溪文粹》卷四《再論趙士瑗高郵軍再任不當》均作“趙士瑗”。淵本汪藻《浮溪集》卷二《奏論趙士瑗高郵軍再任不當》、李弥遜《筠谿集》卷五《知鄂州趙士琝職事修舉除直祕閣》，上海古籍出版社影印永樂本、淵本《歷代名臣奏議》卷一八三作“琝”。因《宋史》《繫年要録》等均作“趙士瑗”，且“琝”似乃“瑗”之異體或俗體字，故似作“趙士瑗”是。

曾擇、曾澤

此人出現在本書卷一二五、一二七中。淵本均作“曾澤”。袁本、許本均作“曾擇”。湖本卷一二五作“曾澤”，卷一二七一處作“曾擇”，三處作“曾澤”（比袁、許、淵本多一處）。淵本、點校本《宋史》卷三六九《王淵傳》作“曾澤”。國圖藏明姚咨鈔本《建炎復辟記》中亦作“曾澤”。而《宋史》卷二五《高宗紀》、卷四六九《宦者傳藍珪》、卷四七五《叛臣傳苗傳》卻作“曾擇”。淵本、點校本《繫年要録》卷二一、劉時舉《續宋編年資治通鑑》卷二、《宋史全文》卷一七及淵本、全宋筆記點校本王明清《揮麈後録》卷九均作“曾擇”。

文獻中作“曾擇”者明顯多於“曾澤”，本書及《宋史》《繫年要録》亦多作“曾擇”，似作“曾擇”近是。

曾玨、魯玨、曾班

本書卷一三二、一三七各有一處人名，諸本發生歧異。卷一三二載荆湖江浙宣撫使周望部下一員武將，湖本、淵本記作“曾玨”，許本、袁本作“曾班”。同是此人，卷一三七湖本作“魯班”，袁本、許本、淵本均作“曾班”。首先應當指出，作“曾班”是錯誤的。曾班是位文臣，與曾楙、曾開是兄弟，南宋初任知泰州，因投敵受到嚴勵處分。那麽，是否是“曾珏”呢？也不對。因爲除本書外，文獻中完全找不到“曾珏”其人。此人姓名的正確寫法是“魯珏”。點校本、淵本《繫年要録》卷三一與本書卷一三七記同一事，即作“魯珏”。魯玨是南宋初期重要將領，《宋史》卷二〇〇《刑法志》，《繫年要録》卷一八、二七、三一、三二、三五、五四，王明清《揮麈後録》卷一〇、《玉照新志》卷四，程俱《北山集》卷二七，朱熹《晦庵集》卷九五上，《姑蘇志》卷三六等處都記述了他的事迹，可證本書此處所記確是“魯珏”。“曾”與“魯”，“班”與“珏”因形近而致訛。

劉陶、劉稥、劉裪

此人見於本書卷一三二、一八二。在本書卷一三二中，諸本均作“劉陶”。在卷一八二中，湖本、許本作“劉稥”，袁本作“劉陶”，淵本作“劉□”。“劉陶”在《繫年要録》凡三次出現。《繫年要録》卷二八作“劉陶”，卷一一七載“［金］知代州劉陶（注：《僞齊録》作劉稥）爲都城警巡使”，卷一四五又載劉陶參與護送宋徽宗等人梓宫歸宋一事。而《金史》卷七九《王倫傳》、《宋史》卷三〇《高宗紀七》、《皇朝中興紀事本末》卷六〇、熊克《中興小曆》卷三〇等書記同一事，“劉陶”均作“劉裪”。點校本《繫年要録》卷一四五改“劉陶”爲“劉裪”，有校記：“‘劉裪’原作‘劉陶’，《宋史》卷三〇《高宗紀》紹興十二年四月丁卯記事及《金史》卷七九《王倫傳》皆作‘劉裪’，故改。”藕香零拾本楊堯弼《僞齊録》卷下作“劉陶”。學海類編本佚名《劉豫事迹》中作“劉掏”。據此，“劉陶”或作“劉稥”“劉掏”“劉裪”。金人任詢所撰《吕君墓表》（北京遼金城垣博物館藏）：“劉裪，端人也，貳政開封。”（此則史料係周立志提供。）因《金史》《宋史》及石刻的文字可靠性較強，故“劉裪”應是此人姓名，“陶”“稥”“掏”似是“裪”的形近訛。

程昌禹、程昌寓、程昌寓

此人出現於本書卷一三二、一三三、一三六、一三七、一四〇、一四一、一四五、一五七、一六一、一六四、一六七中。湖本、袁本均作“程昌禹”。許本均作“程昌寓”。淵本卷一三二、一三六、一四〇、一四一、一四五、一五七、一六一、一六四、一六七作“程昌禹”，卷一三三、一三七作“程昌寓”。

點校本、淵本《宋史》卷二六、二七、三一高宗纪，卷四〇四《張運傳》、卷四七四《姦臣傳万俟卨》，均作“程昌寓”。此人在李心傳《繫年要録》中出現近百次，淵本均作“程昌寓”，點校本均作“程昌寓”。此人在淵本《中興小纪》卷八、一〇、一二、一三、一四、一五、一六、一八中均作“程昌禹”，但在卷九中卻作“程昌寓”。在淵本《宋史全文》卷一六下、一七上作“程昌寓”，在卷一九上中卻作“程昌寓”。《朱子語類》卷七二淵本作“程昌寓”，點校本作“程昌寓”。

作“程昌禹”的还有：點校本、淵本岳珂《金佗稡編》卷六、一一，《续編》卷二三、二八，淵本潛説友《咸淳臨安志》卷六七，《玉海》李綱《梁谿集》卷六六《乞留程昌禹依舊知鼎州奏状》等（凡三十餘次），劉一止《苕溪集》卷三六《右朝散大夫程昌禹叙元降一官》，王洋《東牟集》卷七《朝散郎直龙图阁程昌禹復朝請郎制》，綦崇禮《北海集》卷二《知蔡州程昌禹可除直龙图阁制》，《斐然集》，《山房集》，《龍川集》等。作“程昌寓”者还有：淵本汪藻《浮溪集》卷一、李正民《大隱集》卷一程昌寓直顯謨閣制。作“程昌寓”的还有：淵本《群書考索》後卷四五、《朱子五經語録》卷二三一。

“程昌禹”“程昌寓”“程昌寓”三者之是非，實難判定。細研文字義，似作“程昌寓”相對稍优，且《宋史》中用此，或近是。

楊邦義、楊邦乂

“楊邦乂（義）”出現在本書卷一三五、一九三。卷一三五中“楊邦義”出現二次，“邦乂”出現二次，湖本、許本、淵本均作“楊邦義”“邦義”，袁本則作“楊邦乂”“邦乂”。卷一九三中“楊邦乂（義）”出現三次，“邦乂（義）”出現一次，湖本、許本、淵本均作“楊邦義”“邦義”，袁本則首次作“楊邦人”，其餘分别作“楊邦乂”“邦乂”。可據袁本、《宋史》卷二五《高宗紀》、卷四四七《忠義傳》、《繫年要録》卷二九、周必大《文忠集》卷六〇《廬陵縣學三忠堂記》、楊萬里《誠齋集》卷一一八《宋故贈中大夫徽猷閣待制謚忠襄楊公行狀》校改。前人已做過考辨，此不重複。

能虞卿、熊虞卿、張虞卿

本書卷一四〇引《閑居録》曰：“余爲擇能虞卿等十九疏奏之。”此依湖本、淵本。其中“能虞卿”，袁本、許本均作“熊虞卿”。《中興小曆》卷六、《繫年要録》卷二一作“張虞卿”，《繫年要録》且言其爲張齊賢遠孫。“能虞卿”“熊虞卿”不見於他記載。“張虞卿”則另見於周應合《景定建康志》卷三八《武備志》、朱長文《樂圃餘藁》卷五《輓詩》。可知作“張虞卿”是。

徐宗城、徐宗成、徐宗誠

此人出現在本書卷一四一、一四四、一四六、一四九中。湖本、袁本、淵本均作“徐宗成”。許本卷一四一、一四九作“徐宗成”，卷一四四、一四六作“徐宗城”。

點校本、淵本《宋史》三七六《常同傳》作“徐宗誠”。點校本、淵本《繫年要録》卷四三、六七、七五、七六、九八，淵本《中興小紀》卷一六均作“徐宗誠”。《江湖長翁集》卷三五《臧子與墓志銘》亦作“徐宗誠”。然淵本《名臣言行録》別集下卷四作“徐宗城”。

因《宋史》《繫年要録》、宋人文集多作“徐宗誠”，似作“徐宗誠”近是。然卻難證“徐宗成”“徐宗城”之訛。

慕洧、慕容洧

此人見於本書卷一四二、一四三、一五八、一八二、一九二、一九六中。袁本均作“慕容洧”。湖本、許本、淵本卷一四二、一四三、一五八、一九六作“慕洧”，卷一八二、一九二作“慕容洧”。

淵本《宋史》此人出現在卷二六、二九《高宗紀》，卷三六六《劉錡傳》、卷四五二《忠義傳》、卷四八六《夏國傳》中，皆作“慕洧”。但在點校本《宋史》卷二九《高宗紀》中，卻有一次作“慕容洧”。點校本、淵本《金史》卷三《太宗纪》、卷一九《世纪》、卷七九《張中彦傳》、卷八四《杲傳》、卷一三四《夏國傳》均作“慕洧”。此人出現在點校本、淵本《繫年要録》卷三八、三九、四二、五二、七二、七五、八六、九四、一一七、一一九、一二五、一二六、一二七、一三〇、一三三、一四〇中，均作“慕容洧”。在點校本、淵本《續宋編年資治通鑑》卷二、卷四中，此人亦作“慕容洧”。但在淵本《中興小紀》卷九、一六、二六，淵本《琬琰集》上卷一二《明庭傑吴武安公功績記》，張嵲《紫徽集》卷一八《郭閏……特贈遥郡防禦使制》中，均作“慕洧”。

由于此人在《宋史》中多作“慕洧”，在《繫年要録》中又作“慕容洧”，使判定二者是非頗有困難。由於“慕容”是復姓，與前述“閭丘”類似，故似作“慕容洧”可能性稍大。

王栩、王翊、王詡

此人出現在本書卷一五五、一六一、一七五、二一三、二二〇中。

湖本卷一五五作“王栩”，卷一七五作“王翊”，卷一六一、二一三、二二〇作“王詡”。袁本卷一五五、一七五、二一三、二二〇作“王翊”，卷一六一作“王詡”。許本卷一五五作“王栩”，卷一六一、二一三作“王詡”，卷一七五、二二〇作“王翊”。淵本卷一五五作“王相”，卷一六一、二一三、二二〇作“王詡”，卷一七五作“王翊”。即此人在本書中，分别作“王栩”“王翊”“王詡”“王相”。

點校本、淵本《宋史》卷二七《高宗紀》、卷三七九《章誼傳》、卷四七三《姦臣秦檜傳》、卷四七五《叛臣劉豫傳》均作“王翊”，卷三七一《王倫傳》作“王詡”，卷四四九《忠義傳》有“王翊”，但不是此人。《金史》不載此人。點校本、淵本《繫年要録》卷七〇、卷七一作“王翊”，卷七二注文同。淵本《中興小曆》卷一五、岳珂《金佗續編》卷二〇《章尚書穎經進鄂王傳之四》亦作“王翊”。宋程俱《北山集》卷三三《宋故徽猷閣直學士左中奉大夫致仕常山縣開國伯食邑九伯户贈左通奉大夫趙公墓誌銘》、樓鑰《攻媿集》卷九五《簽書樞密院事贈資政殿大學士謚節滑王公［倫］神道碑》、葉適《水心集》卷二九《題潘刑曹帖》作“王詡”。

按：在“王栩”“王翊”“王詡”“王相”四者中，“王相”僅出現一次，“相”當是字訛，可以排除。《宋史》多用“王翊”，《繫年要録》中也作“王翊”，所以，此人姓名爲“王翊”可能性最大，以下依次爲“王詡”“王栩”。

任仕安、任士安、任安

此人出現於本書卷一五五、一六八、一九九、二〇七、二〇八。湖本卷一五五、一九九、二〇七、二〇八作“任士安”，卷一六八作“任仕安”。袁本卷一五五、一九九、二〇七、二〇八作“任士安”，卷一六八作“任安”，許本均作“任士安”。淵本卷一五五、一九九、二〇七、二〇八作“任士安”，卷一六八作“任安”。

點校本、淵本《宋史》卷三六五《岳飛傳》、卷三七九《張觷傳》作“任士安”。點校本、淵本《繫年要録》卷四九、六四、六六、七〇、八五、八六、九〇、九六亦均作“任士安”。《金佗續編》卷六、九、一六、一八、一九、二二、二三、二八，《中興小纪》卷一一、一二、一八。《宋宰輔編年録》卷一五、《朱子語類》卷一二七、《斐然集》卷一七亦均作“任士安”。

點校本、淵本《繫年要録》卷五一，淵本李綱《梁溪集》卷六五、六六、六七、六八、六九、七〇、七一、七二、七三、七五、九一、一〇四、一一五、一一七、一一九、一二〇、一二六、行狀均作“任仕安”。胡寅《斐然集》卷一二《任仕安立功轉一官仍貴州刺史》亦作“任仕安”。

按：“任安”當是脱一字。“士”“仕”古人往往互用，“任士安”“任仕安”難定孰誤。

趙子晝、趙子畫

此人出現在本書卷一五五、二一三。本書卷一五五，湖本作“趙子晝”，袁本作“趙子晝”，許本、淵本同。卷二一三，湖本作“趙子晝”，袁本、許本、淵本同。

點校本、淵本《宋史》卷二四七《宗室傳子晝》，《宋會要輯稿》禮二四之八六、二五之八六，刑法二之八六，淵本馬端臨《文獻通考》卷五八《職官考・都副承旨》、卷七五《郊社考》，點校本莊綽《雞肋編》卷上，元代牟巘牟氏《陵陽集》卷一九、二一同。淵本熊克《中興小紀》卷一五，宋范成大《吴郡志》卷一一牧守，宋桑世昌《蘭亭考》卷二，《玉海》卷六九、九九，程俱《北山集》卷四《送趙子晝奉议归睢阳用熊倅韻》、卷二四《左司員外郎趙子晝太常少卿》，《北海集》卷一三《賜左朝奉大夫新除兵部尚書趙子晝辭免恩命不允詔》均作“趙子晝”。點校本、淵本《宋史》卷一〇三《禮志・高禖》，點校本、淵本《繫年要録》卷三七、四〇、四五、四六、四八、四九、五〇、五八、五九、六八、七〇、七一、八〇、九一、一四五，《宋會要輯稿》崇儒四之二一、六之一五均作“趙子晝”。《宋會要輯稿》帝系一之一四字小難辨，選舉八之四〇誤作“趙子書”。

照例此人名當從《宋史》卷二四七《宗室傳子晝》，此乃其人本傳。宋人文集可作佐證。但《繫年要録》記此人事迹頗詳，卻作“趙子晝”，本書中也多作“趙子晝”，终存疑問。

董旼、董旼、董皎

此人出現於本書卷一六二、一六四、二一八。湖本均作“旼”。袁本卷一六二、一六四作“董旼”，卷二一八作“董旼”。許本卷一六二作“董皎”，有校：“董旼，誤作董皎。”卷一六四、二一八作“董旼”。淵本均作“董皎”。

點校本、淵本《宋史》卷三六四《韓世忠傳》述韓世忠部將有“董旼”。點校本、淵本《繫年要録》卷五八、六〇、六二、六四、八一、九〇、九一、一一二、一四七均作“董旼”（淵本“旼”或作“旼”）。淵本《中興小紀》卷一八，李綱《梁谿集》卷七二《開具本司差到任仕安等兵馬人數留韩京等軍馬奏狀》、卷七三《彈壓遣發董旼降到王方曹成人馬經過衡州出界奏狀》、卷一一六《與吕相公第七書》、行狀下，張綱《華陽集》卷二《董旼轉兩官》也均作“董旼”。《中興小紀》卷一七、一八、二〇則作“董旻”。

按：“旼”“旻”應是“旼”之異體字，“旼”“皎”應是“旼”之形近訛，此人姓名應作“董旼”。

樊序賓、樊叙賓、樊序、樊叙

此人出现在本書卷一六四、一七六、一八〇。本書卷一六四，湖本、袁本、淵本作“樊序賓”，許本作“樊叙賓”。許本引舊校云：“按宋史金人渡淮，楚州守臣樊叙賓棄城去，在九月二十六日壬申，當在相趙鼎前一日事，若金人攻承州，在十月十四日己丑，此書支干疑誤。”本書卷一七六，湖本、袁本、許本、淵本均作“樊序”。本書卷一八〇湖本、袁本作“樊序”，許本作“樊序賓”。即在本書中此人姓名有“樊序”“樊序賓”“樊敘賓”三種表述。查中華書局點校本、文淵閣四庫全書本《宋史》卷二七《高宗纪》均作“樊敘”，卷四七五《叛臣劉豫傳》均作“樊序”。點校本、文淵閣四庫全書本《繫年要録》卷七六、八〇、一四一均作“樊序”。中華書局點校本、文淵閣四庫全書本《续宋（中興）資治通鑑》卷三、《大金國志》卷八均作“樊序”。综上所引，在“樊序賓”“樊敘賓”“樊序”“樊叙”四者中，“樊序”出現次數最多，且在可靠性較强的《繫年要録》中全作“樊序”，似作“樊序”近是，然并無確鑿證據，仍存疑問。

顺帶言及，本書卷一七六湖本、淵本講此人是“武臣”，袁本講此人是“文官”，許本則稱此人是“文臣”。然據《繫年要録》卷七六、八〇、一四一所載此人官銜，此人實乃武臣。

郭元邁、路允迪、郭允迪

郭允迪、郭元邁、路允迪是此時期的三位人物。本書卷一六七、一七六文字涉及了這三個人。本書卷一六七湖本有：

［胡寅疏貼黄］自建炎元年至今，前後所遣使命，若宇文虚中、王倫、朱弁、郭允迪、魏可行（實應作魏行可）……

許本“朱弁”作“朱闕”，“郭允迪”作“路允迪”。淵本同湖本。袁本此處全無貼黄文字。有关文字在卷一七六，係吕頤浩名下，“郭允迪”作“郭倫元邁”。

再看本書卷一七六，除袁本情況如上外，其他三本均不標“貼黄”二字，相關文字徑附吕頤浩十論行謀事獨斷文字後。湖本相應文字作：

> 自建炎元年至今，前去所遣使命，若宇文虚中、王倫、朱弁、郭元邁、魏行可……

本書卷一六七胡寅奏疏收於淵本《斐然集》卷一一，題爲《論遣使劄子》，有貼黄，文字與本書湖本、許本、淵本所引不同，無所引文字。《崇古文訣》《古文集成》《歷代名臣奏議》卷八六引胡寅此奏情況亦同。而淵本吕頤浩《忠穆集》卷二《上邊事善後十策論》貼黄文字與本書卷一六七湖本、許本、淵本所引貼黄文字略同。《歷代名臣奏議》卷九〇引吕頤浩奏貼黄也與本書卷一六七湖本、許本、淵本所引貼黄文字略同。故可判定，本書卷一六七湖本、許本、淵本所引貼黄文字的作者應是吕頤浩，不是胡寅。本書應依照袁本，在卷一六七中删去此段文字。

瞭解了此貼黄文字的作者，其中涉及的人名問題也就解决了。因爲各本本書卷一七六此人姓名都作“郭元邁”，《忠穆集》、《歷代名臣奏議》卷九〇中也作“郭元邁”，“路允迪”“郭允迪”等顯然都是錯的。

辛垣衍、新垣衍

此人出現在本書卷一六八、一七〇、一八六，是先秦人物。湖本卷一六八、一七〇均作“新垣衍”，卷一八六兩處均作“新原衍”。袁本、許本卷一六八、一七〇均作“辛垣衍”，卷一八六兩處均作“新垣衍”。淵本均作“新垣衍”。

按巴蜀書社點校本《戰國策·趙策》作“辛”，點校本《史記》卷八三《魯仲連鄒陽列傳》作“新”。説明此人姓名前代就有“辛垣衍”“新垣衍”二種，難定孰是。“新原衍”之“原”應是“垣”之同音訛。

劉光輔、劉光時

“劉光時”“劉光輔”是生活時代接近的兩個人。分別出現於本書卷一六九、一七八、一八一、一八二、二二九、二三二、二三六等中。問題主要在卷一七八。其載：“［酈瓊］又殺喬仲福、邢友（支）、劉永（衡友），並執前安撫趙康直、安撫趙不群及劉光輔……”“［僞齊僞命］劉光輔为北京大名府路副總管。”湖本前作“劉光輔”，後作“劉光時”。袁本、許本前後均作“劉光輔”。淵本前作“先輔”，後作“劉光時”。那麼，被酈瓊劫持的究竟是“劉光時”还是“劉光輔”？查本書卷一八一引楊堯弼《僞齊録》記“［僞齊僞命］劉光時爲北京大名府副總管”。卷一八二載劉豫被廢後，“劉光時召到京，依舊北京副總管”。諸本無異。另藕香零拾本楊堯弼《僞齊録》卷上記“［僞齊僞命］以劉光時爲大名府副總管”；卷下記劉豫被廢後，“劉光時召到京，依舊北京副總管”。學海類編本宋無名氏編《劉豫事迹》記“［僞齊僞命］劉先時爲北京大名府副總管”“［僞齊僞命］以劉光世爲大名府副總管”。劉豫被廢後，“劉光時召到京，依舊北京副總管”。上海圖書館藏清鈔本清曹鎔《劉豫事迹》中“劉光世召到京，依舊北京副總管”。而點校本、淵本本《繫年要録》卷一一三、一一四記被酈瓊劫持、後被劉豫任命爲大名府副總管的也是“劉光時”。上引中“劉光世”之“世”明顯錯誤，不須多辯。“先時”明顯爲“光時”之形近訛。所以，被酈瓊劫持的應是“劉光時”。

許青臣、許清臣

此人出現於本書卷一六九、一八一、一八二。袁本均作“許清臣”。湖本、許本、淵本卷一六九均作“許青臣”，卷一八一、一八二均作“許清臣”。

點校本、淵本《宋史》卷四七五《叛臣傳劉豫》作“許清臣”。點校本、淵本《繫年要録》卷五五、一一七作“許青臣”，卷七七、九九、一〇五作“許清臣”。藕香零拾本楊堯弼《僞齊録》卷上作“許清臣”，學海類編本宋無名氏編《劉豫事迹》、清曹鎔《劉豫事迹》上海圖書館藏清鈔本同。點校本、淵本《大金國志》卷九、一〇作“許清臣”。點校本卷三一作“許青臣”，淵本作“許清臣”。點校本、淵本《金佗粹编》卷七、《续编》卷一九則作“許清臣”。

據上所引，文獻中作“許清臣”者遠多於作“許青臣”者，從字義上看，“清”优於“青”，故似作“許清臣”是。

趙四臣、趙買臣、趙世臣

此人見於本書卷一七〇、一七八、一八二、二一二。湖本一七〇、二一二作“趙四臣”；卷一七八、一八二作“趙買臣”。袁本卷一八二、二一二作“趙買臣”，卷一七〇、一七八作“趙世臣”。許本各卷均作“趙買臣”，淵本卷一七〇、一七八、二一二作“趙四臣”，卷一七八、一八二作“趙買臣”。

《宋史》不載此人。點校本、淵本《繫年要録》卷一一四作“趙四臣”。藕香零拾本楊堯弼《僞齊録》卷上作“趙世臣”，卷下作“趙四辰”。學海類編本宋無名氏編《劉豫事迹》中出現二次，分别作“趙世臣”“趙買臣”。上海圖書館藏清鈔本清曹鎔《劉豫事迹》中出現二次，分别作“趙世臣”“趙買臣”。點校本、淵本《大金國志》卷三一作“趙世臣”。由於此人見於记載次數有限，特别是缺乏傳記資料，故姓名究竟是“趙四臣”“趙世臣”，抑或是“趙買臣”，實難判定。

楊珪、楊圭、楊主、楊至

本書卷一七三録李參政邴奏對中出現一處人名歧異。湖本、袁本作“楊圭”，許本作“楊珪”，淵本作“楊主”，另文津閣四庫全書本作“楊至”。

查點校本、淵本《宋史》卷三七五《李邴傳》、《繫年要録》卷八七引李邴奏、永樂本《歷代名臣奏議》卷八八李邴奏均作“楊珪”。而本書卷二〇四、二〇五亦作“楊珪”，諸本無歧異。《繫年要録》卷八二載前知濟州楊珪自劉豫歸宋，授宣贊舍人、知邵州。應即此人。同書卷九四、一〇四、一一〇、一三六亦記此人事。故李邴奏中所言應是“楊珪”，“楊圭”“楊主”“楊至”均誤。

衡友、邢友、邢支，劉承、劉永

本書卷一七八記酈瓊叛變事：“又殺喬仲福、邢友、劉永，並執前安撫趙康直、安撫趙不群……率全軍長驅以行。”引文依湖本。袁本、許本、淵本“邢友”均作“邢支”，“全”作“前”，另許本“劉永”作“劉永衡”，餘同。這裏要討論的是“邢友”“邢支”“劉永”“劉永衡”四個人名。點校本、淵本《宋史》卷三七〇《吕祉傳》載此事：“［中軍统制官張］璟及兵馬鈐轄喬仲福、統制劉永、衡友死之。”點校本、淵本《繫年要録》卷一一三記此事：“殺都督府同提舉一行事務喬仲福……統制官劉永、衡友……（注：徐夢莘以衡友爲邢友，盖字誤）。”下文又記朝廷給喬仲福、劉永、衡友追贈官。二書都不載邢友或邢支，而以衡友替代。其中《繫年要録》注文更明確講本書（徐夢莘）以邢友代替衡友是個錯誤。再查除本書外，無論是“邢友”還是“邢支”，均不見他處有載。而宋李彌遜《筠谿集》卷四有《喬仲福贈正任承宣使張景正任觀察使劉承衡友遥郡觀察使制書稿》。據此，“邢友”“邢支”當爲“衡友”之訛。但《筠谿集》又引出了新問題：“劉永”是否爲“劉承”之訛？然而卻找不到肯定或否定的證據，只能存疑。

楊杭、楊抗

此人出現於本書卷二三一、二三二、二三四、二四九。湖本卷二三一、二三二、二三四均作“楊抗”，卷二四九作“楊杭”。袁本除卷二三一有兩次作“楊抗”外，餘均作“楊抗”。許本卷二三一、二三四、二四九作“楊抗”，卷二三二作“楊杭”。淵本卷二三一、二三四作“楊抗”，卷二三二、二四九作“楊杭”。

《宋史》不載此人。《繫年要録》卷一四五作“楊杭”（此有可能同下文之“楊抗”不是同一人），卷一七五、一八〇、一八一、一八四、一八五、一八八、一八九、一九〇、一九一、一九二、一九三、一九四、一九七、一九八均作“楊抗”。《宋會要輯稿》方域六之九、食貨三八之三七又兵一之二〇作“楊杭”，食貨五之一九作“楊抗”。《群書考索》後集卷四六兵守邊作“楊杭”，而劉才邵《䔲溪集》卷三五《右承直郎楊抗特改次等合入官》作“楊抗”。

“杭”與“抗”字形接近，傳寫刊刻極易致誤，此人又非特别重要之人物，故確定“楊抗”“楊杭”，二相比較，作“楊抗”可能性似稍大。

在中國古代典籍中，同一個人的名字，在不同的書中，甚至在同一部書中會有不同的記載，究其根源主要有三：一是皇帝恩賜，比如遼朝人馬植投歸宋朝後，因獻聯金滅遼之策，宋徽宗“賜姓李，名之曰良嗣，俄又賜姓趙”，此人便以趙良嗣聞名。再比如政和末年，契丹統治下的燕雲地区發生董龐兒率衆造反，“蔡京時領三省事，僥倖一切之功，遂招龐兒，許以燕地王之。龐兒上表自號扶宋破敵大將軍董才，後歸朝，賜姓名趙詡者是也”。這類現象在古代中國比較普遍。二是避諱，凡是涉及當朝帝王名字的文字都要避諱，不僅人名、地名都要諱改，文人日常作文寫字也都要回避，否則便是對皇帝、權貴不敬。比如本文的張瑴，被南宋人寫作“張覺”，則是因爲避宋高宗趙構的同音名諱；李瑴改名李志道，也是避趙構名諱；再如北宋抗遼名將楊延昭“本名延朗，後改焉”，即爲避諱宋真宗崇奉的道教仙祖趙玄朗而改名的。因爲避皇帝等權貴人物的名諱而改名的事，在中國古代典籍中幾乎史不絕書，其中比較容易引起歧義的是後人爲避當時帝王的名諱而篡改古人的名字，比如宋朝人爲避“趙玄朗”名諱，改唐玄宗爲唐元宗，但這類人名或稱呼的諱改，只要留意也還有迹可尋。三是古籍傳抄刊刻過程中的訛誤，導致包括人名在内的許多文字歧異，本文中涉及的大多數事例是這類錯訛，尤其需要從事文史研究的工作者認真辨析和慎重對待。

Analysis on Differences of Names in *The Collection of Diplomatic Documents of Song Dynasty and Jin Dynasty*

Wang Shengduo　Ding Jianjun

Abstract: In ancient China, due to taboo or errors made in the process of copying or printing, the name of the same person is frequently written differently in different books or even in the same book. This is rather common in the book of *The Collection of Diplomatic Documents of Song Dynasty and Jin Dynasty*. Through carding and comparison of these phenomena, this article examines the origins of the different versions of names, analyzes the right and the wrong, and doubts the names which are difficult to tell right from wrong in hope that the literature and history researchers will pay attention to the differences of names in ancient Chinese classics.

Keywords: *The Collection of Diplomatic Documents of Song Dynasty and Jin Dynasty*; name; difference; taboo; copying and printing error

法國國家圖書館藏史部善本漢籍十種述略

王域鋮

[摘　要] 法國國家圖書館是世界藏書最多的圖書館之一，所藏漢文古籍非常豐富。古恒《中文、朝鮮文、日文等書籍目録》著録法國國家圖書館藏漢文古籍數千部，包括部分國内罕見甚至不見之書（版本）。本文選取其中史部善本十種進行論述。

[關鍵詞] 法國國家圖書館；史部；善本

法國國家圖書館（以下簡稱法圖）藏漢文古籍甚多，其中古恒（Maurice Courant，1865—1935）《中文、朝鮮文、日文等書籍目録》（*Catalogue des livres chinois*，*coréens*，*japonais*，*etc.*）著録漢文古籍數千部。今選取其中史部善本（清代乾隆及以前的印本、抄本，包括少數時代稍晚但較稀見之本）十種，撰寫書志，以便於學者了解這批藏於海外之中國古籍。

Chinois 1—6

《史記》一百三十卷（存卷一至一百二十七）。漢司馬遷撰，明陳仁錫評。明末刻本。半頁十行二十字，小字雙行同，左右雙邊，白口，單黑魚尾。版心上鐫書名及卷次，中鐫卷名，下鐫頁數。框高 20.9 厘米，寬 14.6 厘米。版框上方鐫有批語。

書前有南朝宋裴駰《史記集解序》，次唐司馬貞《史記索隱序》《史記索隱後序》《補史記序》，次唐張守節《史記正義序》，次《史記目録》，次《世系圖》，次《地圖》，次明夏璋《凡例》，次司馬貞《三皇本紀》。卷端題"漢掌天官太史令龍門司馬遷撰，皇明翰林院日講官長洲陳仁錫評"。

陳仁錫（1581—1636），字明卿，號芝台，長洲（今江蘇蘇州）人。明天啓二年（1622）進士，授翰林編修，因得罪權宦魏忠賢被罷職。崇禎初復官，官至國子監祭酒。陳仁錫講求經濟，性好學，喜著述，編著有《四書備考》《重訂古周禮》《潛確居類書》等。

【作者簡介】王域鋮（1981—　），男，江西南昌人。山東大學儒學高等研究院博士研究生，江西省圖書館館員。研究方向：目録版本校勘學。

《明史》卷二百八十八有傳。

夏璋《凡例》云："先生正直忠孝，不假奸人以色，用此失官，而奸人猶不息害正之炤。凡愛先生者俱以切勿著書爲戒，先生斷然不顧：'吾發古人之意以曉示後人，生平自娱，惟此一端，豈以禍福爲念乎？'于是取太史公之書而丹黄之，閲竟付刻，毫不以觸忌爲阻。故刻于丁卯之春，而成于丁卯之冬。讀是書者想見好學矣。"

由夏璋《凡例》可知此書初刻於明天啓七年（1627）。

陳賀達《陳仁錫〈史記〉評本與中華本互校札記·前言》云：

> 南京圖書館所藏陳仁錫《史記》評本爲明崇禎元年刻本，首有陳仁錫史記序，次裴駰集解序，次司馬貞索隱序、索隱後序、補史記序，次凡例，次補三皇本紀，次帝王世系圖，次地理圖，次目録，次難字直音，史文首行題"五帝本紀第一"六字，下題"史記一"三字；次行之半題"漢掌天官太史令龍門司馬遷撰"，又行題"皇明翰林院日講官陳仁錫評"。主體部份分爲上下兩欄，下欄爲《史記》原文，十行二十字，裴駰、司馬貞、張守節三家注小字雙行同，白口，左右雙邊。上欄爲史評。下欄行與行之間也間有史評。①

筆者未見此南京圖書館藏本，不知"明崇禎元年刻本"何據，或因陳仁錫序署此年（法圖藏本無此序）。然南圖藏本小題在上大題在下，與法圖藏本不同。法圖藏本無明確刊刻年份信息，暫著録爲明末刻本。

《中國古籍總目》著録此書有明崇禎刻本、明末程正揆刻清懷德堂印本。②

Chinois 278—297

《資治通鑑》二百九十四卷。宋司馬光撰，元胡三省音注，明陳仁錫評。明天啓五年（1625）陳仁錫刻崇禎間印本。半頁十行二十字，小字雙行同，四周單邊，白口，單黑魚尾。版心上鐫"通鑒"及卷次，中鐫各帝王名號，下鐫頁數。框高21.2釐米，寬14.9釐米。版框上方鐫有批語。

書前有陳仁錫《評資治通鑑序》，署"天啓五年乙丑中秋日史官陳仁錫書于介石居"，首頁版心下鐫"吴門金麟書"，次胡三省《音注資治通鑑序》，次《評鑑凡例》，次《治平資治通鑑事略》，次司馬光上表，次宋劉羲仲《資治通鑑問疑》，次陳仁錫《資治通鑑釋例圖譜》、次《資治通鑑總目》及《資治通鑑目録》。

《柏克萊加州大學東亞圖書館中文古籍善本書志》著録此刻本，其藏本陳仁錫《評資

① 陳賀達：《陳仁錫〈史記〉評本與中華本互校劄記》，南京師範大學，2014年，第1頁。

② 中國古籍總目編纂委員會編：《中國古籍總目·史部》，上海古籍出版社，2009年，第21頁。

治通鑑序》前有李孫宸序，首頁版心下鐫“長洲金麟書/陳天禎刊”。又言上海圖書館藏本書名頁鈐“介石居藏板”“大觀堂發行”印。①

《中國古籍總目》著録有明天啓五年陳仁錫刻本，多家圖書館藏。②

按：明天啓五年刻本，陳仁錫《評資治通鑑序》云“康檢較文字官，不應蹠盭”。法圖藏本“檢”作“簡”，避明思宗朱由檢諱，經對比，全書内容、版式、字體完全相同，故定法圖藏本爲明天啓五年陳仁錫刻崇禎間印本。

法圖另有 Chinois 301—321，與此本同版，書前多明李孫宸《評資治通鑑序》，少劉羲仲《資治通鑑問疑》、陳仁錫《資治通鑑釋例圖譜》。書後附《通鑑釋文辯誤》十二卷，前有胡三省序。又，Chinois 322 爲《通鑑釋文辯誤》十二卷，與 Chinois 301—321 所附同版，疑與 Chinois 278—297 爲一套。

Chinois 638

《簡心齋稿》不分卷。不題撰人。稿本。半頁九行，字數不等，四周單邊，白口，單黑魚尾。版心上鐫“簡心齋稿”。框高 20 釐米，寬 12.2 釐米。

原書無書名，現書名據版心暫擬。此書爲編年體史書，起東晋咸安壬申（372），迄清康熙甲子（1684）。每年先題甲子，部分年另題年號，下録當年大事，尤重天文地理異象，然所記極簡，往往僅數位至十數位，如乙巳（隋開皇五年，585）録：“正月朔日食。隋築長城。”較多者亦不過數十字，如丙子（南宋德佑二年，1276）録：“二月日中有黑子。元兵入臨安。浙江潮三日不至。元兵以帝與太后等北去。五月陳宜中立益王于福州。”部分年無記事。部分年有西人文字。所列年份止於清康熙甲子（1684），記事則止于清康熙己未（1679），記“吴三桂死”。（按：此條誤記，吴三桂卒于康熙戊午年。）疑此稿本成于 1680 年前後。作者不知何人，“簡心齋”應爲其齋名。

此稿本未見其他目録著録。

Chinois 686

《國語讀本》不分卷《國策讀本》二卷。清鮑薇編輯。清康熙三十年（1691）金閶學耕堂刻本。上下雙欄，上欄半頁十八行五字，下欄半頁九行二十四字，四周單邊，白口，單黑魚尾。《國語讀本》版心上鐫“國語”，中鐫小題，下鐫頁數。《國策讀本》版心上鐫“國策”，中鐫卷次及小題，下鐫頁數。框高 21.2 釐米，寬 11.7 釐米。

書名頁題“康熙三十年鐫/鮑香嶼先生編/國語國策旁訓讀本/金閶學耕堂梓行”，鈐

① 柏克萊加州大學東亞圖書館編：《柏克萊加州大學東亞圖書館中文古籍善本書志》，上海古籍出版社，2005 年，第 56 頁。

② 中國古籍總目編纂委員會編：《中國古籍總目・史部》，上海古籍出版社，2009 年，第 107 頁。

“寶翰樓藏書記”朱文長印、“學耕堂珍賞”朱文方印。《國語讀本》卷端題“香嶼鮑衡銓植氏編，子開孝一校字”。書前有清康熙二十四年（1685）鮑衡《國語敘言》，次《國語讀本目録》。《國策讀本》卷端題“香嶼鮑衡銓植氏編輯，子開孝一校字”。書前有清康熙二十五年（1686）鮑衡《國策序言》，每卷前有目録。

《國語敘言》云：“昔予先大父沈酣古學，老而彌篤，自《左》《國》《史》《漢》而外，無不掇其英華，詮次成帙。予恪遵先志，有《左傳讀本》行世矣。既而于懷仁署中偶檢故篋，得《國語》若干篇，欲授剞劂。適因修理學宫，尋以憂居故里，家課揣摩之下，重加校訂。甲子歲，服闋待補，拭拂出之，與《内傳》合梓，以應坊客之請。《國策》一書，行將次及云。時康熙二十四年乙丑仲春上浣香嶼鮑衡銓植氏題于慎修草堂。”

《國策序言》云：“《内》《外傳》告竣，予適有旌德之行，檢得先大父手授《國策》若干篇，謂諸生曰……諸生揖而曰：‘何不郵寄坊客，亟付棗梨，以公同好?’予曰：‘諾。’刪繁補簡，得文若干，合之《内》《外傳》，共文若干。……時康熙二十五年丙寅仲夏上浣香嶼鮑衡銓植氏題于旌德學署之仰止堂。”

吴郡寶翰樓爲明清間蘇州書肆，日本學者笠井直美《吴郡寶翰樓書目》[①]及《吴郡寶翰樓初探》[②]二文，資料及考論較詳。《吴郡寶翰樓書目》著録寶翰樓刻印書籍123種，此書不在其中。又，據《吴郡寶翰樓書目》，鈐“寶翰樓藏書記”或“學耕堂珍賞”印之書有十數種，二印並鈐者八種。學耕堂與寶翰樓之關係待考，此書或爲寶翰樓用學耕堂板片印成。

《中國古籍總目》著録《國語國策旁訓讀本》三卷，有清康熙三十年香嶼鮑氏自刻本，北大藏。[③]北大藏本與法圖藏本同版，書名頁僅鈐“寶翰樓藏書記”印，無“學耕堂珍賞”印。所謂“香嶼鮑氏自刻本”，蓋據卷端題字，然此刻本應爲翻刻本，非鮑氏自刻本。《中國古籍總目》另著録《國語讀本》不分卷，有清康熙三年香嶼鮑氏自刻本（北大）及清刻本（大連）。[④]據上引《國語敘言》可知此書最早刻於康熙二十四年。“康熙三年”當爲“康熙三十年”之誤。

Chinois 689

《國語選》八卷。清儲欣評。清乾隆三十八年（1773）受祉堂刻本。半頁八行二十五字，左右雙邊，白口，無魚尾。版心上鐫書名，中鐫小題，下鐫頁數及卷次。框高18.9釐米，寬10.9釐米。

書名頁題“乾隆癸巳新鐫/宜興儲同人先生評/國語選/受祉堂梓行”。卷端題“宜興

① ［日］笠井直美:《吴郡寶翰樓書目》,《東洋文化研究所紀要》第164册,2013年12月,第256—316頁。

② ［日］笠井直美:《吴郡寶翰樓初探》,臺灣“中央研究院”歷史語言研究所《古今論衡》第27期,2015年4月,101—134頁。

③ 中國古籍總目編纂委員會編:《中國古籍總目·史部》,上海古籍出版社,2009年,第229頁。

④ 中國古籍總目編纂委員會編:《中國古籍總目·史部》,上海古籍出版社,2009年,第219頁。

儲欣同人評/男芝五采參述/門下後學任環篛紈、徐銘硯書田、史章期荊少、吴景熹敦安、孫男掌文曰虞校訂”。書前有清雍正六年（1728）吴景熹序，次雍正六年徐銘硯序，次《國語選目次》。

吴景熹序云：“予家與先生誼系世好，故先生所選《古今文讀本》並珍之什襲，而《國語》尤重而習之，不輕以示人者。今謹出之，以公諸世。”署“戊申臘月望前一日門下後學吴景熹謹識”。徐銘硯序，署“戊申長至望後三日門下後學徐銘硯謹識”。

儲欣（1631—1706），字同人，江南宜興（今江蘇宜興）人，書齋名“在陸草堂”，學者稱在陸先生。清康熙二十九年（1690）中舉，年已六旬，應禮部試不第，遂閉門著書。著《在陸草堂文集》，選《唐宋十大家全集録》等。《清史列傳》卷七十一、《國朝耆獻類征》卷四百三十、《國朝先正事略》卷三十八有傳。

《中國古籍總目》著録《國語選》四卷，清光緒九年静遠堂刻本，國圖、上海藏。[①] 另查天津圖書館藏清乾隆四十九年受祉堂刻本《國語選》四卷。法圖藏本似爲今存之較早刻本。

Chinois 690

《戰國策選》十二卷。清儲欣評。清乾隆四十五年（1780）刻本，受祉堂藏板。半頁八行二十五字，左右雙邊，白口，無魚尾。版心上鐫書名，中鐫小題，下鐫頁數及卷次。框高 18.8 釐米，寬 10.8 釐米。

書名頁題“乾隆庚子新鐫/宜興儲同人先生評/戰國策選/受祉堂藏板”。卷端題“宜興儲欣同人評/男芝五采參述/門下後學吴振乾文嚴、徐永勳公遜、董南紀宗少、孫男掌文曰虞校訂”。書前有清雍正元年（1723）儲在文序，次《戰國策例言》，署“乙丑春日後學吴振乾、徐永勳、董南紀謹識”，次《戰國策選目次》。

儲在文序云：“從祖在陸先生嘗語在文曰：‘……《戰國策》則少時愛其文，輒點次手録，厘爲數卷。今覆視之，猶自喜其無大紕繆。’……在文年十二，即見先生《戰國策》抄本，受而讀之。其後齒逾三十，與同學汪子牧庭同侍先生數年，始得《内》《外傳》手訂全文，蓋其晚年定本也。會徐君公遜偕其友吴君文嚴、董君宗少，謀刊《在録草堂遺選》，既出《史記》《漢書》文二種，從叔五采又以《左》《國》選本授付剞劂，而屬在文識其緣起。因述先生之緒論附于卷端。今所刊者，三書選本也，若其全文定本，將俟諸異日校布以行之久遠焉。雍正元年秋九月受業從孫在文謹書。”

此本版式、字體風格與 Chinois 689 清乾隆三十八年（1773）受祉堂刻本《國語選》八卷相同，此“受祉堂藏板”应即受祉堂所刻。

《中國古籍總目》著録《戰國策選》不分卷，有清雍正元年刻本，南京圖書館藏；又

① 中國古籍總目編纂委員會編:《中國古籍總目・史部》,上海古籍出版社,2009 年,第 438 頁。

著録《戰國策選》四卷，有清乾隆四十九年刻本（吉林）、清光緒九年靜遠堂刻本（南京、吉林）。[①] 另查此書現存較早刻本有：湖南圖書館藏清乾隆三十八年同文堂刻本《戰國策選》四卷，山西省圖書館藏清乾隆尺木堂刻本《戰國策選》四卷，天津圖書館藏清乾隆四十五年受祉堂刻本《戰國策選》十二卷（應與法圖藏本相同）、清乾隆四十九年受祉堂刻本《戰國策選》四卷。

Chinois 719

《靖海氛記》二卷。清袁永綸纂。清道光十年（1830）刻道光十七年（1837）續刻本，碧蘿山房藏板。半頁七行十六字，四周單邊，白口，單黑魚尾。版心上鐫書名，中鐫卷次，下鐫頁數。

書名頁題“道光十年夏月鐫/羊城上苑堂發兑/靖海氛記/碧蘿山房藏板”。卷端題“順德袁永綸瀛仙纂”。書前有清道光十年（1830）蘇應亨《叙》，次清道光十年（1830）何敬中《序》，次《凡例》，署“瀛仙謹識”。書後有《海寇劫玕滘外紀》，署“番邑廪貢生周瑞生謹緝。道光十五年歲次乙未閏六月初五吉旦”。

此書爲十八世紀末、十九世紀初華南地區海盜問題的重要史料，相關研究極少，唯《田野與文獻》第46期《（清）袁永綸〈靖海氛記〉箋注專號》言之較詳。《靖海氛記》海内未見藏本，海外亦極罕見，《（清）袁永綸〈靖海氛記〉箋注專號》云“此書初版刊行于1830年，僅一年後，在倫敦就出版了其英譯本。清朝廣東地方志提及華南海盜問題時，無不大量引用此書内容。可惜，不知何故，《靖海氛記》在中國流通極少。1971年，葉靈鳳以葉林豐之名，撰《張保仔的傳説和真相》一書，可説是張保仔研究的早期佳作，葉深以不見此書爲憾。據我們所知，目前只位于英國倫敦的大英圖書館有一本”[②]。則此法圖藏本可謂“養在深閨人未識”。法圖藏本與大英圖書館藏本完全相同，唯書名頁小異，大英圖書館藏本“碧蘿山房藏板”之上多“丁酉年新續”五字。

此書既極罕見，僅賴《（清）袁永綸〈靖海氛記〉箋注專號》稍廣流傳，而《田野與文獻》内地亦不甚常見，故全録此書之序及凡例如下：

蘇應亨《叙》云：

歲己巳夏杪，余自京邸旋里。甫逾嶺，即聞海氛甚熾。及抵家，目睹桑梓摧殘，四鄰被害。凡所以捍衛者，無不周備，累數月乃止。竊嘆潢池弄兵，當局剿撫乖方，何竟至是。輒欲詳紀其巔末，以俟他日軒輶之采。奈饑驅四方，有志未逮。後館于横浦，袁子永綸手一篇示余，且請爲序。余覽其書，則《靖海氛記》也。披閲之下，

① 中國古籍總目編纂委員會編：《中國古籍總目・史部》，上海古籍出版社，2009年，第439頁。

② 蕭國健、卜永堅：《（清）袁永綸〈靖海氛記〉箋注專號》，《田野與文獻》第46期，2007年1月，第6頁。

如復見當日情形。詞簡而該，事詳而確。余夙昔所欲所言者，袁子早爲我言之，可謂先得我心者矣。昔林匪之役，蘭移外史曾著《靖逆記》，欽仰廟謨，表揚忠烈，當世競相傳誦。兹袁子所紀，事雖有大小之殊，然皆信而有征，其不忘捍衛桑梓之情，令人閱之，尚不勝握腕長嘆也。遂書數言于簡端，以復袁子。時道光十年歲次庚寅夏五，碧江蘇應亨謹序。

何敬中《序》云：

予家瀕海，嘉慶己巳洋匪騷擾，凡邇吾鄉者，靡不受累。每爲念及，嗟悼者久之。歲庚寅，余客館省垣，袁君永綸出所手編《靖海氛記》示余，屬爲序。余以同學少年故，不獲辭。展而讀之，恍如前日事。余既嘉袁君之留心世務，殫見洽聞，復喜是編之成之足當信史也。夫古之作史者，類多揚厲鋪張，浮文鮮實。即或事皆實録，而于世道人心，靡所裨益。則雖連篇累牘，夫亦焉能爲有無。豈若是編之齒齒鑿鑿，據事直書而已。令烈士之捐軀赴難、貞婦之守節全身，及當日之名公巨卿所爲奮不顧身以除民害者，無幽不闡，無德不昭。百世之下，聞者且爲之興起也。則是編之作，其裨益于斯世也豈淺鮮哉？是爲序。時道光庚寅孟秋中澣，何敬中心如氏謹識。

《凡例》云：

一、是編專取耳聞目見、衆所共悉者，逐節記叙，以備異日軒輶之采。若得自道塗之口，聞見未真者，概不敢采入。

一、是編表揚忠烈爲多，凡忠臣、烈士、節婦、義夫，務必詳記里居，俾其人其事，炳耀今古。使後之修志者，到彼訪聞，得以信而有征、確而可據。

一、洋匪跳樑，近海之村落，被匪殘破者，指不勝屈。兹集所載，自知缺略尚多，但篇中記叙，俱是目擊時艱，直書所見。至于遠方僻壤，經匪蹂躪者，尚俟采聞，以備續補。

一、古人記事，不尚繁詞，務求簡括。兹編記叙，雖似瑣碎，然謹依月日，次第編入，事必求其確，語必考其真。誠不敢妄加粉飾，稍涉張惶，亦不敢強爲串合，以近于小説家之流。

一、洋匪之擾，迄今相距未久。有其人其事，身在行間者。是編綴録所聞，豈敢妄爲臆説。但經十餘年來，鯨鯢就戮，浪息波平，父老談其故事者，猶復攘臂指陳，諮嗟長嘆。取是編以證之，而知其言之足以征信後來，而是編又足爲後來之考據也。

一、綸學蕪識尠，未諳記叙大體，尚願閲者恕予狂謬，指其疵瑕，以相規正，或不至有戾于體裁，則厚幸矣。瀛仙謹識。

Chinois 821—822

《續文獻通考鈔》三十卷。明王圻著，清史以甲鈔。清康熙間（1662—1722）美延堂刻本。半頁十二行二十七字，小字雙行同，左右雙邊，白口，單黑魚尾。版心上鐫書名，中鐫卷次，下鐫頁數。框高 20.8 釐米，寬 13.8 釐米。

書名頁題“續文獻通考鈔/美延堂刊”。卷端題“古燕羅森約齋定，雲間王圻元翰著，秦郵孫宗彝孝則鑒，廣陵史以甲子仁鈔，李蘅杜若□，張璵淑先閲，史奭壽平校”。書前有王圻《續文獻通考引》，後附清康熙二年（1663）史以甲識語，次《續文獻通考鈔目録》，後附清李蘅識語。

史以甲，字子仁，號學圃老人，清代江蘇江都（今揚州）人。清乾隆元年（1736）《江南通志》卷一百六十八云：“幼補諸生，長乃絶意場屋，耕讀自怡。所輯有《文獻通考抄》《學圃隨筆》《勾股籌算捷法》《傷寒正宗》《廣吴淑事類賦》。”[①] 清嘉慶十五年（1810）《揚州府志》卷五十三云：“隱居艾陵湖東之橋墅，耕讀自怡，足迹不入城市。天文、地理、方伎、醫藥、百氏之書，無不究覽。”[②]

史以甲識語云：

貴與先生《文獻通考》上下數千載，典故叙論，燦如指掌，誠經國之蓍龜、後學之津筏也。從兄際亨先生嘗取其菁華以課余。今年秋八月，朝令重實學、绌浮華，先生欲以素業公天下，屬李子杜若纂定以付梓人。又取王元翰先生《續考》示余曰：“是編吾丹鉛幾遍矣。自宋南渡迄明神宗朝，文獻具在，子曷芟繁就簡，别爲一編，以成全書，附荀卿‘法後王’之義，矧其間官制、河漕、兵農、錢谷，實爲昭代所取則，邇來條對損益，必引據萬歷時，則讀斯編者，不獨識四代之文獻，又可考當代之製作矣。”余承命唯唯，自揣譾劣，深愧續貂，然昔執經于函丈，實以兄道兼師道，其敢故違？因殫精批定，閲月而報命。時康熙二年歲在昭陽單閼畢辜月，江都史以甲子仁識。

李蘅識語云：

李蘅曰：《通考》紀載斷自宋甯宗，爲類二十四，抄因之，爲卷亦二十四。續者

① 趙弘恩、黄之雋等纂修：《（乾隆）江南通志》，《四庫全書》第 511 册，上海古籍出版社，1987 年，第 846 頁。

② 阿克當阿、姚文田等纂修：《嘉慶重修揚州府志》，廣陵書社，2006 年，第 1028 頁。

爲松江王進士圻，所輯上接嘉定、下迄萬曆，復增節義、氏族、六書、謚法、道統、方外六門，抄亦因之，爲卷三十。正則孝廉公删訂，續則文學君纂修，雖出二手，總成一家之書。是役也，予獲拭塵梨棗之間，故述其概以志始事云。且喜史氏之紙行將貴于都門，而竊閔馬氏、王氏之本職此漸就泯没也，惜哉。

此本爲李繩舊藏，鈐有“莊渠李氏章”朱文方印、“芸葉齋”朱文腰圓印、“李繩之印”白文方印、“勉百”朱文方印、“讀書秋樹根”朱文方印。

李繩（1713—1793），字勉百，又作勉伯、綿伯，江蘇長洲（今蘇州）人，著有《耘圃詩鈔》。《蘇州府志》卷一百一、《吴縣志》卷六十八有傳。《吴門補乘》云：

李繩，字勉百，世居長洲之莊渠，後徙郡城。曾祖魁春，明季諸生，績學厲行，以遺民老。祖汝霖，吴縣學生。父恕，有孝行。繩舉乾隆六年鄉試，選雲南恩樂知縣。甫一載，以病乞休，大吏留主五華書院。繩早慧，年十二即好爲詩，沈文慤公見而異之，令受業于門。既長，遂以詩名吴中。平生篤于倫紀，其見于詩，往往忠厚悱惻，得風人遺意。居父憂，著《倚廬吟》，感念劬勞，反復盡意，讀者無不涙淋淋下也[①]。

法圖另有 Chinois 821—822《文獻通考鈔》二十四卷，與此書爲一套。《中國古籍總目》著録清康熙二年美延堂刻本《續文獻通考鈔》二十三卷，國圖、北師大藏，題“明王圻撰”，未及史以甲，且卷數與法圖藏本不合。又著録清康熙間刻本《文獻通考鈔》二十四卷《續文獻通考鈔》三十卷，人大、上海、華東師大藏。[②] 查《全國古籍普查登記基本資料庫》，國圖藏有清康熙二年（1663）刻本《續文獻通考鈔》三十卷（110000-0101-0055004 FGPG XD10168），則應與法圖藏本相同，然亦僅題“明王圻撰”，不確。另，天津圖書館、黑龍江省圖書館、内蒙古自治區圖書館、陝西省圖書館藏《續文獻通考鈔》三十卷，或作清康熙刻本，或作清康熙二年刻本。按，據史以甲識語，其删節《續文獻通考》在清康熙二年十一月，刻書未必即在此年，似作“清康熙間刻本”較妥。

Chinois 1615

［萬曆］《山西通志》三十卷。明李維禎纂修。明崇禎二年（1629）刻本。半頁十行二十字，小字雙行同，四周雙邊，白口，單黑魚尾。版心上鐫書名，中鐫卷次，下鐫頁數。框高 23.6 釐米，寬 16.9 釐米。

① 錢止庵輯：《吴門補乘》，上海古籍出版社，2015 年，第 240 頁。
② 中國古籍總目編纂委員會編：《中國古籍總目・史部》，上海古籍出版社，2009 年，第 3122 頁。

書前有明崇禎二年祝徽《通志叙》，後有小字“安邑縣知縣曹麟趾校”，次《山西通志重修凡例》，次《山西通志總目》，次《山西通志目録》。

李維禎（1547—1626），字本寧，湖北京山人。明隆慶二年（1568）進士，由庶吉士授編修。神宗時，與修《穆宗實録》，後升修撰。出爲陝西參議官至南京禮部尚書。著有《大泌山房集》《史記評》《史通評》等。《明史》卷二八八有傳。

此本有少數頁爲下端黑口，又有部分頁爲四周單邊，且部分頁板框大小差距明顯，似經補配而成。

此本祝徽《通志叙》首頁鈐有“秀埜草堂顧氏藏書印”朱文方印，卷一首頁鈐有“顧嗣立印”白文方印、“俠君”朱文方印，爲清顧嗣立舊藏。

顧嗣立（1665—1722），字俠君，號閭邱，長洲（今江蘇蘇州）人。清康熙三十八年（1699）舉人，逢聖祖南巡，有人舉薦並進呈所編《元詩選》，受嘉許。四十四年（1705），因宋犖舉薦，被選至京師，纂修《宋金元明四代詩選》《皇輿全覽》等書。五十一年（1712），特賜進士及第，改翰林院庶吉士，後以病歸。家有秀野園，並建秀野草堂，藏書甚富。編著有《詩林韶濩》《秀野草堂集》等。《清史列傳》卷七十一、《國朝耆獻類征》卷一百二十四有傳。

《中國古籍善本書目》著録明萬曆刻本，多家圖書館藏，然多爲殘本，僅山西省博物館爲全本。[①] 按，李維禎於萬曆間任山西按察使，“敦請耆儒纂修《山西通志》，親加考核”，脱稿後便調任南京，此書未獲梓行，至崇禎二年山西巡撫祝徽作序並付梓[②]。所謂“明萬曆刻本”乃著録有誤。《中國古籍總目》著録明萬曆間修崇禎二年刻本，即法圖所藏刻本，多家圖書館藏，藏有全本者除山西省博物館外，僅有日本内閣。[③] 另據范曉傑、張瑩、張德録編著《山西美術史》，山西祁縣文化館藏有此本[④]，未知是否爲全本。

Chinois 1791—1794

［康熙］《貴州通志》三十六卷。清衛既齊修，清薛載德纂。清康熙三十一年（1692）刻本。半頁十行二十字，小字雙行同，四周雙邊，白口，單黑魚尾。版心上鐫書名及小題，中鐫卷次，下鐫頁數。框高 24.4 釐米，寬 17.9 釐米。

書前有清康熙三十一年范承勳《貴州通志序》，次康熙三十一年衛既齊《重修貴州通志序》，次康熙三十一年董安國《重修貴州通志序》，次康熙三十一年丹達禮《重修貴州通志序》，次康熙三十一年陸祚蕃《重修貴州通志序》，次康熙三十一年華章志《重修貴州通志序》，次《修志姓氏》，次《凡例》，次《目録》。

---

① 中國古籍善本書目編輯委員會編:《中國古籍善本書目·史部》,上海古籍出版社,1993 年,第 797 頁。

② 山西省史志研究院編:《山西通志》第五十卷,中華書局,2001 年,第 1093 頁。

③ 中國古籍總目編纂委員會編:《中國古籍總目·史部》,上海古籍出版社,2009 年,第 4128 頁。

④ 范曉傑、張瑩、張德録編著:《山西美術史》,人民美術出版社,2009 年,第 229—230 頁。

衛既齊(1645—1701),字伯嚴,猗氏(今山西臨猗)人。清康熙三年(1664)進士,選翰林院庶吉士,散館授檢討。歷官山東布政使、順天府尹等。康熙三十年(1691)任貴州巡撫。著有《廉立堂文集》《四書心悟》《道德經解》等。《清史稿》卷二百七十六、《碑傳集》卷六十六、《國朝耆獻類征》卷一百五十九有傳。

衛既齊《重修貴州通志序》云:"貴州之志修于康熙十二年,中更叛亂,散佚無存。余下車再四搜求,僅得抄本數册,字漫漶不可讀。……乃多方訪購,得郭青螺先生《黔記》一書。青螺撫黔十載,政修績著,纂輯是書,尤屬殫心,信而可徵,惜亦殘缺八卷有奇。遂僉詢布政司董君、按察司丹君,交推貴東道陸君董其事,延老成積學之士,各視所長,分任星野、輿圖、農田、户口、山川、形勝、貢賦、物産、風俗、學校、兵防、武備等志。余獨于名宦、鄉賢二者,親爲考校。……志修于康熙三十一年正月,告成于是年十月。"

此刻本極罕見。《中國古籍總目》著録此刻本,僅重慶圖書館藏,另著録清閻興邦增補之三十七卷本(清康熙三十六年刻本),多家圖書館藏。[①]《重慶圖書館藏稀見方志叢刊》影印此清康熙三十一年刻本。

A Brief Account of Ten History Department Rare Chinese Ancient Books in BnF

Wang Yucheng

Abstract: BnF is one of the world's largest libraries. In BnF, there are many Chinese ancient books. Maurice Courant's *Catalogue des livres chinois, coréens, japonais, etc.* contain information of thousands of Chinese ancient books in BnF, some of which are rarely seen or even absent in China. This paper selects ten rare Chinese ancient books in *Shi* (history department) for discussion.

Keywords: BnF; history department; rare Chinese ancient books

① 中國古籍總目編纂委員會編:《中國古籍總目·史部》,上海古籍出版社,2009年,第4673頁。

學術動態

北京師範大學哲學院 Thomas Micheal 來我校做學術講座

2017 年 11 月 1 日下午，北京師範大學 Thomas Michael 副教授在山東大學國際漢學研究中心做了題爲“On the concepts of wu（無）and you（有）in the Baopuzi（抱樸子内篇）”的學術講座。講座由山東大學國際漢學研究中心王震老師主持。

Thomas Micheal，北京師範大學哲學學院副教授，主要研究領域爲中國哲學、道教、薩滿教。著作有：*In the Shadows of the Dao*：*Laozi*，*the Sage*，*and the Daodejing*；*The Pristine Dao*：*Metaphysics in Early Daoist Discourse* 等。

講座中，Thomas Micheal 教授首先介紹了講座主角之一、東晋道教學者葛洪。接着 Thomas 教授介紹了戰國、秦漢直至三國時期古代中國在政治、宗教和哲學思想方面的發展，並提出常年的戰亂使得人們異常渴望和平，促進了道教的繁榮。

Thomas 教授將魏晋時期另一學者王弼對老子的態度與葛洪進行比較，由此引出道家老子、莊子在闡述道爲宇宙起源之活動時的不同觀點。Thomas 教授將葛洪關於無和有的對話以及老子關於無和有的對話進行詳細的分析解釋，並指出“無”和“有”的概念已經超越了物理的存在，上升爲精神的層面。

講座吸引了衆多在校師生和古典文獻愛好者前來，大家積極提問、踴躍互動，現場氣氛熱烈。

日本大東文化大學山口謠司教授來山東大學國際漢學研究中心做講座

2017 年 11 月 2 日上午，日本大東文化大學山口謠司教授來山東大學國際漢學研究中心進行題爲“歐洲藏漢籍的藏書機構”的講座。講座由山東大學國際漢學研究中心王培源教授主持，劉心明教授、西山尚志副教授參加。

講座開始，劉心明教授代表山東大學國際漢學研究中心爲山口教授頒發了漢學中心兼職教授的聘書。山口教授是日本著名的文獻學家，曾經在劍橋大學、魯汶大學做客座研究員，多年常駐歐洲從事古典文獻研究，將會在今後參與“全球漢籍合璧工程”在日本地區的相關工作。

首先，山口教授介紹了自己在劍橋大學做特聘研究員時期開展的一個專案：歐洲所藏日本古籍總目。此項研究的成果在國文學研究資料館網站上已經公開，包含了1988—1997年完成的30萬册古文獻的調查。正是以此專案爲契機，山口教授開始了自己在歐洲的訪書之旅。

在介紹歐洲各國藏汉籍的機構時，山口教授首先介紹了英國劍橋大學、愛爾蘭都柏林聖三一大學等機構。山口教授介紹到，英國藏漢籍數量龐大，整理起來在歐洲國家中難度最大。英國藏書由日本江户時期到訪中國的英國外交官帶回英國，藏於大英圖書館、劍橋大學、牛津大學，構成了英國所藏漢籍的主體部分。除去上述三家機構之外，倫敦大學也有一部分珍貴藏書。

接着山口教授重點介紹了比利時魯汶大學圖書館藏書的來源、流傳歷史、研究情況，以及自己在法國十年的漢籍研究所接觸到的一些藏書機構，還有丹麥國家圖書館、國家博物館，瑞典斯德哥爾摩民族博物館、遠東博物館等機構的藏書情況。山口教授強調到瑞典訪書的話需要提前做準備，以應對瑞典圖書館開放時間過短的問題。

講座吸引了山東大學儒學高等研究院、文學院等衆多師生前來參加，現場互動熱烈，氣氛十分活躍。同學們普遍反映，這場講座對以後尋找珍稀文獻、開展相關研究有重要指導意義。

中山大學黄仕忠教授來山東大學國際漢學研究中心進行講座

2017年11月26日上午，中山大學古籍所所長黄仕忠教授來山東大學國際漢學研究中心進行題爲“全明雜劇的編纂與戲曲文獻的整理”的講座。講座由山東大學國際漢學研究中心王培源教授主持，山東大學國際漢學研究中心王承略教授參加。

講座一開始，黄仕忠教授首先介紹了中山大學在戲曲研究方面的歷史和團隊。黄教授介紹了《全元戲曲》的主要的編寫歷程和所獲榮譽，並介紹了明代戲曲整理的相關專案在開展過程中遇到的困難，以及取得重大突破的契機：2001年在日本做訪問學者期間，黄教授尋找到很多戲曲資料，並由此開始了日本戲曲資料的整理工作。於2006年、2016年先後出版了《日本所藏稀見中國戲曲文獻叢刊》第一、二輯，於2010年出版了《日藏中國戲曲文獻綜録》。另外，2004年開始的《全明雜劇》，也是歷經十年，直到2014年才交稿。黄教授用自己的親身經歷告訴同學們，在做學問的過程中，選定一個目標，用五年甚至十年的時間去達成目標，其實是一個正常的週期。年輕人應該放寬眼界，切勿急功近利，不僅僅爲畢業論文做工作。並號召同學們現在開始就去尋找自己的學術目標。

接着，黄教授重點講解了上百人參與的大規模的古籍整理工程在開展過程中所遇到的困難。在完成主體工作的80％之後，體例、作者、底本等細節問題需要反復確認，也正是這20％的收尾工作耗費大量時間。另外，黄教授指出，在古籍整理的過程中，要注意全集和別集的整理要遵循不同的標準。

黄教授還就當前古籍整理工作遇到的幾個熱點問題表達了自己的觀點：古籍整理是“改”古籍的過程。黄教授討論了古籍中異體字、電腦古籍字形檔規範標準、俗文學破體字、體裁的演變、排版等處理意見。講座進行到最後部分，黄教授根據全明雜劇編纂的凡例講解了文獻收録範圍、作品排序等問題。

講座吸引了山東大學儒學高等研究院、文學院、歷史文化學院、山東師範大學的師生前來參加，講座氣氛熱烈。講座結束後，到場師生與黄仕忠教授進行了問答互動。

南京大學張伯偉教授來山東大學國際漢學中心進行講座

2017 年 11 月 28 日下午，南京大學域外漢籍研究所所長、南京大學文學院教授張伯偉教授在山東大學國際漢學研究中心做了題爲“新材料・新問題・新方法——域外漢籍研究的回顧與前瞻”的學術講座。講座由山東大學國際漢學研究中心王培源教授主持，王承略教授、劉心明教授、聶濟冬教授、西山尚志副教授參加。

講座開始，張伯偉教授回顧了 20 世紀中國學術，通過介紹周法高、傅斯年、王國維等對 20 世紀中國學術的觀點，説明了其與傳統學術的根本不同。張教授强調，現今學術與傳統學術的不同在於，記誦不可或缺，但是原創性研究更重要。要原創性研究，就要尋找新材料。由此引出講座主題——“新材料・新問題・新方法”。

張教授指出，新材料不限於新發現的材料，還包括已知的，但未受重視的材料，比如域外漢籍。到 21 世紀初期，域外漢籍的研究已經如火如荼。

在開始講解域外漢籍這一題目時，張教授首先解釋了“域外漢籍”的定義。張教授引用著名史學家蘭克的名言，説明了新材料必須跟新問題、新方法結合在一起，才能完成達成學術重建或典範轉移的結果。没有新問題、新方法，新材料就會被建造成舊房子。接着，張教授介紹了域外漢籍研究的前史，舉出《小華集》《益齋集》等作品爲海外漢籍之例。張教授還介紹了胡適、傅斯年、陳寅恪等關於漢籍研究的學術思想。以上所提到的域外漢籍研究，均以“辨章學術，考鏡源流”爲標準，而域外漢籍真正作爲新材料進入學術研究範疇的，是到了 20 世紀 80 年代。

講座的第二部分，張教授提到了一個主旨問題：新問題從何而來？講座圍繞這一問題，介紹了發現新問題、解決問題的幾種基本途徑，並以《注石門文字禪》、東亞流傳的《孟子》、朝鮮時代女性文學經典等例子進行了説明。

講座最後部分，張教授談到 20 世紀中國學術發展與變遷過程中遇到最大的問題，西洋學術對於東亞學術的影響和改造。張教授肯定了西方學術對於東亞學術轉型所起到的重要作用。但同時指出，現在我們需要反省這種影響，特别是在研究方法方面。我們需要根據東亞文化的特殊之處找到屬於自己的研究方法。

講座吸引了山東大學儒學高等研究院、文學院、歷史文化學院、山東師範大學的師生前來參加，講座氣氛熱烈，反響甚好。

北京大學廖可斌教授來山東大學國際漢學研究中心進行講座

2017 年 12 月 1 日，北京大學中文系廖可斌教授在山東大學國際漢學研究中心做了題爲“海外所藏珍稀文獻的發現對古代文學研究的影響”的學術報告。

廖可斌教授首先指出目前學術界研究版本目録學的學者對集部文獻的重視不够，因此忽略了海外所藏珍稀集部文獻在中國文學史研究中的重要意義。接下來，廖可斌教授結合日本所藏《文選》《文館詞林》《文憲集》等詩文集及《三遂平妖傳》等話本小説，具體分析了海外所藏集部文獻對古代文學研究所産生的影響。最後，廖可斌教授介紹了他目前承擔的《稀見明代戲曲叢刊》等與域外漢籍有關的科研專案。

在講座中，廖可斌教授還對目前學術界的熱點問題——“中國古典學”研究發表了自己的意見。廖可斌教授認爲，中國學術界目前在“中國古典學”這一概念的運用上混亂不清，具體表現爲以下三種態度：借用西方概念；借鑒西方學術方法；另起爐灶，構建具有中國特色的“古典學”。在廖可斌教授看來，明確中國古典學的概念及特徵，是“中國古典學”研究者應該首先注意的。

講座吸引了山東大學儒學高等研究院、文學院、國際漢學研究中心衆多師生前來參加，現場互動熱烈，氣氛十分活躍。同學普遍反映，這場講座對以後尋找珍稀文獻，開展相關研究有重要指導意義。

魯東大學文學院教授、東北亞研究院院長朴銀姬一行來山東大學國際漢學研究中心訪問

2018 年 1 月 13 日，魯東大學文學院教授、東北亞研究院院長朴銀姬率團來山東大學國際漢學研究中心訪問。下午三點，朴教授與漢學中心鄭傑文教授、王培源教授、王承略教授、劉心明教授在漢學中心進行座談。

座談開始，朴教授介紹了魯東大學東北亞研究院的情況。東北亞研究院成立於 2015 年 11 月，主要以日本、韓國、朝鮮三國爲研究對象，其總體目標是圍繞“一帶一路”戰略，服務國家及山東省國際交流，研究以儒學爲核心的中華文化的海外傳播與漢語國際傳播，爲東亞儒家文化圈的重建提供諮詢意見，向新型智庫方向發展。朴教授詳細介紹了東北亞研究院未來三年的工作計劃，提出研究、翻譯、古籍整理三條科研方向。接着，漢學中心王承略教授介紹了山東大學國際漢學研究中心以及“全球漢籍合璧工程”的詳細情況，重點介紹了漢籍合璧珍本影印、整理研究、外譯幾個工作方向。

情況介紹過後，朴教授正式提出希望與漢學中心合作的意願，並表示東北亞研究院彙集了日語、韓語方面優秀的翻譯人才，希望在經典外譯以及海外優秀研究成果翻譯引進方面能與漢學中心進行合作。此外，東北亞研究院還提出可以在合作研究、古籍點校方面與漢學中心進行合作。漢學中心各位教授表示非常歡迎朴教授與山東大學進行合作，隨後雙方就合作細節進行了詳細討論。

山東大學國際漢學研究中心與外國語學院進行座談

2018 年 3 月 13 日上午，山東大學國際漢學研究中心主任鄭傑文教授、王培源教授與外國語學院院長王俊菊教授、李建剛教授等就如何聯合推動“全球漢籍合璧工程”、深入開展學術合作等問題進行座談。王俊菊教授對外國語學院的基本情況及所面臨問題做了説明，鄭傑文教授介紹了合璧工程相關進展，雙方就如何加強合作、推動合璧工程開展進行了深入交談。

鄭教授表示，山東大學全球漢籍合璧工程將吸收外國語學院具有中國文學、歷史、哲學背景的青年教師參與“國際一流大學（國際排名百名之内）、國内強勢學科、山東大學三結合研究團隊”。王院長表示，外國語學院願意積極參與合璧工程相關翻譯專案，提高外國語學院學科水準。

中國社會科學院歷史所孫曉研究員來山東大學國際漢學研究中心做學術報告

2018 年 3 月 16 日上午，中國社會科學院歷史所孫曉研究員在山東大學國際漢學研究中心進行題爲“漢籍之路”的講座。講座由王培源教授主持，鄭傑文教授、王承略教授參加。

講座開始，孫教授介紹了他參與的《域外漢籍珍本文庫》的整理。《域外漢籍珍本文庫》自 2003 開始籌備，目前已經出版了 800 本，近三千種珍貴的漢籍文獻，其中包含了從日本、韓國、美國等地收集到的《舞譜》《高麗史》《花夢集》等珍貴文獻。孫教授強調，在整理收集域外漢籍的過程中，工作團隊反復比對同一種書的各個版本，追溯漢籍傳播的途徑，思考文本的特殊意義，逐漸形成自己固定的視角和看法。

講座第二部分，孫曉教授談到了提出“漢籍之路”的原因。中外文化交流自古以來形成兩條道路，一條是絲綢之路，一條是漢籍之路。傳統絲綢之路的概念強調注重物質文化的交流，缺乏中外文化交流的内涵。中外文化交流與經濟、商貿交流的路綫不同，在歷史上的時間相差較大。同時，學者們在編纂文獻的過程中發現漢籍海外流傳的特點，與古代中外商貿交流的特點有很大差别。因此，要突破絲綢之路的傳統思維，構建適用於文化交流研究新的理論模式，成爲新的要求。

接着，孫曉教授談到了“漢籍”涵蓋的内容，認爲不應該狹隘地從血緣關係理解漢籍，應該從文化的角度理解漢籍這一概念，將收集整理的文獻從傳統的中國本擴展到中國本、韓國本、日本本、安南本等文獻資料。通過漢字文獻，不僅可以看到中國與其他國家的交流，還能看到其他國家之間的交流，從而將古代東亞各國放置在漢字文化背景下作爲一個整體來研究。這對於我們今天構建和諧的中國周邊國際環境有重要借鑒意義。孫教授着重介紹了他在域外漢籍整理過程中遇到的一些珍貴文獻的類型，如和刻本、高麗本等的特點，並詳細介紹上述幾種漢籍的傳播及其途徑，以《古文孝經》《史記》等爲例進行説明。

講座最後，孫教授強調，漢籍是東亞地區共同創造的文化財富，要以文化的角度理解漢籍。漢籍之路還有很多史實需要釐清，還有很多領域有待探索，希望今後能爲漢籍之路的研究繼續貢獻力量。

徵稿啓事

《漢籍與漢學》是由山東大學國際漢學研究中心主辦、由山東人民出版社出版發行的綜合性學術刊物，旨在建立弘揚中國傳統文化、推動海内外中國古典學研究與交流的學術平臺。刊物現暫定爲一年兩期。主要分爲“域外漢學研究”“文史研究”“古籍整理”“訪書記”“珍本書志”“書評”“名家訪談”“學術信息”等版塊。内容主要涉及中國古典學術與古代典籍的研究，範圍廣泛。現特向海内外從事中國古典學研究、中國古代典籍整理研究的學者徵稿。文稿一經采用，稿費從優。

一、徵稿範圍

關於中國古典學術的學術論文以及漢籍與漢學的研究論文。

二、來稿要求

1. 來稿須是未經發表的學術論文，一般以 1.5 萬字爲宜。要求學術觀點新穎，客觀審慎，論據充足，論證嚴密，文字通達。

2. 來稿請使用規範繁體字，標題采用宋體四號字，正文采用宋體五號字，一倍行距，A4 紙打印。其中標題、作者姓名、内容摘要（200 字左右）、關鍵詞（3—5 個）皆需中、英文版。

3. 本刊采用匿名審稿制，來稿請寄打印本，并於文末附作者簡介（姓名、出生年月、工作單位、職稱職務、研究方向）、通訊地址、郵編、電話、電子信箱。亦請將稿件的電子文本發送至本刊電子信箱。來稿請徑寄編輯部，勿投寄個人。

三、注釋要求

一律采用頁下注的形式，注釋碼用阿拉伯數字①②③④……表示，每頁重新編號，要求引文準確，並按照“［朝代或國籍］作者、譯者、校注者：書名，版本，頁碼”的順序注明出處（其中出版年代、頁碼均以阿拉伯數字表示，如“1980 年”“第 100 頁”）。詳參本期内文章的注釋格式。

四、其他

來稿文責自負。編輯部有權對擬采用的稿件做適當修改，並有權將刊發文稿在“全球漢籍合璧工程”相關網站、數據庫、微信公衆號等平臺公開，如不同意，請在來稿中予以注明。自投稿日起 3 個月内未接到用稿通知者，可自行處理。來稿不退，敬請諒解。

五、聯繫方式

通信地址：中國山東省濟南市山大南路 27 號山東大學中心校區國際漢學研究中心

郵政編碼：250100　收件人：《漢籍與漢學》編輯部

電話：(86)-0531-88363848　電子信箱：hanjiyuhanxue@163.com

圖書在版編目（CIP）數據

漢籍與漢學．總第二期/王承略主編．--濟南：山東人民出版社，2018. 6

ISBN 978 - 7 - 209 - 11539 - 1

Ⅰ．①漢… Ⅱ．①王… Ⅲ．①漢語—古籍研究—世界 ②漢學—研究—世界 Ⅳ．①G256. 23 ②K207. 8

中國版本圖書館 CIP 數據核字（2018）第 133339 號

漢籍與漢學（總第二期）

HANJI YU HANXUE（ZONG DIER QI）

王承略　主編

主管部門　山東出版傳媒股份有限公司
出版發行　山東人民出版社
出 版 人　胡长青
社　　址　濟南市英雄山路 165 號
郵　　編　250002
電　　話　總編室（0531）82098914
　　　　　市場部（0531）82098027
網　　址　http：//www. sd - book. com. cn
印　　裝　青島國彩印刷有限公司
經　　銷　新華書店

規　　格　16 開（210mm × 285mm）
印　　張　12
字　　數　260 千字
版　　次　2018 年 6 月第 1 版
印　　次　2018 年 6 月第 1 次
印　　數　1—1000
ISBN 978 - 7 - 209 - 11539 - 1
定　　價　32. 00 圓

如有印裝質量問題，請與出版社總編室聯繫調换。